从QQ到微信

——我的另一间教室

◉ 郭治锋　著

图书在版编目（CIP）数据

从QQ到微信 : 我的另一间教室 / 郭治锋著. -- 兰州 : 兰州大学出版社, 2021.5
ISBN 978-7-311-05994-1

Ⅰ. ①从… Ⅱ. ①郭… Ⅲ. ①教育工作—文集 Ⅳ. ①G4-53

中国版本图书馆CIP数据核字(2021)第100284号

责任编辑　梁建萍
封面设计　汪如祥

书　　名　从QQ到微信:我的另一间教室
作　　者　郭治锋　著
出版发行　兰州大学出版社　(地址:兰州市天水南路222号　730000)
电　　话　0931-8912613(总编办公室)　0931-8617156(营销中心)
　　　　　0931-8914298(读者服务部)
网　　址　http://press.lzu.edu.cn
电子信箱　press@lzu.edu.cn
印　　刷　西安日报社印务中心
开　　本　710 mm×1020 mm　1/16
印　　张　16.25(插页2)
字　　数　257千
版　　次　2021年5月第1版
印　　次　2021年5月第1次印刷
书　　号　ISBN 978-7-311-05994-1
定　　价　38.00元

自序

十多年前，我就把老师当到了网上

这是一本教育随笔集，是从我自2009年开始至今十年多来发表在QQ空间、微信朋友圈以及简书等社交平台上的近三百篇文稿中拣选出来编辑到一起的个人文集。

一

说起来惭愧，作为一位读过中文系且参加工作后一直在高校中文系（文学院）当教师的人，真正属于表达自己心灵与情意的写作行为发生得很迟。尽管中小学时候写过作文，大学时候写过作业，参加工作不久就有了教研论文发表，但这一切都只是为完成别人或时势的要求而执行的一种任务，不仅跟“性灵的抒发”“生命的历险”这样的行为无关，甚至连最基本的记录日常生活体验的文字都没有，因而都算不上真正的写作。开始与这种纯粹的写作结缘，还是因为网络尤其是QQ这种社交平台的普及。2009年清明节那天，一个人客居他乡略感寂寥，中午念叨起杜牧的那首著名的《清明》诗。吟哦两遍，突然对这首很古老的诗歌有了一种以往每次诵读中不曾有过的领悟。那时候刚使用起QQ不久，QQ空间也已开通，但对它的使用还极其初级，除了聊天留言以及浏览部分好友空间里或原创或转发的文章外，其他功能都未启用，QQ空间里面一片空白。这时，突然萌生一个念头，为何不像有些QQ

好友那样也在这里写点东西出来呢？于是，便把刚才对《清明》这首诗的那点自认为还有点意思的理解写在了里面并点了“发表”公之于众。

这篇还够不上“篇”的《我的第一篇日记》很短，全文不足200字：

清明时节，既未回乡扫墓，也没出外郊游，所以“雨纷纷”的天气、“欲断魂”的行人，也都不曾见到，只是那遥远的“杏花村”，依然令人神往。那是一个可以使身体奔波的人得到歇息、灵魂漂泊的人不再流浪的地方。朱自清笔下的那片月光下的荷塘，虽然也同样能令人忘却烦忧、获得宁静，但它很容易找到且过于短暂，而小杜诗中的这个村庄，却是中国人苦苦追寻了一千二百年至今仍然可望而不可即的一处所在。

万事开头难，有了这个开头，以后这样的书写个人生活体验的练笔很快也就经常化了。到2009年底，零碎的“说说”（当时叫“心情”）不算，成篇的有标题的QQ“日志”一共发了31篇。以后有七八年的时间，大致都维持这样的态势，“说说”差不多每天都有，“日志”每月一两篇。只是到了2016年以后，随着QQ的较多功能越来越被微信取代，我的这种写作也慢慢由QQ转移到了微信，并且一种更便于发表文字作品的创作社区——简书——也开始尝试使用。媒体有所转换，严整的QQ日志不如从前频繁，但这种网上的写作却从未中断并且成为了一种习惯，凡生活、工作、学习中一切兴发感动的所见所闻、所思所想、所作所为都愿意用文字书写并发表出来。几种平台中，微信朋友圈写得最多，而且也放弃了从前QQ时期空间日志绝不转载别人文章的原则，也经常转发一些自以为值得推荐给人们阅读的好文章，只是不只单纯转发了事，而是一定都要加一段按语。这种按语有时候还很长，五六百字甚至上千字很常见。微信朋友圈的写作，不同于QQ日志或简书，更类似于QQ“说说”，不需要加标题，只是将要说的话写出来就是，因而可以字数很少，也不在乎章法，但我却也是写得认真，篇幅也长，动辄一则超过一两千字。由于使用微信的人更多，加了微信的好友也更多，所以这种文字的读者也更多。一条并不起眼的朋友圈，也能收获上百人的点赞与评论，甚至还有人转发。我的热衷于发表微信朋友圈，应该说也与这种能及时得到较多的鼓励与支持有关。实际上，2009年清明节第一篇QQ日志发表后能继续不断地一路写过来，也是因为当时就收到了较多的互动与回应。有读者并且能最快地得到读者的反馈，这是不论QQ还是微信这类网上写作比传统纸面书写最大的优势。

二

在截至目前已有的205篇QQ日志、1542条“说说”、37篇公开简书以及不好做篇目统计的大约100万字的微信朋友圈中，尽管那些因身边小事、小景而引发的人生小感悟的图文并兼、故作诙谐的小品叙说往往也有较高的阅读点击率，但写得更用心且写出来后对自己和读者更有影响的，还是那些正经成文有一个标题和一定章法的内容多属教育话题的严整的稿子。人总是生活在自己的圈子里的，我是一名教师，一名高师院校的语文教学法教师，所以虽然自认为视野稍宽、知识较杂，但平日最为熟悉和关切的，终究还是自己的职业和专业以及与之关联最切的领域。虽然，这些写作的最初动机，主要还是出于自我生活与情意的表达，而不是要在专业发展与职业升级方面有所图谋。

值得欣慰的是，这些被好友称为“絮絮叨叨”“零零碎碎”的文字一经发表却看得人还多，甚至成为了部分好友每天都要浏览的读物。当然，他们也给予了我最热忱的鼓励。

早年的不好翻查，就举最近两、三年来的几例：

*天水市两位最好的高中语文教师——六中的汪老师和一中的张老师——也都跟我加有微信。张老师跟我微信从不交流，但2019年5月底一起参加我们的硕士论文答辩相见时他声称：“我每天都在看你的微信，这样就使我知道了语文教育圈子里都在干啥。”汪老师同年7月一次聚餐时当着我们院长、书记说：“几天不看郭老师的微信日志还有点想。”

*全国著名文艺评论家、南开大学刘俐俐教授2019年7月初我们“国培”请了来讲学，由于她不属于我联系最多的语文教育学者，所以虽然为接待联系方便加了微信但估计活动结束相互间的交往就结束了。出乎意料的是，8月底在我的一条新发微信朋友圈后竟然看到她的一条留言：“真好!”“你发的文字和照片我都喜欢，亲切！都认真地看，就是不太说话而已。”

*2015—2017年在我名下读研究生毕业后回到内蒙古的S生2019年8月从巴彦淖尔市某旗一中考进了包头市最好的初中，她在微信聊天室跟我通报这一“好消息”后接着说：“郭老师别看我每天在群里不说话，但您说的所有

话我都看过，还关注了好多公众号。”

＊天水市某小学副校长张女士和某小学教导主任景女士都是我2019年春季的“国培”学员，后来几次一见面她们就说看我的朋友圈是这几个月来每天的“必修功课”。她们在我的微信里也曾留言：“这次‘国培’最大收获就是结识了郭老师并加了您的微信”，“真的太钦佩你的那些写作的视角，还有您加编者按后转载的那些教育类文章所带来的信息与观念，都成为工作中提高自己的重要养料。”

＊2020年6月1日同乡聚餐，做过军人没读过大学的一私企老板陈总跟大伙说，他每天忙完一天的工作夜里11点前后上床后“必须要翻出郭教授的微信朋友圈看看有啥更新了的内容”，因此总是睡觉稍迟，“老婆问我这是干啥，我说我在上天水师院读大学。”

＊2020年8月一天，早年给当过班主任1996年毕业回长庆油田中间做过几年语文教师后来重回采油一线的G生打过一阵电话后又发来短信：“郭老师好！自从加了您微信后，您的所有微信朋友圈文字，我一条不落地全看。……以前您QQ空间的日志和说说我那些年也是基本都看。这可能是我虽然离开了学校却还一直往往把自己当作一位老师看并且在单位也经常还能写点东西的一个原因。”

＊2020年9月，2006年毕业回天水甘谷工作15年刚刚调了北京师范大学庆阳附属学校高中部的Z生留言：“翻阅老师的微信说说，如同往日上老师的课！一日为师终身学习。”

＊2020年10月14日晚，应邀线上为宁夏大学文学院教育硕士研究生和师范中文本科生作了场讲座，主持人赵红教授总结点评时讲到邀请我做他们“名师大讲堂”主讲嘉宾的理由：“更主要的还是看郭老师的微信对郭老师有了更多的认识，觉得他是一位既在专业上有很高追求的人，也是一位极富生活情趣的非常可爱的人”，“郭老师的微信朋友圈我几乎每篇都看，那些转发的专业领域的文章以及他自己写的那些随笔包括转发别人文章加的按语，成为我专业拓展与提高重要的一个渠道。”

＊一位经常对我朋友圈点赞的曹姓微信好友2020年10月一天我跟他私聊问及具体身份，回说是“长沙天心区一名小学教师”，2018年12月在山西运城参加南明教育举办的会议时加的微信，然后接着说：“一直看您朋友圈，我

感受到一种专业开放、保持活力状态的您，很受感染！”。

＊一位一次课堂上发现写诗很好便认识并有了较多交流的2016届本科生L生毕业后回酒泉瓜州教小学语文，今年2月一天他给我留言：“……您在朋友圈发的动态，于我而言都是宝贵的教学资源，每次读完都能有所收获，有所启发。”最近，他还把我的微信号推荐给了他新调了的县城学校的校长王先生。

找到了一条稍早时候的：

一位十多年前就加了QQ好友的据说在河南大学读过历史学研究生毕业后在河南某地做中学教师的小朱2016年7月9号给我微信留言：“真的，与您虽未曾谋面，但我从内心已把您当恩师了，因为读您的文章，我收获很多，让我成长了很多。”“郭老师的文章让我受益多多。”

还有一条更早的：

2009年7月我的QQ日志《与儿子的通信》发表一个月后，早年庆阳师专时期带过班的学生、后来在平凉市府某部门工作的2001届L生在后面的留言区写了这样几段话：

我对您历来很尊崇，特别是您的学术思想——虽然我了解得不深透。说来不怕您见怪，我居然不知道您的空间里面有文章，这和我的一贯只知道博客而很少顾及空间日志的习惯有关。记得上次您说过您空间有文章的事，但是不知怎么我后来就忘了，真是不好意思。

此次聚会，听了赵丽君的话，才看您的日志，有“相读恨晚”之叹！平实的语言中，透现着深刻的道理和深邃的思想。学者的心、思考着的灵魂。特别是语言，类似于贾平凹的书法的风格，率真，可爱，没有雕饰，但是很硬气，很打动人。

就在今天，中午回家，我把此篇打印10份，带给我的妻子、我的姐姐和其他几位有着教师身份和家长身份的人。我讲了文章中流露出的父子深情，特别是您对孩子的无华的挚爱，如同一些名人的家书，娓娓道来，没有一个“孩子，我想你，爱你”的表述，但舐犊之情洋溢在字里行间，脉脉流淌，很感人。

更重要的是，我怕他们读不懂，特地做了注解，讲清了脉络，要求他们好好研究，以期对孩子的教育有大的裨益。

我虽然不再从事教育工作，但是一直关注教育，思考教育，尤其是全民教育社会教育。也有一套自己的思路和观点，但是不系统、不全面，有的部分还缺乏基础的理论支撑。我以后会找机会和您交流。请教。等我有了孩子的时候，在家庭教育方面，我一定常和您探讨。

祝您的孩子健康、快乐、进步！

这位L生毕业后一直与我保持较密切的往来，这以后更是如此。这当然与他本来就把师生情谊看得重有关，但他这以后一直关注的我那些留存在QQ、微信上的文字无疑也起了一定的促进作用。

三

这些以教育教学尤其是基础教育语文教学为主要话题的QQ日志、微信朋友圈以及简书文章的经常阅读者，当然主要也是这些个领域里面的人，大多是中小学语文教师，也有少数在校的师范学生，其中较多也如L生等一样是我曾经的学生。我是一开始参加工作就一直在高校里做教师的人，但因为长期主教的课程是基础教育的语文教学论，所以一向跟基础教育中小学的语文教学走得近，跟中小学的语文教师走得近，加之我的这些文字，绝无生疏难解的理论，都是自己平日生活与工作的真实记录与真切感受，很多就是有关基础教育教学的思索与实践，所以当我把它们写在了我的QQ、微信上的时候，大家不仅能看得懂，而且在一定程度上也说出了他们想要说的话，因而这个圈子里已经加我QQ、微信的人们喜欢阅读，原来不是QQ、微信好友的人们听闻后也愿意加入进来，于是这里也就不仅仅是我个人表达自己的平台，也成为了我和这些有缘人相遇、相聚的天地。我在这里发表言论，既是表达我自己的生活和思想，也是为大家的深度交流找到了一个话题或者讨论的切入点。十年多来，我越来越认为，对于较多经常来这里看我QQ与微信并且由此而有更多交流机会的人们来说，在这里所获得的影响与教益，也许超过他们在大学里所经历的语文教学法系列课程；至少，对于我所教过的部分学生就是这样，前文列举多位Q友、微友的留言，也都表达了这个意思。因此，可以说，我的从QQ空间到微信朋友圈两个平台所发布的一切关于基础教育及其语文教学的信息资料，不论是个人原创随笔还是推介的外来文章，就是必要的学习资源，发布这些作品的这两个空间，就成为我的第二课堂或者第二教室。因为QQ和微信，我把我的职业道路拓展到了网上；因为经常撰写和积极推送这方面的文章，也提升了我的专业境界，强化了我的职业感觉，丰富了我的教育人生。这于我无疑也都是一件值得欣慰的事。

还在六、七年前，也就是我还没有使用微信只在QQ上写了一百篇左右日志的时候，就有多位相熟相知的好友建议把这些稿子编纂出版，但当时总觉得可供选择的稿子的分量还是不足，并且也正沉浸于每有QQ日志或说说发表便会获得较多点赞与评论的自我满足之中忙于撰写新的文字而顾不上去做这种整理、总结的工作，所以也就一直拖了过来。很快六、七年过去了，这方面的稿子增加了很多，积累也厚实了很多，结集出版的条件更为成熟。正好，学校也有支持计划，于是申请出版并幸运地通过了出版社的初审签订了出版合同。因为是第一次独立出书，颇为慎重，加之手底下也慢，所以直到今天，才最后完成书稿的选取与分类汇编，形成了文集的雏形。

感谢天水师范学院科研出版支持计划资助，感谢兰州大学出版社的信任，感谢梁建萍责任编辑的宽容、忍耐与悉心指导！当然，还要感谢十二年来对我的QQ空间与微信朋友圈给予热忱关注的每一位Q友、微友，他们的阅读与期待、陪伴与鼓励才是本书每一篇稿子得以最初产生的最根本支持力量；本书的面世，他们也许和我一样也充满着切盼。

郭治锋

2021年4月5日于天水师院园丁苑

目 录

第一辑 怎样看教育

第二辑 怎样做教师

第三辑 怎样教语文

第四辑 怎样当父母

附 编 别人眼中的作者

第一辑 怎样看教育

“人是一根能思想的苇草”，人的全部尊严就在于思想，“我思故我在”……人不论做什么工作，不仅要用身体去劳作，也要用心灵去感受和琢磨。教育工作，更是如此。每一位教师，每一天，都不只是要做，还要看，尤其是要想。——对于每天所做的每一项活动、所看到的每一种现象和问题，都给予热忱的关注，做出属于自己的分析与判断。

❖ 钱学森故事的启示

这两天媒体的最大消息，是钱学森的去世。昨日浏览网上众多关于钱学森的报道文章，留下较深印象的有两篇：一篇是讲他的家庭出身的，题为《钱学森出身名门家世深厚》，另一篇是说他与夫人蒋英的婚恋故事的，题为《青梅竹马白头偕老》。两篇报道中特别引起我注意的是以下两点。

一是钱学森和文学主要是和中国古代诗歌的关系。文章说，钱学森虽然“具备公子哥的一切条件。但他家教严格，在母亲的培育下，两三岁，就能背诵上百首唐诗、宋词”“在客人面前表演背古诗，是小钱学森的拿手绝活”。人小时候记忆力好，家长教背一些古诗，这是好多人都有过的经历，而长大以后并且已经学有所成的钱学森似乎也没有放弃对它的喜爱。文章报道，钱学森24岁出国时，给了他“快活和清纯”并以后与他结为伉俪的蒋英除了为他“弹奏了莫扎特的D大调奏鸣曲”外，还特别送给他一本唐诗，“钱学森把它当作珍贵的礼物带到了美国”。文章中虽然没有明确地报道这些中国古代诗歌对于钱学森成为杰出科学家的作用，但联系钱学森以后的人生道路包括他的伟大业绩与人格，不能不承认它们对于钱学森的意义之重要。所以《钱学森出身名门家世深厚》一文有这样的评论：“唐诗、宋词那玩意儿，小孩儿未必懂，只能死记硬背，但她是中华文化的瑰宝，长大了自然能慢慢消化，融会贯通，达于心，达于骨髓。”关于这一点，同样是杰出科学家的杨振宁也有过类似的经验。记得差不多二十年前一次听广播，记者采访杨振宁，问他取得这么高的成就的主要原因是什么，杨振宁非常干脆地回答说，要“非常感谢”他小时候（好像是五岁）父亲请了一位老先生给他讲《孟子》。

二是钱学森和艺术主要是和音乐的关系。人们都知道，钱学森的爱情、婚姻、家庭是很美满的，这都源于他有一个很好的妻子。他和夫人蒋英的白头偕老、恩爱终身，不仅在于两人门当户对且青梅竹马，更在于钱学森对蒋英才貌的欣赏。受家庭影响，蒋英老早就精通音律，以后又赴德国、比利时学习钢琴和演唱10年，1946年回国后还举办过个人演唱会，以后是中央音乐学院的权威教授、著名音乐教育家。钱学森与蒋英相伴的一生，也就是与音乐相伴的一生。1935年钱学森出国时蒋英为他弹奏莫扎特的D大调奏鸣曲，钱学森“听得如痴如醉”。1950年8月，正当钱学森一家准备离开美国之际，却遭到了美国政府的扣留，在以后长达五年之久的那段“最灰暗的日子”里，“钱学森吹竹笛，蒋英弹吉他，两人共同以音乐来排解内心的寂寞与烦闷”。钱学森不仅喜欢音乐，用音乐来帮助他渡过难关，并且也是音乐促使他成就了事业。昨日最开始看到的一个缅怀钱学森的视频资料中，钱学森就说，他科研中的好多灵感就来自家中妻子的琴声与歌声。所以他的《工程控制论》写成时，在其扉页上他就恭恭敬敬地写上了“此书献给我的英”的话。

当今世界是一个科技化的时代，突飞猛进的科学技术为社会提供了巨大的财富，为满足人们无止境的物质需求提供了巨大的支持。人们都看到了科技的力量，于是关于“物”的自然科学受到了空前的崇拜。相反，文学、艺术、哲学、宗教这些关于“人”自身问题的东西却遭到冷遇。反映在学校教育中，就是学生们大都喜爱理科而忽视文科，或者重视智育而放弃美育，其结果就是导致全社会各类成员人文素质的下滑。钱学森是杰出的科学家，但他的启蒙教育却是中国古代的诗歌，成为科学家以后他也绝没有把自己封闭进狭隘的公式、数字的圈子内，而是继续保持着广泛的兴趣与爱好，用文学与音乐来浸润自己的心灵。科学重要，科学家伟大，但科学家的成长道路和他所要从事的科学研究事业却需要文学、艺术来为他打好精神的底子并伴随到永远。这，也许就是钱学森及其他一切杰出科学家给我们的启示。

（来源：QQ日志　发布时间：2009/11/2）

❖ 我们需要什么样的教育或教导方式？

刘瑞明教授是我原来工作的陇东学院公认的学术功力最深、科研成就最高的一位老教师。2000年年底，在各方面的支持下，我以自己负责的民进支部的名义在学校举办了“刘瑞明学术成就展”，当时统计其发表各类研究论文共220余篇，遍布除西藏、台湾、海南以外的全国各省市自治区的众多杂志，包括《文史》《文学遗产》《中国语文》这些历来极具身价的刊物他早年都发表过研究成果。先生虽然1994年就已退休，但始终笔耕不辍，每年仍有十多篇汉语、文学、民俗方面的论文发表。2005年其校注的冯梦龙三种民歌集还在中华书局出版（《冯梦龙民歌集三种注释》）；目前，据我所知，手头正待出版、已经完成和还在撰写的书稿还有三四部。因为一向钦慕和敬重先生的学术精神，所以一直与之保持着至为密切的关系。调离原单位以后几年，每次回家也都要到他家中一叙。

昨天下午，又去其家中小坐。闲谈当中先生再次问起我的爱人调动与职称晋升两件“大事”的进展情况。对于第一件事，当得知我的校长已主动操持后他显得比我还高兴；对于第二件事，当得知我依然缺乏较多条件时则显得比我更着急。时间已近晚饭时分，我外面还有约会得走了，但他却硬是给我好好地讲了一通我必须尽快将评教授的条件准备好的道理。先生讲得很认真，也很透彻，不仅道理论述比同样也关心我这事的其他人要深刻，而且还摆了曾经也是挚友同事且也已调往外地的两位与他教同样课的老师当年专业发展与职称晋升中他所给予教导的事实。但是说实话，我在心底里对老先生的这些话的反应却并不是十分的热烈和积极，甚至还有一点小小的抵触，虽然我知道他这是彻底地为我好，虽然我也承认他讲得完全在理且很是透彻。

按照这事对我的意义，按照我跟先生的交情，按照我一向对先生的景仰与敬重，对于刘教授的这番话，我应该言听计从、心甘情愿地领受才对，至少也应真心诚意地报以感谢，但当时却为什么恰恰就没有这样的心态？反思起来，除了对自己缺乏充分的自信以及近年来日渐增长的惰性而外，可能还有一个重要的原因，这就是对先生所采取的这种说教、说服的教导方式不大接受。

这使我想到了这样一个问题，这就是：在一切的人际交往当中，比如朋友之间、父子之间、夫妻之间、师生之间、干群之间，一方要使另一方的行为或思想发生改变，究竟什么样的方式是最为有效的？以往人们采用最多的以言语说服为基本形式的训导或教育是否真的管用？

这使我也想起了近期遇到过的另外两件事。

一件是我回家乘坐的长途汽车的司机与其助手之间的事。一周前回家时乘坐的这班车，是我这一年多来奔波于两地之间乘坐次数最多的一辆。之所以总是选择这辆车，主要是对这车的驾驶员有好感。这位年近五十岁的司机，说话、做事、开车都很沉稳，坐他的车让人感到放心。但他那位随员——二十多岁的助手乘务员——却实在不能给人以好的印象，做事毛糙，说话很冲，动不动就跟乘客吵架。所以在我一年多前第一次乘这辆车时，一路上司机就在恩威并重地训导这位徒弟该怎样跟乘客打交道。以后不下十次乘车，每次看到的都是这样的情形。但直到这次回家，发现这位小伙子的乘务作风还是一点也不见长进，师傅依然呵斥不断，徒儿依旧我行我素。

另一件是我家里几位大人或老人跟我儿子之间的事。虽然我的儿子是个很好的儿子，但也不免有这样那样的缺点和问题。最突出的有两点：一是不善言辞，二是迷恋电脑。所以我每次回家，爱人、岳父、岳母都要跟我诉说一通儿子在这两个方面的新的具体表现。关于善于说话的好处和使用电脑太多的坏处他们平时也都没有跟他少费口舌；我虽身在外地，但在与儿子的电话、短信、邮件及QQ聊天等一切联系当中也是经常讨论到这两个话题。但是，已经初三的儿子，却是始终只要有一点时间就要开电脑，虽然也钻研软件、硬件、网络等一系列的技术问题，而且也“搜搜问问”查找相关学习资料，但更多的时间似乎还是用于电子游戏。至于其言语交际的能力，更是不仅没有因为听了我们讲的各种道理就有所提高，而且似乎还有每况愈下之势。昨天、今天我两次让他给其语文老师带东西，竟然都是托班上同学办理的。这位语文老师后来电话跟我说她也问了那位同学“郭××为什么不自己来”，得到的回答是“他说他不好意思”。

刘教授对我古道热肠的劝告我并没有满心欢喜地接受，班车司机对徒弟一年多持续不断的训导没有发挥任何作用，几位成人各种角度对儿子的谆谆教诲也是不见效果，这就足以说明，要改变一个人的行为或思想，单靠别人给讲道理是不管用的，过去我们一向最为习惯、采用最多的以言语说教为基本形式的教育并不是最好的方式。

看来，以往千百年来我们的教育或教导无论是学校、家庭还是社会层面，都存在着一个巨大的误区，这就是太看重言语的力量，太迷信说教的作用。我们总是认为人是应该听话的，所以教育的基本方式就是口耳授受的说话与听话，施教者不断地说，受教者不断地听，即所谓“循循善诱”“诲人不倦”。不只知识的传授，就连技能的培养以至道德情感的培育，都主要通过讲授与训诲这样的言语活动来进行。但有更多的事实也早已证明其效果并不全好。其实，这种只是强调施教者的讲说的教导方式在清醒的教育者那里历来都不是被充分提倡的。《学记》就指出：“君子之教，喻也。道而弗牵，强而弗抑，开而弗达。道而弗牵则和，强而弗抑则易，开而弗达则思。和、易以思，可谓善喻矣。”看重的是教师的“喻”和学生的“思”。孔子就是这一思想的最大实践者和提倡者，他“不愤不启，不悱不发，举一隅不以三隅反，则不复也”，给学生上课自己直接说的话很少，就连别人称赞他的“诲人不倦”他也是否定的。以后历代的教育家直到叶圣陶都坚持这一思想，因而也使重视引导学生自己动脑思考的“启发式”成为我国教育的优秀传统。遗憾的是，受长期以强调绝对服从、听话为基本特征的封建思想的熏染，这种光辉的思想被遮蔽了，大家都喜欢做“动口不动手”的“君子”，企图通过一讲一听就要把事情完成的说教、训诲的方式倒成了我国教育历史上的主要景象。

和我国的过于信奉“说”不同，西方的教育精神更注重的是“做”。几年前曾有一个教育访问团去西欧，一个国家初中的一节《公民》课，让我们访问团的成员大开眼界：课程内容是关于“相互帮助与合作”的。上课，老师让学生把外套脱掉，接着让穿上；然后再让脱掉，又让穿上，但要求只用一只手；最后再让脱掉，还叫穿上，但不能用自己的手。第一次穿衣，学生觉得没啥；第二次，就有点难度了；第三次，学生开始有点迷茫，但很快就找到了办法——得靠别人，于是学生彼此通过嘴巴、胳膊肘等给同学们都将外套穿上了。直到这时，老师才告诉学生这堂课的主题。道德教育，是让学生通过“做”来体悟和认同；知识课，也是这样的办法。还是我们的教育考察团在国外看到的上课情形：美国的一节小学自然课。上课伊始，老师叫每个学生到讲台上领走5只蚯蚓，怎么带走这5只蚯蚓老师不作任何交代；等费好大劲学生都将蚯蚓弄到自己的桌子上后，老师又布置任务，每人用自己的办法发现蚯蚓的生活习性与身体特征。课堂极活跃，学生的发言也极精彩。像这样的课，在我们国家，肯定都是由老师直接告诉学生了事。这比外国的做法自然要便捷，但效果孰优孰劣不言自明。

“人之初，性本善”，人的天性或本性是善的、好的，是需要呵护的，但人也是要与人交往接受来自外面的影响的。通过对受教育者施以影响使其天性或本性在原来的基础上得到最大限度的完善，这就是教育。教育，可以是来自外部的力量，但根本上还是要靠受教育者自己。靠自己，就不是只听别人说，而是要靠自己的实践和感悟。只看重甚至只采用说教式的教育的弊端，就是只强调外部的力量和言语的力量而忽视了受教育者自己的主体方面，忽视了亲身实践的功能与价值。“不靠天，不靠地，全靠我们自己”“眼过千遍，不如手过一遍”“实践出真知”……所以，要通过教育使一个人的思想、行为等尽可能地发生改变，就必须改变以往的教育方式：由相信别人变为相信自己，由注重语言变为注重实践。这其实也不是近年来新课改才舶来的新东西，而是从孔夫子的“学而时习之”到陶行知的“教学做合一”就早已开启了的道路。

（来源：QQ日志　发布时间：2010/2/7）

❖ 身边，也有这样一所学校

多年来，我一向主张，作为学校教育主阵地的课堂，应是学生学习的天地而不是教师表演的场所；作为教学活动主要实施者的教师，应做“导师”而不做“讲师”，但是，这样的思想只能是一种理想，即就是在新课程改革热火朝天、轰轰烈烈推进的今天，只要较多地深入课堂、走近教师就会发现，主流媒体长期以来大力宣传、积极倡导的一切变革往往都是“雷声大雨点小”，真正付诸实施、得到落实的很少，最终“换汤不换药”。虽然在全国范围内也出现过一些在教师角色的转变、课堂模式的革新等诸多方面卓有成效的改革典型，但那只是极个别案例，是经济文化相对发达地区极少数出类拔萃的优秀教师或条件优越学校的创造，跟绝大多数地方尤其是我们这种一贯缺乏自信的落后或欠发达地区的教师和学校无缘。出乎预料、令人惊喜的是，几天前，在身边，竟然也发现了这样一所学校。

一

去年毕业的一位学生参加“五千名”考试录取后这学期终于上班了，单位是庆阳市府西峰东郊二十许里的一所农村中学——齐家楼初中。这所学校，我和她以前曾经谈论过——年初和她一起去她哥所在的城区一所实验学校听课，与她哥一起做教务干事的一教师就是从这学校调来的。听他们讲，“齐楼中学”近年来在教学改革中很有影响，包括这位老师之所以能调进城里，也是主管部门希望“齐楼经验”能够在这所实验学校得到很好的实验推广。那次从他们那儿还得知，这齐楼初中现在的校长也即学校改革的领跑者还是我早年在庆阳师专当过班主任的一位学生。我对这所学校也是一点不陌生，十多年前就在那儿带过一个月的教育实习。所以，当这学生上班不久跟我电话上介绍其到学校后的具体感受并希望我也能去看看时，我是痛快答应了的。

国庆长假后回庆阳，因为可以迟几天返天水，所以决定利用这机会去这所学校一趟。7日晚跟这学生联系（该校5日即已收假上课），她说正好前些天一次和校长闲聊，当校长知道她也是我的学生后也很希望我能到学校来看看并委托她与我商定时间。所以，8日一早，我便按校长的安排乘车去了这学校。

十多年没来，学校总体面貌没有发生多大变化。还是那么大个院子，还是当年那几排房子，包括学生规模也是没变（即每个年级4个班共12个班）。但进入学校稍微留心就会发现，学校的变化也是明显的，校园比当年更为整齐干净，每排房子前后的墙面上连同校园四周的围墙上，都喷绘或张贴了各种宣传文字及图画，这就使得一切来到这里的人都能够感受到一股浓郁的校园文化的气息。其中正对大门的操场前的照壁上高悬的一幅标语“让学校成为师生终身留恋的地方”最引人注目。

二

与校长这位当年的学生见面后，没有多少寒暄我们便进入正题。利用早自习未下和早餐的时间，他先通过他电脑上一个视频短片和学校展室里的几个展板，向我简要地介绍了学校近年来的改革举措和业绩。正如原来所了解的，学校的改革不论是课堂教学还是校本课程，抑或课程表的安排以及校园文化的建设，主要都是源自对这些年在全国有重要影响的两家改革经验的学习：山东的“杜郎口经验”和苏州朱永新教授发起的“新教育实验”。谈话中他给我感触最深的是两点：一是他视野的开阔和理念的先进，几乎一切基础教育领域中我所知道和推崇的他都知道和推崇，这既让我对他不得不刮目相看，同时也使我们的谈话很顺畅；二是他在介绍自己学校当中所表现出来的那种稳重和娴熟，这也应了我那新来工作的学生的说法——几乎每天学校都有前来取经学习的，如果不经常接待来访便不具备这样的功力。一个校长是一所学校的灵魂，与他的这种谈话已经让我感受到他和他的学校的成功。据说目前除市内各县而外，兰州、白银等省内其他地区也有学校来访问过。在这间一点也不奢华的校长办公室里挂着几块考察学习者留下的匾额，其中一块上的留言“超越聊城杜郎口，特色庆阳齐家楼”也许比较集中地代表了大家的评价与心愿。

最让我感到振奋和新鲜的，还是接下来的听课。通常听课，都是必须在任课教师进入教室前得进入教室，并且只能是规规矩矩地在后排坐到底。但这学校的课堂，是全开放的，任何人可以在任何时候进入任何一个教室看课。虽然校长陪我开始听课已是上课5分钟以后，但到第一节下课时，我们已经走遍了全校的12个班级。我一向认为“听课”这个概念不好，应该叫“看课”才对。在这学校，真的是“看课”。每一个教室、每一种课堂都不大能听得到教师的讲课，看到的都是学生自己的学习。教室里虽然也有讲台，但老师很少有在讲台上的。黑板也不是只有讲台位置的一面，而是除门窗一面以外其余三面墙壁都有的。学生的座位不是一排排都面朝讲台的，而是每8人或6人前后两排对面而坐的，这每8人或6人便是一个学习小组。每个班级有6～8个这样的学习小组。教室里的黑板也被划分成6～8块，每一个小组有自己的一块，用来展示本组的学习成果。学生的学习也不是统一一律的，有的在自己的座位上读书沉思，有的几个围在一起热烈地讨论，有的在所在组的黑板上忙着用粉笔抄写自己或组上的学习收获。这些学生不管在做什么，都是专心致志的，不受突然进入教室的来人的滋扰；任课老师也是一样，原来干什么还干什么，对进入教室的人同样“视而不见”。凡来听课看课的人，不论是互相谈论、随意走动包括对着课堂拍照，也不会对他们发生影响。有几次，我发现我和校长竟然是站在讲台上“听课”的。这一切，在传统的课堂上都是不可想象的，但在这里却都是很自然寻常的。学生分组对面相向而坐，是为了便于学生相互间的合作，但在这里丝毫没有目前好多课堂上那种临时给学生两三分钟的所谓“合作学习”的装腔作势。有一个教室里面竟然还没有老师，据说是任课教师请假了，但课堂秩序和其他教室没有任何两样。校长介绍说，曾经一个假期补课，教师紧缺，他还请了刚刚毕业的学生回来在个别班上上过一段课，效果也很好。这都说明，在这里学生自主学习、合作学习的习惯已经形成。这样的课，杜郎口有过，洋思有过，魏书生那儿也有过，但在我经常实地考察的课堂上，还是第一次见识。江苏洋思中学“一节课教师讲授不得超过4分钟”，魏书生一年172天不在家学生照样学得很好，这样的极端做法我曾多少次向人们介绍，虽然我很是欣赏钦佩但对于究竟怎样做心里也还犯嘀咕，但今天没想在身边的这所学校里看到了，而且看来他们做得也不是很难。

第二节课，我重点看了一节八年级的语文课，教学课文为《短文两篇》之《陋室铭》。老师照样基本没讲，学生课桌上也没看到多少教辅参考，但课文的翻译、难句的解释这些文言文教学似乎必需的项目学生通过自己的阅读、本组同学的讨论以及各组之间的相互交流，也都做得很好。

和以往到各处听课一样，在看了别人几节课后，上午最后一节，我也试着上了一节课。在八年级一个班按其进度教学《短文两篇》之第二篇《爱莲说》。我不得不承认，虽然我以往的“下水课”“研讨课”自认为大致已经实现了“师生间的平等对话”，但在这所学校要完全按他们的那种模式上课，对我还是有一定压力的，当为各组指明一个学生在黑板上展示各自学习成果，同时又要操心其他学生的学习状态时，我感觉自己必须“耳听八方，眼观六路”了。好在从学生的反应看，他们的思维状态还算活跃，教学效果还算良好。不过这节课对我的最大意义，还是让我感受到了这学校学生与其他学校学生的区别，他们的学习意识、学习习惯、学习能力明显优于传统教学方式下的学生。这也表明，学校实行的这种“把时空还给学生”“让课堂焕发生命活力”“教师走下讲台”的课堂改革是成功的。我的这节课，是校长临时调的，没有课的教师也都被通知来听课了。当然，和我前几节听他们的课一样，他们不是坐在后排（没有后排），而也是站在某一个位置或随意走动的。这样的课堂让我也感觉很自由，在学生忙活的同时我还可以和原任课教师就教学进度以及他上节课的教学情况等切磋讨论。

三

这所学校的改革是全方位的。为了“践行新教育理念助推学校特色发展”，学校还有一系列其他改革项目。校长也特别领我观看了用吟唱《弟子规》编成的课间操、人人都要能吹竖笛等校本课程以及旨在弘扬中华优秀文化、“营造书香校园”的“晨颂—午读—暮省”中的“午读”实况。这些做法无疑都是有积极意义的，并且也已经取得了实效。据说，学生到毕业时都能背诵《论语》《道德经》，这应该说功德无量。只是后来了解，学生的在校时间、教师的工作时间还都有些过长。本来，他们课堂教学的改革所要求的各门功课不留作业难得将学生、教师从繁重的课余劳作的重负下解放了出来，但若为了达到别的不管什么目的而使学生、教师每天基本的睡眠仍然不能得到保障，这就与“新教育实验”所追求的“过一种幸福完整的教育生活”相抵触，导致人们对改革产生怀疑。

但是不管怎么说，我还是为身边能有这样一所学校而高兴。如果我们所有的学校都能够将当下国家正在积极推进的课程改革不只是停留在口头而是认真付诸实施，将曾经花了成本学习、了解到的某种卓有成效的教改经验或思想也结合自己的实际化为践履，那么我国的基础教育必将实现新的飞跃，发挥其在提高民族素质、实现民族复兴伟大工程中的神圣使命。

（来源：QQ日志　发布时间：2010/10/11）

❖ 我谈教育公平

——在五营学区“如何实现课堂公平”专题教学研讨会[①]上的发言提纲

开场白：很高兴参加这个活动，听听各位一线老师的发言，与大家共同探讨这一当今教育界的热门话题。

一、关于“公平”：绝对的公平是不存在的

总理只能有一个，老百姓则必然千千万万。在“中小”我一人必须住一个房子，而实习生们只能是三人、四人住一间宿舍；今天讨论“公平”的这个研讨会，主席台这边的座位无疑也比其他三面宽松。因为，世界是多元的，人是有差别的，诚如魏书生所言：“有人群就得有分工，有分工就得有差别。”

二、关于“教育公平”

（一）教育上的公平只能是相对的

“教育公平”这个概念自打提出便被欣赏和拥护，袁贵仁部长上台“第一把火”便是抓教育均衡，但不公平、不均衡的大局谁也无法改变：北京、上海、江浙的教育背景、教育资源，西藏、贵州、甘肃无法具备；五营中心小学的办学条件赵王小学不可能达到。实行寄宿制、调整学校布局，即使把乡村学校全搬进城里，每一个孩子的生活、学习上的差异依然存在；秦安一中

①2010年10月笔者带领学生在秦安县五营乡诸小学开展教育实习期间应邀参加了该学区的一次教研活动。

的生源，永远优于秦安四中；县长家的孩子，绝对比农民家的孩子在学校更受到关注。

（二）实现教育公平是教育的崇高理想

虽然绝对的教育公平不存在，但教育公平的理念却无疑是正确的，教育均衡发展的方向也是一定要坚持的；实现教育公平，是一切教育行为和每一位教育工作者的永远追求。教育是理想的事业，理想和现实尽管总是保持较大的差距，但仍然需要胸怀教育的理想。人人生而平等，人人都有接受优质教育的权利。朱永新：“教育的理想是为了一切的人——无论是城市的还是乡村的，富贵的还是贫贱的，聪慧的还是笨拙的。”唯有如此，才能实现教学质量的大面积丰收，实现教育的神圣使命——为了每一个人的发展，为了民族的复兴。

三、关于教育公平的实现：学校教育、课堂教学实现教育公平大有可为

（一）基本原则与目标

1. 原则：崇尚公平、正义。立足三点：平民立场，平等态度，民主作风。魏书生、李镇西“民主教育”。

2. 目标：为每一个学生负责，让每一个孩子都在原有的基础上得到最大限度的发展。

（二）主要策略与方法

策略：发现每一个孩子的长处和优点，关爱每一个孩子；不歧视、不放弃任何一个学生（临校那位“第一可爱的孩子”）。对不同的学生施以不同的教育，培养个性，发展特长。“有教无类，因材施教”；“多元智能”理论；“天生其人必有才，天生其才必有用。”霍懋征：“不让任何一个孩子落下。”

方法：改变教师角色，不做“讲师”做“导师”。俯下身子，走下讲台；平等对话，机会均等。学习不是一部分学生的特权，让每一个学生都昂起头来做课堂的主人，成为真正的学习者。昨天、今天几节“下水课”的说明。

结束语：基础教育为一个人的终身发展奠基，小学教育尤其如此。“高楼万丈平地起”，小学教师比中学教师特别是大学教师肩上的责任更大，工作更

光荣、更神圣。实现教育公平，小学阶段更必要，也更可行。为每一位小学老师的尽职尽责、无私奉献而表示敬意，也衷心祝愿每一位从事这项工作的老师多研究、多思考、多实践，把这份工作做得更好。

（来源：QQ日志　发布时间：2010/10/18）

❖ 还是读点历史好

前些年在张文质主编的《中国最佳教育随笔（第一辑）》（华东师范大学出版社2006年版）曾看到一篇文章，叫《不敢读史》，说的是基础教育新课程改革开始那阵子，人们对新课改有一种理解，似乎这课改中的一切都是新的——新课程、新课标、新理念、新课堂、新评价……但作者无意间翻了一些上世纪二三十年代的教育杂志，发现新课改推进当中很多貌似很时尚、新潮的说法和做法，其实那个时候甚至更早人们都已经说过、做过了。于是作者感慨："不读史也罢，因为一读之下便有比较；比较之下，便有失语的危险。"所以，我前几年给学生开《语文教育简史》，一开始为让学生重视对语文教育历史的学习，便特别引用据说是以色列王所罗门的一句话："太阳底下没有新东西"，也介绍据说是一次诺贝尔奖得主集会上大家形成的一个共识："人类如果要在21世纪继续生存下去，避免世界性的混乱，必须回首2500年前，去吸取孔子的智慧"，还强调中国两个成语"承前启后""继往开来"的含义，并且也宣讲顾炎武"欲知大道必先明史"、培根"读史使人明智"这些名言的经典意义。

在中国现代的著名教育家特别是语文教育家中，叶圣陶无疑是最突出的一位。成就叶老伟大教育家地位的，是他说过一句至理名言："教，是为了达到不需要教。"叶老1978年还作过一首后来被称作《语文自力二十二韵》的诗，专门阐述他的这个思想。诗从"导幼儿学步"这样一个生活常理入手："学步导幼儿，人人有经验。或则扶其肩，或则携其腕，惟令自举足，不虞颠仆患。既而去扶携，犹恐足未健，则复翼护之，不离其身畔。继之更有进，步步能稳践，翼护亦无须，独行颇利便，他日行千里，始基于焉奠。似此寻常事，为教倘可鉴。……”我一直很赞同叶老的这一思想，也很欣赏他的这首诗歌，课堂上多次给学生宣讲过，也一直认为这种用教孩子走路来比喻教学生语文是叶老的首创。没想，去年翻阅《二十世纪前期中国语文教育论集》（顾黄初、李杏保著，四川教育出版社1991年9月版），读到时任江苏省一所师范学校国文教员的姚铭恩1915年写的《小学作文教授法》结论中的一段话：“常譬作文教学，为保姆事业。儿童作文，等于孩提学步。弱小婴儿，必全赖乎怀抱。因已数月以后，足力渐生，则为之保姆者，即当以灵妙之手腕，轻举其织柔之足部，以练习之。再数月而略能停立，则扶持之；略解移步，则提携之。且当于提携之中，而时或偶一释手，若即若离，以练习其独立或短距离之步行，渐进而达于能自行立之境途。假使不预为练习，逐渐诱引，以预备之，而常在怀抱，吾知其有年数龄，而跬步不可行者矣……”才知道，叶老1978年那首诗，其实只是把六十三年前姚铭恩的这段话翻译了一遍而已。

因为所教课程的原因，我一向对中小学校的教育教学接触较多。在这个过程中，逐渐形成了算是比较浓郁的中小学情结。前些年，我经常跟人们讲：“我虽然身为高校教师，但我最为敬重和推崇的人物，不是大学著名教授，而是中小学优秀教师。”这两年，我更形成一种认识，在一个人一生所接受的学校教育中，最重要的是小学（包括幼儿园），其次是中学，最后才是大学。为此，我还有过这样的话：“最好的教师应该教小学，稍差一等的教中学，最差的教师才教大学。”我之所以认为我这不是谬论，是因为我从建筑工地得到了这样的启示：越是高大宏伟的建筑，其最重要的工程便越是挖地基、打基础这些最后被埋在了地下的工作，而不是大楼落成后最为辉煌耀眼的最高层面及其内外装修。我经常向人们津津乐道我的这一观点，也是为我这一发现而自得，认为这个说法别人还没有怎么说过。孰料，今天晚上翻一本书，看到“民国八大教育家”之一的晏阳初1936年的一篇题为《“误教”与“无教”》的讲演词，其中有这样一句话：“各位要知道教育的基本不在大学和专门学校，是在小学。比如建筑房屋，没有坚固的基础，就不能筑成高楼高阁。”开始读到这句话，很兴奋，因为这位大教育家竟然和我说了一模一样的话，但冷静下来发现，其实我和这位大教育家还是有很大区别的，因为人家七十年前就说过的话，我到今天才说得出来。《庄子·秋水篇》写河伯顺流而东到了北海看见大海后“望洋向若而叹”：“野语有之曰‘闻道百，以为莫己若’者，我之谓也。……今我睹子之难穷也，吾非至于子之门则殆矣，吾长见笑于大方之家。”若不是今晚读这点史料，我可能也将要永远沾沾自喜而最后也贻笑大方。

（来源：QQ日志　发布时间：2013/12/7）

❖ 当老师的幸福

单位领导有了调整，一位副校长提升了校长，三位处长提升了副校长。虽说也都只是升了半级，但绝对也是脱颖而出，特别这正地级、副地级的级别就足以令周围的人艳羡。所以，自十多天前省委组织部网上公示以来，便成为上下左右关注的一个焦点，不仅在学校里面成了大家私下议论的一个热门话题，而且当地的市级新闻媒体也及时予以报道，就连我远在北京的一位对甘肃高校有所接触的早年同学也打来电话谈及此事。

中国是一个高度官本位的国度，从历史上一直延续的“学而优则仕”的传统，到当今老百姓们真切感受到的部分官员对所辖范围社会公共资源的肆意占有，使得人们对当官的特别是刚刚被提拔了的新官不由得不另眼相看、敬畏有加。因此，对于学校这次三位领导的同时升迁以及由此而带来的随后一长串中层干部职位的进步，我也和身边的人们一样给予了必要的关注。不过，作为一位已经当惯了教师今后也与当官无缘的人，我在丝毫不否认当官的好处的同时，还是固执地认为当老师也好。我信奉北京大学最受学生欢迎的钱理群教授的一个说法：“当教师真难，真好。”既然“真好”，那就应该很幸福。

当老师的难处，我不大说得清楚，但对于当老师的好处，二十多年的职业生涯，我还是有些认识和体会的。

第一，可以和学生在一起。

一种职业是否幸福，一个重要的指标应该是看他的工作对象。做老师的幸福，首先就是他的工作对象是学生。我总是喜欢将教师和另外两种人们都比较熟悉的职业做比较：一种是医生，一种是警察。我经常跟人们说："医生是跟病人打交道的，警察是跟坏人打交道的，只有我们教师是跟好人、而且是好人里面的好人——儿童和青少年——打交道的。"显然，跟活力十足、天真纯洁的学生打交道，一定比跟病人、犯人打交道舒服。所以这两年也让我百思不得其解的一个问题就是，为什么有那么多的人向往医生、崇拜警察而瞧不起教师？近两年的高考，医学院的录取分数一路飙升，而师范院校包括重点师范大学的免费师范生却一点不被高分考生及其家长和班主任垂青？这话说来太长，这里先不讨论。除了与以上两种职业对比外，当老师的也可以跟当官的进行比较。当官的工作对象是上司、同僚和部下，这些人虽然不是坏人和病人，但没有儿童、青少年可爱却也是一个事实。所以我从不认为一位官员和上级、同僚与部属在一起会比一位老师和学生在一起更幸福。尽管有机会见到地位特高的首长会很荣耀，但那当中遭遇更多的可能还是欺瞒、争斗和愚弄。而"老师的身边永远是春天"，师生一堂，有的只是坦荡、平等和自由。我的体会是，不论什么样的学生，包括最近刚刚带过的一期"国培"学员以及正在上课的十几位语文教育硕士，我和他们在一起时的那种彼此的交流与信任、那种共有的真诚与欢乐，我估计是其他行业的人很难拥有和领略得到的。还有毕业多年天各一方却依然时常在QQ和电话上联系着的那些学生所带来的感动，可能也是只有我们当老师的才会有的一种奢侈。人们都愿意和最可爱的人在一起，天底下的所有人，其中最可爱的，无疑就是烂漫无邪、快乐无忧的孩童。当老师的，就是和这样的人群在一起。

第二，可以把干工作和发展自己糅合在一起。

曾几何时，人们总是习惯于把教师比作蜡烛，说他们很无私、很高尚，"燃烧了自己，照亮了别人"，甚至有人说成是"毁灭了自己，成就了别人"。其实这个说法很不准确甚至完全错误。教师没有这么伟大也不必这么伟大。道理很简单：燃烧了自己拿什么去继续照亮别人？或者，连自己都毁灭了，还怎么去成就别人？因为"打铁还需自身硬"，只有"留得青山在"，才"不怕没柴烧"。说及教师职业的特点，我倒是很赞同魏书生的一个说法："教师是收获双倍幸福的劳动。"这双倍幸福，我的理解是除了和孩子打交道的美好之外，还有一个就是：在帮助学生成长的时候使自己也得到发展。人不能满足于自然成长，而是要努力发展的，是需要不断提高自己的生命质量也即综合素质的。人的生命质量，不仅仅是物质生活水平，更重要的还是精神情感状态，因为人和别的动物的区别就是人是有精神世界的。所以，通常讲人的素质，主要指的就是知识、才学、情感、道德等精神领域所达到的层次。这诸多方面修养的提升，最基本的途径，就是读书学习，诚如朱永新所言："一个人的阅读史就是他的精神发育史。"正因如此，为了提高国民素质，世界上好多国家都把推动全民读书作为国家战略，比如美国的"国家阅读计划"。从事其他工作的人，要读书、要通过读书学习来提高自己的学识修养，需要在正常上班之外另外去找时间来进行，而教师因为就是教书的，所以他在教别人读书的时候自己顺便也就读书了，读书成为他完成本职工作的一部分，用不着额外地再专门去做。这也就形成了教师工作的一个特点：在做好本职工作的同时，提升了自己的知识水平、文化品位和精神境界。而且，读书越多，自己的个人发展越好，分内工作做得也越好，不似有些行业往往发展了自己却耽误了正常的工作。所以李镇西直言，教师多读书绝不仅仅是为了把课上好，而是也使自己的精神世界更饱满，生活更充实。从这个角度来说，做教师绝不是一种"毫不利己专门利人"的"太阳底下最光辉的职业"，而是一种"格外上算"最能"占便宜"的活计。这好像也是魏书生的话。

第三，可以享受成功课堂所带来的无上满足。

不论做什么工作，只要做得好，都会有成功后的愉悦，而这种愉悦和满足，便是他最大的幸福。做教师也是如此，而且这种幸福可能超越其他行业。这种情形，中小学教师也许比高校教师体会得更深，因为与高校那种只关注学科内容而忽略听课学生的课堂相比，中小学的课堂上教师和学生才往往真的在"共同谱写生命的精彩。"74岁的于漪老师在看了几节年轻教师的课后说："我真正对站在课堂上一节节教课心向往之，我觉得教师生命的闪光就是在课堂里""看到老师们那样精神抖擞、全心地投入，看到孩子们是那样全神专注地学习语文，我真是一种幸福感油然而生。"这应该是一切最优秀教师共同的心声。庆幸的是，有几次我到中小学校"下水"上课，也真切地感受到这一点。所以我几次跟人说，教师一节课上好了以后的那种美妙与陶醉，是其他人所无法想象的，也可能是其他行业的人所难以比拟的，至少比外科大夫手术完吃患者家属的饭、比领导干部收受了工程承包商不菲的礼品、甚至比领导人在大会堂做报告后“全场响起经久不息热烈的掌声”还要享受。相信有更多的当了老师或当着老师的人有比我更深的这种感受。

第四，可以“不失其赤子之心”。

2003年在上海第一次见钱梦龙老师，曾请他给我题字。钱老师在我笔记本上写了这样的话：“教师者，不失其赤子之心者也。”对于这句话的真正含义，我是直到2006年《钱梦龙与语文导读法》出版后才懂得的。这年5月18日《中国教育报》“读书周刊”发表了一篇评介这本书的文章，题目叫《“赤子之心”的三种教学实践》。文章一开始这样写道：“当著名语文特级教师钱梦龙在他的新著《钱梦龙与语文导读法》的卷首写下‘教师者，不失其赤子之心者也’的题记时，当钱老师虽已是76岁的高龄却依然认为他的心理年龄不会超过20岁时，我发现，钱老师是以其自觉的观念，为其葆有的一颗赤子之心（或者说童心）展开成了三种教学实践方式。”读了这段话，我才慢慢懂得，钱梦龙老师当年写给我的这句话绝不是大话、空话，而是他一生教师生涯后的最后感悟，是他对教师职业特点的一种最简洁解释，也是他对合格教师基本条件的一种精确界定。这个典型的文言判断句子，直接翻译成现代汉语就是：教师，是没有失掉赤子之心的人。这也就是说，只有没有失掉赤子之心（也即童心）的人，才可以做教师。这个论断，在我后来对一切最优秀教师——不论是钱理群、孙绍振这样的高校大腕儿，还是于漪、李镇西这样的全国著名特级教师，乃至我身边切实受到学生欢迎的同事——的考察中越来越得到证实。他们虽然其个性完全不同，但拥有一颗童心（赤子之心）却是他们共同的特点。人们之所以喜欢孩子，就是因为孩子有童心。凡是出生来到世间的人，都必然要逐渐老去，但在无法抗拒的生理衰退中若还能永远保持孩童时代的那份天真和质朴、那种好奇和冲动，无疑要比那些长了城府、忙于算计、倚老卖老的人要可爱得多，也幸福得多。“祝您永远年轻”“祝您越来越年轻”这样的祝福，可能也只有我们当教师的得到得最多。由此也想到，如果有人批评我们做教师的说我们“幼稚”“天真”时，那其实是对我们最大的肯定和褒奖，只是我们大多数人可能还够不上。

中国历来有“不为良相便为良医”的说法，似乎当官和当医生是两种最有意义的职业，但已经做惯了教师并且也只能继续做教师的我还是主张，可以不为良相，也不必成为良医，但一定要努力做良师。因为，做老师，自有其行外人所不能体会的幸福。

（来源：QQ日志　发布时间：2013/12/14）

❖ 我也走进了杜郎口

来到了聊城，便不能不去杜郎口中学看看。所以那天带学生到聊城大学参加教育硕士的课堂教学技能比赛，便希望能去实地考察一下这所风生水起的教改名校。比赛日是13日一天，我们是11日下午就到了聊城的，12日的比赛准备没有带队教师多少事，这样正好有一天空闲。聊城大学有一位同行陈先生，一块儿开过几次会，算是熟人，他曾允诺如果我去杜郎口他可以介绍。于是11日下午到了聊城便给他打了电话，晚饭后他来电话说已经联系妥当，叫我明天直接过去，并发来聊城市教育局王副局长的电话号码，说是"有问题"可以打这个电话。晚上，有在西北师大读教育硕士的一位早年学生从QQ上得知我到聊城的动态后告诉我她的导师也带学生到了聊城，于是跟这位也是熟识的同行张博士取得了联系。张博士也有访问杜郎口的愿望，只是还不知该怎么去，所以当我告诉他我明天的计划时当即表示和我一起结伴去。我带的学生因在山东读本科时已经去过杜郎口中学，张博士带的学生也要做参赛前的准备，所以电话上说好明天就我们两个去。

12日一早7点，张博士来我住的宾馆，一起吃过早餐后，便打车赶往杜郎口。杜郎口中学所在的杜郎口镇，属于茌平县，在县城往东十几公里处。茌平县也在聊城市的东边，距市区约五十公里。都不算远，所以虽然几次倒车，但8点50分即到达目的地。

杜郎口中学并不在镇子上，广阔的原野就一座孤零零的校园。不过毕竟是一所全国名校，所以看起来还是比一般农村初中更有气象，其中最醒目的，当属大门旁边很恢宏的"接待中心"。我们也就先去这接待中心。还在往杜郎口中学走的路上，出租车司机就很纳闷我们怎么就两个人，他说来这里听课的，最少也有四个人，大多都是十几二十个人的团队。我们分析，这应该就是一所学校来参观的通常规模。据同行的张博士的猜测，这最小的四人组合，当是一位校长、一位教务主任，再加文、理科各一位教师。可能就是因为我们只有两个人，所以一到接待中心还没有等我们自我介绍，接待的老师就问："是天水来的老师吗？"说是"王局长已经来过电话了"，显得很热情，并以带歉意的口吻说"张校长这会儿还有点事"，叫我们先去看课，一会儿张校长要见我们，并且中午要留我们吃饭。这让我们很是出乎意料并有些不敢承受，本来还担心进不了大门，没想到还有这等礼遇。虽然还只是副校长（崔其升校长出外讲学"不在家"）。本来我就知道，参观杜郎口中学是要买票的（据说每人每天二百元），并且学校领导通常也不一定会见来访者，因为来访的人有些时候一天要几千人，几十、上百拨，学校不可能单独接待，大家来了大多只能依照学校规定的参观流程自己观摩，自己走人。看接待中心的展板，来过这里的大人物、名人很多，有国务委员、教育部的领导，有中国教育学会、中央教科所的专家，所以对于这种安排，我们很有些受宠若惊，看来这陈教授、王局长的面子确实给我们派上了用场。

我们刚好赶上第二节课，于是道谢过接待中心后便赶紧去教室。尽管是第一次来杜郎口，但对这学校的一切我一点都不陌生，因为身边的几所学习、模仿杜郎口比较到位的学校，比如庆阳西峰的齐家楼、定西陇西的菜子以及宝鸡凤翔的横水，我这些年都走访过，有的还不止一次。和那些学校一样，在杜郎口中学听课，也是不受上课、下课的时间限制，很自由地随时出入教室。我们先集中观摩了一节七年级的语文课，教学课文是安徒生《皇帝的新装》。课堂运行也是和那些学校一样，老师讲课很少，基本都是学生的展示。如果说有什么区别，主要有三点：一是教室的黑板更多。不是一个小组一块，而是每人一块；不只教室的四面墙壁全是，教室外过道里也是。二是学生的展示更充分。不论是在小黑板前的书写，还是在全班同学前的口头交流，都一律脱稿，不带书本。一位学生以讲故事的方式分享了她读过的安徒生的另一篇童话《海的女儿》，还有一个小组以话剧表演形式呈现课文的情节和对话，都很精彩。三是学生更不受看课观摩者的惊扰。观课者不论什么时候来，不论是拍照还是交谈，也不论是站在什么地方，哪怕与他们挤成一团，他们都是该干啥还干啥，根本不把来人当回事。

这节课后，是一个大课间的活动，我们也到操场上去。课间活动时间很长，一共有35分钟，除了以班为单位的跑操外，还有一个学生课外学习成果的展示，今天是英语组和语文组各三位同学的朗诵。因为站得较远，中间又遇见了张代英副校长聊谈，所以主席台上学生的活动看得不甚真切仔细，只是觉得声音很好，圆润响亮而充满磁性，姿态也是落落大方。之后教师的点评也很专业。整个大课间似乎也是由学生主持。

第三节课有公开教学，在报告厅里面。课堂就在主席台上，学校的评课组、观摩教师以及外面来访参观的客人都坐在下面。和一般公开课不一样的是，课堂上只见学生不见教师。尽管电子屏幕上显示“执教教师”的姓名，但课堂上没有教师的影子。学生分成两组对垒，一组提问，一组作答。因为这是一节八年级的物理课，所以只看了十分钟便回教学楼另找课了。这节课语文只有八年级一个班在学习《背影》，情形和前面那节七年级的《皇帝的新装》类似，也几乎全是学生的展示，只是学生不只写教室里的黑板，还写教室外面楼道里的黑板。

上午的最后一节课，安排学校老师与来访教师交流。今天参观访问的人不多，大概就五六十位。因为人少，没有在容纳四五百人的报告厅，而是在办公楼的一间普通会议室里。以学科分开，杜郎口方面每学科来一位教师。语文组是一位十多年教龄很健谈的女老师。十几位参观者围着她请教了一些各自感兴趣的问题，其中以张博士问的问题最多。

这节课后，接待中心打来电话说张代英副校长已在餐厅二楼的贵宾餐厅等候。恭敬不如从命，我和张博士只好前往。虽然只我们三个人，但饭菜整整摆了一大桌。就我们三个人，显然吃不完。后来张校长把语文老师也请来了，共来了七位，早晨见到的几位都来了。饭间，我们谈了上午的感受，也问了一些我们的疑惑。张博士还就杜郎口近年来升级了的“无师化”课堂提出了自己的意见。因为杜郎口学校的热忱，也因为我和张博士都不代表任何官方，所以我们也是知无不言，杜郎口方面也不把我们当外人，所以大家交流得很诚恳、充分，甚至还有过一些小的争论。有一阵子我都几乎忘了这是在和大名鼎鼎、备受追捧的这样一所全国名校的领导和教师们在讨论，感觉就和平时在当地随便一所学校一样。

和曾经看过的那些学习杜郎口经验的学校一样，杜郎口中学的教师也是没有午休的。饭后1点钟，是全校教师的反思会。会前，先是全校教师在一起跳舞，就在报告厅主席台上，就像这些年各地晚饭后满大街的广场舞一样，只是不只女教师，男教师也在其中。反思会与想象的不同，不是校长的训话，也不是教师的检讨，主要的仍然还是学生的展示。今天是一节音乐课和一节语文课的展示，应该是上午的两节课。音乐课的反思，是老师带领两位学生一起朗诵、歌唱；语文课的反思，是四位学生朗诵一篇文言课文。不论是音乐课还是语文课，学生的朗诵都显示了很高的水平。最后，是一位教师（好像是什么主任）出面，先对刚才展示的两节课的教学成果进行点评，然后对查课组上午的全校的检查情况进行通报。

通常来杜郎口中学参观的，都至少一天。上午在教室里跟遇到的几位听课的打招呼，他们也问我们是“学习几天”。但我们因为下午还得回聊城大学，并且也觉得这样看看就可以了，所以报告厅的这个反思会结束后，便离开了学校。走前，又把校园转了一圈。后院中午吃饭的那个很大的两层食堂的旁边，还有一座十二层的大楼，楼门厅外上方一块很醒目的招牌上书“杜郎口中学学术交流中心”，由顾明远题写，这应该是学校的招待所。再左边，是两排平房，有牌子写“教师宿舍”。也特地到操场后面的厕所看了看，很干净的水冲式，有专门的校工在保洁。

杜郎口中学大门外，是一条柏油公路，但车辆不多。茌平县城到杜郎口镇有公交车，但也不走这条路。按照接待中心老师的指示，到镇子上去乘车，大概还有三里的路程，也顺便在这鲁西平原上步行一阵，感受这里的农村气象。约3点钟，在杜郎口镇子口乘上一辆去县城的公交车，绕行几个村庄，半个小时后到达茌平县汽车站，换乘到聊城的班车，下午4点半，回到聊城。

离开杜郎口中学前，没有再见张代英副校长，估计她也忙，所以只跟门口的接待中心打了个招呼。没想在我们回聊城的路上，还收到张校长发来的一条短信，问我们：“二位现在哪儿?”才想到我们应该跟她道别才是。这时正是下午两节课后，也许学校还有其他接待项目。但我们已经离开了，便只能给她回信道谢。

从聊城汽车总站回聊城大学，打一辆出租车。出租车司机当知道我们是刚从杜郎口中学回来的以后，也跟上午从茌平县城往杜郎口走的那位司机一样，说我们不值得跑这么远来看，说它的升学率一点都不好，说好学生都跑了，说现在来访的人已经不如前些年多了。对于两位当地出租车司机对杜郎口中学的这种评价，我一点也不感到诧异。所谓“墙里开花墙外香”，好多在外地被传得神乎其神的东西，在当地并不被赞同，这本来就是一种普遍现象。何况，他们说的这些也都是实情。尽管在杜郎口中学的一幢教学楼门厅的墙壁上张贴了二十几位已经进入全国著名大学的“优秀毕业生”的照片，但我确信不论是总人数还是这种优秀率，它在聊城市乃至茌平县肯定不是最高的——市上、县城的重点初中，应该比它要高出许多。至于杜郎口中学的声望，近年来也已确实不如五六年前那样被追捧；不仅如此，批评、责难的声音也越来越多。打开电脑上网，在360导航的搜索引擎中输入“杜郎口中学”下面显示的第一条信息，竟然就是“杜郎口中学骗局大揭秘”。不过，虽然如此，我对今天能有机会亲临杜郎口还是深感庆幸，不仅不后悔这次杜郎口之行，而且对于以前听到的今天看到的杜郎口中学的一切改革和成就，还是由衷地赞赏和敬佩。别的不说，仅它能够有今天这样的名气，就值得研究。还是我那句话：名气大的背后往往就是高水平。杜郎口中学能够从一所濒临倒闭的“双差校”办到全国无人不晓的教改名校，并且出名后十几年还能够坚持下来，这本身就证明了它的了不起。所以，对于两位出租车司机的话语，我一方面很认真地倾听并与之进行了较多的讨论，但另一方面也有自己的判断。包括他们说到的杜郎口中学优秀学生的流失问题，我也做了思考。杜郎口中学，还有比它稍早的江苏的洋思中学，本来就属于教育的第三世界的典型，其教学改革是在教师和学生都很差几乎无路可走的情况下才探索出来的一条生路，所以它先天就不是优秀学生的殿堂而是普通学生的天地，包括它的课堂模式也许本来就不适合天赋和基础都很优越的优秀学生。因此，有一些学生流失到城区学校这很正常。况且，在城市化的大潮下，农村学生进城本来就很多，杜郎口也不可能把学生全都摁住不放。学校教育的宗旨，不是一定要把每一个学生都培养成为学业优秀的高层次人才，而是使每一个学生在原有的基础上都按照自己的特点获得最大限度的发展。杜郎口中学的学生，那些农村普通孩子在课堂的各种展示活动中所表现出来的才华，已经表明了它的成功。当然，任何事物都不可能尽善尽美，杜郎口中学作为一所学校也是如此，特别是当它变成典型以后。学习杜郎口，不可盲从；研究杜郎口，更不能轻信，但首先还是一定要看到它实实在在的成绩和特色，看到它的创举和贡献，而不是吹毛求疵地一味找毛病。“学会欣赏别人”这句当下很流行的话语，应该也是评价先进和典型时需要采取的一个基本态度。但往往是“树大招风”，有些人总是习惯于这样一种思维：只要是有名的，便都首先予以否定，然后再找证据，而且不去现场，不见本人。

盘点2014年，我的一大收获，便是在即将年底的时候也走进了杜郎口中学。尽管它出名已经有十年以上了，但能亲自到那里走一趟，总比只是道听途说要好得多。虽然我对它依然缺少深入的了解，包括张代英副校长那天送的几种资料中崔其升校长的一个报告光盘还都没有来得及完整地听上一遍。

就要写完这篇稿子的时候，登录了一次杜郎口中学的网站，最新的一条“校园新闻”是《第十届中国名校长高峰会议在我校召开》，开头三段的报道如下：

> 12月28–29日，由中国教师报、聊城市教育局主办的第十届全国名校长高峰会议在我校召开。来自山东、北京、辽宁、吉林、河南、山西、湖北等20个省（直辖市）的1100多名教育局长、校长共同参加了本次会议。
>
> 中国教育学会名誉会长顾明远、山东省教育厅副厅长张志勇、贵州省教育厅副厅长李齐勇、陕西省人民政府教育督导团副总督学席建中、21世纪教育研究院院长杨东平等十几位知名专家联袂出席本次大会，论道教育改革发展，为校长领导力提升提出建设性意见。
>
> 会议现场20余位专家思想交相辉映，带给与会者一场教育思想的盛宴！

顾明远也去了，杨东平也去了。看来，我的这次杜郎口之行确实还不迟。

（来源：QQ日志　发布时间：2014/12/30）

❖ 参加研究生招生面试的几点感受

学校第三年招收教育硕士研究生，我也第三次参加复试中的面试工作。因为是第三次，所以感受也就更多。可以大致归结为以下三点。

一、关于面试中的“讲课”

由于要招收的是教育硕士研究生，所以这种面试的基本项目一直被规定为“讲课”，即十多分钟的中学语文课的微格试讲。这样的活动，对于要考教育硕士的人来说，应该不是太大的问题，但是在每一次的面试中还是暴露出较多的问题，具体表现如下：

一是“讲课”的对象不明。讲课是一种交际行为，是一种言语活动，所以它跟别的场合的说话一样，也有个听众问题，只有做到“目中有人”把话说给特定的听讲对象，才会收到好的效果。所以不论哪种讲课，首先都得明确讲课对象，做到“在不同的场合对不同的人说不同的话”。这也是说话“得体”的基本要求。通常情况下的讲课，是在学生的课堂上，课当然是教给学生的，所以教师必须跟学生交流互动。教育硕士招生面试中的这种所谓的“讲课”，情况则完全不同，它没有学生、没有课堂，讲课者面对的只是测试自己的考官，所以考生只能以台下的评委为听讲对象，把话说给评委听。但每次面试，总有一些考生不明白这个道理，还是按照通常上课的情景，把本来只能在真实课堂上才能呈现的教学过程直接拿过来，甚至连提问这样的环节也要拿出来。因为没有学生，又不能提问评委，于是便一个人在那里做自问自答的假惺惺的表演。如：“这位同学请回答……”“哦，你回答得很好”“先听我领读一下这首诗好吗”，等等。更有甚者，个别教过小学的在职考生，还以一种哄小孩子的口吻在那里自问自答、自我表演。由于对象错了，所以不仅考生自己别扭，我们也感到不自在。这样的讲课，其面试成绩肯定要受到影响。其实，“讲课”一词，并不一定就是“讲一节课”即在课堂上授课的意思，也可以理解为“讲课文”即把一篇课文讲给别人听，还可以是把所准备好的一节课或者已经上过的一节课讲说出来。如果是最后这种，则就是“说课”。

二是“讲课”的内容不精。几回面试，我们给每位考生规定的时间都是15分钟，其间还有自我介绍和接受提问两个环节，所以实际能够用于“讲课”的时间也就10分钟左右。在这样有限的时间里要将一篇课文讲好，讲得让评委听了满意，就只能讲课文的精彩、精妙之处及特色之所在，讲自己对课文真正的理解，而不是一些细枝末节的东西或者人人都知道已经听得厌倦了的一些常识。但有较多的考生就是做不到这一点。有位考生讲李白的《将进酒》，竟然还要从介绍作者开始，然后是“时代背景”，而关于诗歌本身则说得太少、太浅。还有一位考生讲《归园田居（其三）》，也是用了好多时间讲陶渊明“一个不为五斗米折腰的故事”。课文最主要、最重要的东西讲不出来，评委最想听的东西一句都没有，当然不会有好成绩。还有一位考生，讲马致远的《天净沙·秋思》，虽然较多地讲了曲子本身，但无非还是各种参考书上那些诸如“意象叠加”之类的空话和套话；甚至还能分析出“枯藤老树昏鸦”是“从低处写到高处”“小桥流水人家”是“从近处写到远处”，但就是不能讲出这首曲子真正的好处也即历来被称为“秋思之祖”千百年被人传颂的原因。这类讲了和没讲一样的话我听得太多了，于是当他讲到“古道西风瘦马”一句时，便忍不住打断插问：“你能不能说说‘古道’是什么‘道’？‘西风’是什么‘风’”？没想到这位已经做着语文教师估计应该也教过这首曲子的考生竟然无以应对，一时显得很尴尬。

三是“讲课”的语气不当。说话要讲究方式，同样的话，因为语气、语调等的不同，其听讲效果便很不相同。有几位考生，好像还是已经做了几年教师的在职考生，讲课后在接受提问的时候与我们交流得很好，侃侃而谈，话语方式也自然、中听，语气、语调、重音、节奏都没有问题，但在前面的讲课中却拿腔拿调、装模作样、故弄玄虚、自我陶醉，让人听着很不顺耳，以致我当时都纳闷：“这语文教师怎么当得连人话都不会说了？”语文课程标准讲“语文教学应该在师生平等对话的过程中进行”“阅读教学是教师、学生、文本、教科书编者之间的多重对话”，不只在中学语文的课堂上，任何时候人与人之间的交流，包括这种面试时候的讲课，讲说者与听讲者之间都要保持一种“平等对话”的状态，而做到这一点，基本要求就是讲说者的语言要自然、亲切、灵活、真实，而不是一种脱离常态的怪怪的让谁听着都难受的变态表达。

以上三种情况不只今年这次面试有，也不只某一个生源地的考生有：甘肃考生这样，外省考生也这样；应届师范生这样，在职教师也这样；汉语言文学专业的这样，其他专业的也这样；二本院校的这样，三本独立学院的也这样。报考教育硕士语文方向的考生不会“讲课”，或者大家都各行其是讲得五花八门缺乏一个大致共同的范式，这只能表明我国本科阶段教师教育在这种专门训练上的共同缺失，同时也反映出中学语文教学中的一些乱象。

二、关于应考者的素质

与各种场合的面试一样，教育硕士复试中的面试，也是考测应试者在专业知识之外的综合素质，包括文化修养、言谈举止、精神状态、形象气质、人格魅力等。由于教育硕士的培养目标是最专业的教师，而教师因为其工作特点，历来都在这些方面有更高的要求，比如“一口官话、一笔好字、一表人才、一肚子文章”等说法。语文教育硕士将来是语文教师，尤其应该有较好的语文素养。语文“是最重要的交际工具和信息载体，是人类文化的重要组成部分”，所以语文素养绝不仅仅是系统完整的语文知识，而是以读、写、听、说语文能力为核心的包括知识、情感、态度乃至性格等在内的多种文化精神因素的组合体。就这种面试能及的角度，重点可以考测的，当是两点：写字和说话。这似乎简单，但却是考测一个人中国语文水平最基本的两个指标。“把中国字写好看，把中国话说好听”，这好像是对一个人语文使用的最低要求，但其实也是最高标准。因为一直这样认为，所以每次研究生面试中，我都很注意考生在这两个方面的表现。这次，有两位考生的书写最让我欣赏，一位来自内蒙古，一位来自辽宁。前者表现在现场完成的板书上，后者表现在她提供的一份手写教案上。两人书写中字迹的精美都是评委们久违了的。其中后者不只钢笔书写的教案内页工整洒脱，并且还特别用大楷毛笔书写了教案的封面。这两位考生的口头表达也很过关，不仅普通话标准，而且音质纯正，表情、手势也自然恰当，算得上是“把中国话说好听”了的。两位都是女生，这也是这些年师范院校女生似乎总是优于男生的一个缩影。鲁迅在《纪念刘和珍君》中对刘和珍的描写是“常常微笑着，态度很温和”，我一直认为，这“始终微笑着的和蔼的刘和珍”的表情正是一位好教师尤其是好女教师的经典面容。刘和珍是北京女子师范大学的学生，本来也是准备要做教师的，所以我也一向认为，假使没有“三一八惨案”，刘和珍很可能就会成为如以后的斯霞、于漪等这样蜚声教坛的中国最优秀的教师。她不仅“常常微笑着，态度很温和”，而且“干练”“勇毅”，这些正是一位优秀女教师所应具备的品质。欣喜的是，我们的研究生面试中，每次都有这样的考生。当然，也有还不具备这种品质的考生。当年苏步青做复旦大学校长时曾设想，如果复旦大学可以单独招生的话，他的办法是所有报考了复旦大学的学生先考语文，考完即阅卷，阅卷成绩合格者方可留下继续考后面的科目，否则只好请其另谋他校。苏老把语文看得很重要，认为语文不好者不论别的课程如何都不配做复旦学生。我觉得教育硕士的招生，可以按苏步青先生当年的构想进行，即先面试，只有面试合格者才可以参加笔试，而不是现在这样初试理论课成绩合格后才进入面试，并且将两种考试成绩搅和在一起。当然，那时的面试项目就要稍多一些，比如自己的阅读史汇报、古代诗歌板书默写、现场即兴讲演等。中小学的教师，当然要有扎实丰厚的学科专业知识，但更要有比一般社会成员高出一筹的读写听说的语文能力以及包括情感态度价值观在内的人文修养。而这些，通过面试也许比笔试更能予以准确测试。今天，人类已经进入后工业经济和知识经济的时代，创新精神和实践能力成为各个领域选用人才最重要的标准，而不再是知识的拥有量。语文教师的选拔也当如此。这种思想其实古人早已有之。汉代韩婴《韩诗外传》就写道，教师应该是“智如泉涌，行为表仪者也”，强调的是智力、智慧以及能够成为大众表率并引起人们心仪、向往的行为举止。各项面试表现优异的考生也许更具有这样的资质。

三、关于面试当中的细节

与笔试相比，各种面试中应考者给考官留下的主观印象往往起决定性作用。为此，考生就一定要尽可能地给评委留下好的印象。这里，自身的综合素质当然重要，但也有一些技术上需要注意的细节。这次面试中有两位考生就做得很让各位评委满意。一位就是前面提到的那位教案书写很好的考生。他那教案不是只给自己准备一份，而是提前复印多份等到叫号进入考场后给评委每人呈送了一份。由于他这份手写教案的文面很精美，所以还没有上台就已经攫取了评委的好感，于是接下来的自我介绍、讲课以及后面的接受提问中考官便都极有可能戴上了有利于她的“有色眼镜”。另一位也是临考前将自己的讲课材料印发了评委，不过她送的不是教案或其他简单的原始文本，而是加载了她自己学习印记的一份同样很能吸引评委眼球的讲课材料。发给评委每人一份的试讲文章上较多语句分别用红、黄、蓝等颜色的水彩笔做了涂抹。这虽然只是一点点简单的手工劳动，但却一下子将本来黑白简陋的复印纸变成了色彩艳丽美观的彩页，加之文后手书的文章结构图，评委也不由得不对拿出这份作品的考生高看一眼。何况，能把一页本来很简单、粗糙的白纸改造、“打扮”得如此美观，也体现了制作者做事细心的态度以及一定的审美追求。而这，本身也是中小学教师以及教育硕士应该具备的品质。

（来源：QQ日志　发布时间：2015/4/3）

❖ 从报告到讲座
——与一位“长江学者”的相遇

“国庆”长假前一天的上午，教育学院请来了西北师大的王鉴教授讲学，先是在2号报告厅作报告，10点后在教育学院的会议室开座谈会。两项活动我都参加了。

听王教授讲学并与之接触，我这不是第一次。2012年秋季的“国培”就被请来过，也是由教育学院的院长、当时做幼教班首席专家的李艳红博士请来的。因为听说这王教授不仅是师大教育学院的博导，而且还是省属高校的第一位“长江学者”，所以我也带我的语文学员去蹭课了。数学和英语的学员也去了。报告会本来是由李院长主持的，但开始后她去校部开会了，直到报告结束还没有来。我是后来才去的，到结束时发现主持人不在，环顾会场也不见其他学科的首席专家、班主任或领导，于是便自告奋勇上台去给做了个总结和收场。后来两年的“国培”，他继续被请来过，其中数学专业的首席专家何教授不止一次地请过。有一回，早晨从宾馆到学校，何教授那里车不方便，还是我接我的受邀专家也是西北师大的靳健教授时一并接过来的。因为这些缘故，今天的座谈会一开始主持人介绍与会者时，王鉴教授说他认识我。

王鉴教授有很多头衔，除西北师大博士生导师、教育部长江学者特聘教授外，还有教育部人文社科重点研究基地西北师范大学西北少数民族教育发展研究中心主任、教育部基础教育课程改革专业支持小组专家组成员、中国少数民族教育学会常务理事、中国教育学会常务理事、教育人类学专业委员会副理事长等众多同样很醒目的身份。研究成果也很丰硕，在《教育研究》《民族研究》《心理学报》《课程·教材·教法》等权威期刊发表学术论文180

余篇，有《民族教育学》《实践教学论》《课堂研究概论》《当代课程与教学问题研究》《课程与教学原理》《课堂观察与分析技术》等十几部专著及编著，主持并完成十余项国家级、省部级项目。但我对他的最初印象，也就是三年前第一次那次听他报告，感觉倒不是非常特别。这可能与我那天到得迟最重要和精彩的内容没听到有关，也可能是因为那个略显土气的陇中口音的普通话。

因为有这样的第一印象，所以这次被通知去听报告，也没有太高的热情，只是因为我上课的那个属于教育学院管理的小学教育专业的一班学生被要求去听报告，所以也就一起去了，同时也是因为对报告的题目比较感兴趣。但可能是还受三年前那次的第一印象的影响，这场题为《课堂范式变革：从“适教课堂”到“适学课堂”》的一个多小时的报告听下来，跟我的期望也还是有一定的距离，并且对他报告中的一些观点也不完全赞同，甚至几次和邻座的一位心理学博士出身的年轻教授私下交换看法，都认为“这么大的教授竟然还这般愤青”。

但接下来两个小时的座谈会，则彻底改变了我以往的这些成见，打心眼里对这位年龄似乎还不及我大的师大著名教授表示佩服，认为这甘肃省第一位“长江学者特聘教授”就是有高出一般教授的地方。

座谈会10点钟在教育学院会议室举行，主体与会者为学校今年暑期刚刚确立的重点学科“陇东南农村基础教育”的团队成员。此学科的带头人还是教育学院的院长李艳红博士，她这次请王教授来天水的一个主要目的，就是请这位既算她老师又是国内著名教育学者来对这个学科的研究方向把把脉，也对学科组成员给予一些指导。一周前李院长刚刚召集大家开过一次会议，那个会上她曾说过要聘请师大的王鉴教授做这个学科的首席专家的话。所以，虽然前面的报告有些老师没能来，但后面的这个座谈会，大家基本都来了。

因为是座谈会，人数也不多，并且前面刚刚举行过报告会，所以也就开门见山直接进入了话题。李院长将学科的有关情况做了介绍，请王教授“在凝练方向上予以指导”。王鉴教授也不客气，有什么就讲什么。他先是对确立此学科的目的要求等提出质疑并发表了自己的看法，接着对研究团队的组成及研究工作的开展提出建议，最后就各位提出的问题做出回答并与大家展开讨论。也正是在这种轻松随意自由宽松的交流当中，我才开始看到了这位“长江学者”教授的博学与睿智，真切地领略了他的激情与深刻，也才逐渐消除了以往对他的那些旧印象进而很快产生了对他的好感和佩服。

王鉴教授最初打动我，是他一开始对李院长就这个重点学科研究团队人员组成上的建议。他说，搞研究不是被动的，而是自己愿意做，所以选人一定要是对此方向有兴趣、有热情的人。这一点我非常赞同，我一向就主张，专业情意这是做好各项专业工作的基本前提。另外，他从报告会上就一再表现出的对华东师大叶澜教授的推崇，以及对现代信息技术的积极态度，也与我的倾向一致。比如他讲，在他的建议下，西北师大几年前就实现了校园内无线网络的全覆盖；我也曾经在上课中给学生建议，每个班上买一台无线路由器，由班长或学习委员拎着，上课时就插在教室里，以便于课堂上同学们不用流量就可以随时用手机上网。不仅如此，座谈会上他讲话中说及对省内基础教育的把握时对我也很熟悉的庆阳那边一所中学的赞赏，也拉近了我和他的距离。因而，尽管直到座谈会开始我还没有完全把他与那个有着耀眼光环与醒目成就的著名学者与教授等同起来，但还是很快就融入了由他做主导发言所形成的氛围之中，因之也对他后面的几乎每一句话都悉心倾听并大都能产生共鸣。在我的笔记本上，也随手记下了这样一些当时觉得比较重要或深有感触的句子：

> 做研究不是被动的，而是自己愿意做，是有兴趣的事。
>
> 基本理论，可以在家里写，但做课程与教学的研究，则要建立基地，要在基地上去做。
>
> 谁都知道今天的科研论文垃圾很多，但垃圾也得做，不然你就没有成果。先做垃圾，再造精品。发表才是硬道理。
>
> 写文章和做研究是不一样的。写文章容易，做研究艰难。是艰难的，但也是快乐的，是有意义的。
>
> 做研究和生孩子一样。要生孩子，首先得怀上孩子。都没怀上孩子，生什么？只能偷偷地抱上一个别人的孩子。因为没有经历过怀胎和分娩的艰辛，于是也就没有生了孩子后的快乐与幸福。
>
> 学校教育无非两件事：课程和教学。
>
> 教育只是一种力量，让人发展得更好。

每个人都是先读别人然后才成为自己的。

人活一辈子都在证明自己，只要能选择一件事证明自己，就可以了。

李（秉德）先生、南（国农）先生都有自己更厉害的，但胡（德海）先生做学问最厉害。在西北师大，我们这个年龄的人，都是“乘凉”的。

顾（明远）先生早年的“杜威是资产阶级反动学术权威“的文章会让今天的他无地自容，但孩子学步时候的脚印依然可贵。

我曾要求我的研究生，先把《教育研究》上的文章选一篇读十遍，然后再琢磨怎么写论文。

我当年给美术、音乐、体育专业学生讲教育学，很少讲教育学，或者只是“十分钟教育学”。

硕士生的课，两个人承包一章，这就是研究性学习。

大学、中学、小学的教育学、课堂改革是一样的。

我自己一直做课堂与教学改革，但没有申报过一次教学成果奖。

要调研，先和对象做朋友。我在静宁的调查，就是先请老师去吃火锅，然后才去听课。老师、学生都是守门员，只有做了朋友，才能突破、进入对方，获得真实、可靠的数据与资料。

没有人不能成为研究生。

大学领导如果把教授当回事的话，大学就有希望了。

教育学能够解决生计问题。不是学科没用，是你个人没用。只要学好了，就有用。

这些近乎语录的话，都是他发言中不经意间随口说出来的，平白明了，但却都是有深意、有思想、有渊源的，没有相当的学术根底是说不出来的。同时，也正因为是随便说出来的，没有如作报告那样提前做特别的准备，所以才是真知灼见，也才更能够表明讲话者的真实水平。因而，听他这样的讲话，我也就很快自觉地改变了以往对他的看法，由不以为然而心生敬意以至由衷佩服了。会后，我甚至有了一个很强烈的愿望，就是希望我的院长或研究生处的处长也能邀请王鉴教授来讲学，跟包括我在内的全院或全校的教育硕士导师们好好讲讲课程与教学的知识与道理。当然，这个愿望只能留待以后，因为明天就是“国庆”长假了。

参加这次座谈会的近二十位教师，大都是有教授职称或博士学位的，有一半多还是在西北师大的教育学院读过硕士、博士的，算是王鉴教授的学生，因而在这个场合我应该属于边缘地带或位居劣势的人，只宜默默做听众才对，但在整个两小时的会议中，我却并不沉寂，而是比较积极甚至放肆，几次讨论都率先发言。不仅如此，会议结束后中午李院长招呼一起出去吃饭，我还被安排与王教授同乘一辆车、同坐一张桌并就坐他身边的次上座。这可能与我年龄偏大且与王鉴教授也算面熟这种自恃有关，与主持人李院长及大伙儿对我的抬爱有关，但最主要的原因，还是自觉今天能听得懂王鉴教授的讲话。“酒逢知己千杯少，话不投机半句多”，在这里也存在这样一种情况。人跟人的交往，包括课堂上师生之间和会场上专家与普通听众之间的交往，其最高境界，就是双方之间能够达成一种默契，取得这样的信赖与支持。这用今天比较流行的一个说法，就是“对话”。“对话，不同于一般的谈话。它必须是真诚的、平等的，也必须是互动的、创新的，是人与人的交流，是心与心的沟通，是人之为人的基本生活方式”（王尚文语），是“思想碰撞和心灵交流的动态过程”（《普通高中语文课程标准》）。如果说三年前第一次看王鉴教授作报告以及这天10点前再次听他报告，我还只是一位听讲者的话，那么10点以后的这场座谈会，我则变成了对话者。“对话的天地无限广阔，对话的人生无限快乐”（王尚文语），因为有了对话，所以也才领受了这位长江学者的卓越与魅力，才使今天的这场活动对我真的有了意义。因而，非常庆幸参加了今天的这场座谈会。这也给了我们一种启示：今后的专家讲学，除非讲者的口语表达非常出色、非常善于在大庭广众下长篇大论，否则都应该尽可能是座谈会而不是报告会，因为只有这样才能使讲者与听者之间建立“真诚”“平等”“互动”“创新”的关系，从而实现双方间的对话，实现讲学的最大价值。

中午12点座谈会结束前最后一位发言者用“闻君一席话，甚读十年书”这句话来表示他当时的心情，这句话其实更能代表我这个时候的感受。参加这个座谈会，我不仅深感受益而且也获得了一种自我安慰：我没读过教育学的硕士和博士，但听过了王鉴教授这位教育学领域的长江学者的博士生导师的“一席话”。读硕、读博通常一共只有六年，而我这是“甚读十年”。

（来源：QQ日志　发布时间：2015/10/7）

❖ 找个单杠挂起来甩甩

单杠确实是单调的，连照出的像也没有一张能生动起来，但它确实是一种很好的运动或健身器材。不论是走路感觉膝盖有点不舒服，还是坐久颈椎有点僵硬，到了这儿抓住把自己挂上去甩甩，下来就一切都好了。干国祥老师南明教育课程体系14句真言第一句“舒展其身心”中“身”的舒展，我的理解最好的办法就是把娃娃挂在单杠上甩甩。

可惜，这么好一个场地，这么多的单杠，每回我来这里，都没见有第二个人在玩。当然，学校里的篮球场、足球场和田径场那里通常比较热闹，只是运动着的学生估计不足10%。比如这会儿，数百的孩子就秩序井然地坐在塑胶操场的一边观看十几个娃娃追着一个球跑。喜欢踢球、打球的孩子可能还有一些，但那片单杠双杠体操区可能平时也不去。虽然那里离教室更近，并且旁边就是每天必须去很多趟的厕所和有麻辣串、卤鸡蛋、可乐饮料的小卖部。

难怪，我的单位，一所一万余学生的二本大学，校园里长期一根单杠也不设，后来也只是在新操场的足球场边上立起了4架高得正常人根本够不着的单杠。这些年提倡全民健身运动，卖体育彩票赚了钱的公司做善举在城乡较多公共场所投放了包括单双杠在内的运动器械，但大多很快都无人问津、形同虚设。不久，因为生锈不好看便被拆除了。

我高中一次体育课上偶然在单杠上成功地翻卷了过去后，便多年喜欢在这类运动器材跟前盘桓。大一那一个学年，身高增长10公分，我一直认为是挂在单杠上甩出来的。大学及参加工作以后十几年，能在不太高的那种单杠上倒卷上去，也能在较高的杠子上做360度的回环，还能在较高的单杠上拉引体向上15个以上。因为后来往往找不到单杠，加上越来越有岁数了，肚皮上的横肉也有了，这些年已彻底退化了。最近住在这里二十多天，因为经常来这里转转，引体向上能做一个半了。但我知道，如我高中、大学时期以及三十岁上下年龄段的年轻人，较多的是引体向上一个也拉不上去的。

媒体一再报道中国人读书太少，其实中国人运动可能也少，尤其是拉单杠的学生太少。

一向推崇的干国祥老师的南明教育14句课程方针最开始两句是："舒展其身心，强健其体魄。"强健体魄的途径很多，我看重的是，经常找个单杠把自己挂起来甩甩。

（来源：简书　发布时间：2018/04/16）

❖ 王君老师要下课，我叫住了学生

学生是课堂的主人，是教学推进中的主角。所以，一切观摩教学，都不能只看教师教得怎样，也要看学生学得怎样。

但是请来名师上公开课，情况却有所不同。因为名师是名人，教学艺术高，看点多，所以人们往往都只顾了欣赏名师的精彩，临时借来的学生虽然也是这出剧中不可缺少的角色，但通常都只是被看成了配合名师完成这出教学演出的道具，尽管他们的个别表现也给观课者留下了深刻的印象，但总体上无非还是个跑龙套的角儿。学生课堂上的主体地位都被忽视，下课后其使命更是自然终结，离开教室也就退出了视野，之后大家对课的评议都只是放在了名师身上：因为课的精彩名师的形象也就更为光鲜，人也更被追捧；至于这帮幸运或不幸做了名师教学对象的学生会怎么样特别是刚才这堂课对他们会产生什么样的影响，则无人问津，不被关注。

今天有幸请来王君老师讲学，两节公开课加一场主题报告。由于时间紧迫，一开始连通常例行的主持人对嘉宾的介绍环节也省去了，王君老师也是直截了当地带领学生进入教学，没有寒暄和自我介绍。加之会场是大会议室，五六十名初二学生就坐在听众席的前面几排，没有按照课堂的样子重新摆布，上课中老师到不了绝大多数学生的身边，师生课堂上的交流很受限制。所以，当两节课后王君老师宣布“下课”和与学生“再见”的时候，我突然觉得这些有幸被王君老师教了两节课的天水市逸夫中学八年级这个班的这些学生并没有最大受益，甚至糊里糊涂。他们也许来前班主任老师告诉过今天是谁给他们上课，但这位著名特级教师的特点是什么，这位名师为什么要跟他们上这样两节课，以及今天这两堂由他们与名师一同完成的公开课是要给会场上听课的人们展示和告诉什么，这些问题他们并不知晓。不仅如此，即使听课的人们虽然对于王君及其“青春语文”如雷贯耳，但“青春语文”的特点以及这两节课的意义在哪儿，也并不都很清楚。因此，待王君老师刚宣布了“下课”和“再见”，我便半路杀出冲上前台拿起话筒叫学生先不要走，占用两分钟的时间因着前面课上王老师和学生讨论的“今天这课是不是语文课”的问题，告诉他们这两节课就是语文课，是“青春语文”课。接着，叫他们记住“青春语文”的基本“招牌”。先让记住三个词：阅读、写作和生活；然后分别在三个词前面加上修饰限定性的三个词：灵性、生命和激情；最后让他们把目前的三个短语高声齐喊两遍：灵性阅读！生命写作！激情生活！

行为来得有点突然甚至唐突，但应该不多余，因为我注意到，不仅学生把三个短语喊得很响，观课学员、学生、老师显得兴奋，王君老师脸上惯有的微笑此刻也更为灿烂。

（来源：简书　发布时间：2018/07/21）

❖ 天水“中国教育三十人论坛”参会记

开始于2014年的“中国教育三十人论坛”因其高端大气，我从网上知道后便一直关注其每一次大会的情况，所以当得悉他们主办的“首届中国西部教育发展论坛”8月11日要在天水举行并且听会可以没有门槛时，便决定届时一定参会。

会议谁都可以参加，但须提前报名。由于看报名截止日期尚早，便没急着网上投报。离开会还有十天时跟网上公布的会务处电话联系报名，却被告知早已经满了。可能因为听我恳切，那位小田老师答应帮我调剂一下，如果有报了名不来的就把我补换进去。很幸运，只一个小时后她来电告诉我可以参会了，要求把个人相关信息告知她。

于是，就更珍惜这个机会。所以8—10日在兰州举行的中国高等教育学会语文学习科学研究分会2019学术年会下午6点一结束，我就赶往西客站乘坐晚上8点的高铁回到天水。

按规定10日晚8点前要到会场报到。10日下午跟小田老师联系，她同意“11日早点过去”，所以11日早晨起床后匆匆吃点东西，7点半便打车前往会议举办地天水宾馆。

在大厅报到处办理签到手续领取会议材料后到会场等待开会。看见几位天水当地的教师和师院的同事，都是平日爱学习并对教育有热情的人，其中天水实验小学的妥老师要找朱永新给他学校的校刊题词，拉我同去。朱是民进中央的副主席，也是我仰慕已久的教育家，对“三十人论坛”感兴趣很大程度上还是因为看过他的较多这个论坛上的报告，所以也就一同去了。只是在宾馆主楼旁小楼大厅等十分钟未等到，看妥老师跟这里的保安也熟，于是便不陪他一个人先回会场，因我还惦记着再遇几位从外地来参会的熟人。可惜报到处名单上看到的几位都没见着，便自己先留了个影。

关于一天会议的具体情况与主要感受，前天夜里写成发布在了微信朋友圈里。这里转抄如下：

论坛早晨8点半开始，中午休息一个半小时，下午1点半接续，晚上7点45结束。上午是主论坛，在天水宾馆会议中心举行。下午4个分论坛，分两个会场举行：分论坛一“西部基础教育发展经验与反思”和分论坛二“西部职业教育改革与发展前景”还在会议中心，分论坛三“西部学前教育发展问题及解决方案”和分论坛四“新教改下西部乡村教师培训的挑战与应对”在宾馆三楼的伏麦厅。下午参加的是论坛二和论坛四。

上午的主论坛，九三学社中央副主席邵鸿和民进中央副主席朱永新都出席并发表主旨演讲。邵和朱也都是全国政协的领导——邵是副主席，朱是副秘书长。我是民进会员，又知道朱永新还是中国教育学会的副会长和“新教育实验”的发起人，并且也在网上看过他多次“三十人论坛”的演讲，所以尽管他们俩的演讲都很精彩和权威，但对朱永新的报告看得更重。事实上，朱讲得确实也更系统并更具学理的高度。他讲的三个问题：图书馆（室）建设、残疾人教育和职业教育发展，就更能直接回答“用教育阻断贫困代际传递”这个本次论坛的主题。作为“一个人的精神发育史就是他的阅读史”名言的提出者和为设立“国家阅读日”连续多年的不懈鼓吹者，朱永新今天再将图书馆（室）建设作为他的话题这是很自然的，但他今天却绝无老调重弹之感；不仅如此，把当前西部农村中小学图书馆（室）建设中存在的问题以及建设好图书馆（室）在实现“教育阻断贫困代际传递”中的意义揭示得如此明晰，恐怕也只有他才能做得到。

上午，担任本次论坛主席的国务院参事汤敏的开幕致辞和香港大学原副校长程介明题名“教育，怎样才算发展？”的主旨演讲，也都是大家风范。

之所以昨晚连夜赶回一定参加今天的这个会议，除朱永新外还冲着一位嘉宾，这就是著名的21世纪教育研究院的院长、北京理工大学的杨东平教授。杨教授还担任着国家教育咨询委员会委员、国家考试指导委员会委员以及中国陶行知研究会常务副会长等职务。下午，他作的“西部农村基础教育发展2019报告”对于中国农村基础教育状况的深透了解，对当前教育诸多问题的担忧，以及不经意间道出的一句句教育真言，充分表现了一位有良知与情怀的资深教育学者的崇高精神与探索轨迹。其中谈及留守儿童的上学问题他说的一句话：“说个不好听的话，叙利亚的难民都是一家人也就是父母带着孩子一起逃难的”，估计大家都听得很感动。

三十人论坛虽然集中了众多跨界精英大咖，但却并非官方机构，而是一个民间独立教育智库，“凝聚社会共识，推动教育改革”是其开展工作的宗旨。这一点，在下午4点后参加的分论坛四中有比较充分的体现。怎样助力西部乡村教师的专业发展，多家民间力量纷纷登台亮相，展示实力，发表宣言，签署协议，让与会者明白，办人民满意的教育，振兴西部教育，绝不只是传统公办学校和公派教师的事，而是全社会多方面共同的责任；很多民间优秀的教育机构，他们已经开始行动并且走得很好。

前天夜里微信朋友圈配发了9张照片。其中最后一张合影者为上午主论坛主持人甘肃省政协副主席尚勋武教授。尚主席早年是甘肃农业大学研究小麦与作物栽培的教授和科研处处长，后来做了民进甘肃省委主委、省农牧厅的厅长，现在还是全国政协的常委。2005年以前有六七年间我参加民进省委会的全委会时，跟他有过一些交流。多年不见，今天在这里见到，也有些感慨。“三十人论坛”中民进的朱永新是中坚与核心骨干，所以在甘肃的这次会议尚主委便要多做点事。本来也有心与朱永新副主席照个相，估计有难度便没去攀，只跟尚主委合个影，也算是表明一下自己的民进身份。

下午在B会场参加完分论坛四的“新教改下西部乡村教师培训的挑战与应对”后，跟实验小学的妥老师离开会场较迟，其间跟论坛上讲演很好的做教育公益的沪江首席教育官吴虹女士也一起照了张相。

昨天晚上，新做了学校教务长的原来学院的院长G教授看过我朋友圈前天夜里的动态后留言：“当老师要学郭治锋，写自己想写的文字，说自己想说的话，开自己想开的会，见自己想见的人。”看后有点感动，所以对前天夜里的朋友圈日志再做补充以简书版重新发布。

（来源：简书　发布时间：2019/08/13）

第一辑 怎样做教师

2009年7月参加早年当过班主任的一个班学生的聚会时，我跟他们说："你们其实是我不大会当老师的时候教出的学生，我是最近两年才把教师做出了感觉。"这个"做出了感觉 "，就是进入了自觉的状态，也就是对这份职业有了属于自己的理解，并且有了在这种理解之上的实践。

❖ 致即将参加顶岗支教实习的 2007级同学们的一封信

07级中文、人文专业参加过顶岗支教实习培训的107名同学：

你们好！虽然放假后学校对你们组织的为期一周的培训已结束多天了，分配给我的24个课时的培训任务也早就完成了，并且大家也都已回家了，但我还是经常记起那些天的情形，也对这次培训工作做了一些必要的反思。回想起来，有感觉满意的地方，但也有遗憾，尤其是昨天与刚从新疆顶岗实习归来的几位你们上一届的同学相聊后，更认为有必要和你们一起对这次的培训做些总结，将13日下午由于匆忙结束而没有来得及跟你们说的一些话在这里再说说。希望跟我加了“QQ好友”的同学看到后向其他同学转达。

你们下学期将要去中小学校从事的顶岗支教实习是学校开展此项活动以来的第三次，对你们的培训也是我第三回承担这样的工作。与以往两届相比，这次最大的变化是人数急遽增加。第一次只有10人，第二次22人，而这一次一下上升到107人（文史学院最后给我的名单人数）。由于人数太多，所以培训难免粗疏。比如，以前两次，我大多时间都把同学们安排在微格教室里面，一次一篇课文，在同学们提前备课的基础上，每人登台试教，现场录像，然后回放，大家一起评议。因为试教同学也看到了自己的讲台表现，所以对于其他人的意见和建议能够更好地接受和采纳，改进提高也就更快些。而这次，我们只能主要在大教室里进行，虽然微格教室我也领你们去了，但也只能是那么一次。因为，就算把那些教室全给我们都几乎不够，而其他专业的同学还要使用，何况你们被分散到七八个教室里面我也实在关顾不过来。再比如，这种培训，应该尽量安排实践性的训练，将语文课堂教学的各个环节交由每一个同学尽可能多地去模拟、尝试，但这次除少数同学而外，大多数受训者在全体同学面前连讲台都没上过一次。本来也想到把你们分解开来分组训练，但13日上午一个多小时的试验就证明这样效果并不好。还是因为人数太多，所以大家也就表现得有些“疲”：前后达六天的时间里面，有太多的同学竟然没有试着写出一份完整的课堂教案；有少部分同学，每次来都是两手空空；还有个别同学，缺课次数较多。我有一句话，叫“学习，永远是学习者自己的事情”，这样的培训，需要培训教师讲一讲，但更要受训学生自己做起来。由于人数太多，所以你们总体上做得太少。这是这次培训我感觉最不满意的地方。

这次培训的另一大缺憾，是培训内容也存在偏差。这就是只抓了中学的语文教学，忽视了小学的语文课程。因为你们所学的汉语言文学专业的培养方向就是中学语文教师，并且我们学校的教育学院又有小学教育专业，加之几次培训主管部门或领导从没人跟我说还要兼顾小学语文，所以这次我也是一直以为你们绝大多数同学顶岗支教要去的“岗位”都在中学，都是要做中学的语文教师，但直到12日中午学院发给我你们的正式名单，才意识到你们很多人将要去的可能是小学。因为据前两届尤其是上一届去新疆实习的经验，那些学校尚未确定只标明“昌吉市”“吉木萨尔县”等名称的地方，极有可能是小学。尽管12日下午给你们播放了当今最著名也最活跃的优秀小学语文教师窦桂梅的一节课，但我知道这远远不够。意识到这一点后，13日上午当接到通知让我下午对你们“继续培训”时，中午回家便特别从人民教育出版社网站的“电子课本”选了二年级、四年级的几篇课文并下载下来，打算下午在大屏幕上和你们一起看看并对教材的结构做些分析，对其教学的实施也做些讨论。孰料下午去教室走得急忘了带优盘，而等到返回家中取来时，本说要来得很迟的给你们做示范课的中学老师已经在教室里了，等这位教师结束后我虽然也进教室了，但因为时间已晚再给你们上课已不合时宜，所以只好作罢。尽管我曾跟你们说过，只要自身语文素养良好又明白语文教学的基本道理，小学、初中、高中的语文课都能教，但毕竟不同学段从教材到教法都有较大区别，毕竟你们还没有当过教师缺乏经验，并且据说你们将去的新疆某些学校的小学生还是汉、回以外的民族，你们将教的汉语文还不是他们的母语，所以肯定会遇到更多的困难。本来，像你们这次这样的培训，更强调学以致用甚至需要热炒现卖，但可惜，数日的培训当中，这块最现实、紧迫的内容缺失了。所以，我现在不得不再告诉你们几句若教小学也许有用的话：除了俯下身来态度友好亲切而外，教学内容一定要切合小学语文的特点和小学生的实际。具体做法，就是领学生把该认的字认熟了，该写的字写会了，课文尽量地读得好听。当然，课文最基本的信息也应该让学生掌握，但基本办法不是老师给学生讲解分析，而是设计几个问题引导学生更好地关注课文。老师少讲，学生多做，“将课文据为己有”（张玉新语），“把课文最要紧的东西教给学生”，充分领略课文的好处或妙处，这是我对语文教学的基本态度，也可能是从小学到初中再到高中一切年级语文教学都要遵循的共同原则。

当然，这次培训中也有我认为做得比较好的地方。尽管已是第三次承担这样的任务，尽管也就一共二十几个课时的工作量，尽管上面虽说要检查但其实并没有人对我提出什么要求，但是，考虑到同学们的实际需要，看到绝大多数同学的满腔热情，我还是严肃认真地对待这项工作的。从培训内容的选择到培训方式的采用我都是动了心机也费了力气的。因为你们人数很多，要保证绝大多数受训者在课堂上有兴趣、有收获，单纯的教师讲授或完全的学生演练都很困难并且必要性也不是很大，必须寻求别样的途径。几天当中占用时间最多的，是组织观摩优秀教师的课堂教学录像并进行评议。魏书生、余映潮、赵谦翔、张玉新、窦桂梅这几位各具风格的课尽管大家还学不来也没必要学或者还不大能看得懂，但“取法乎上，仅得乎中”，在你们自己将来尝试做教师上课之前先看看这些国家级名师是怎样上课的，看看这些课和自己原来观念中或记忆中的课有什么区别，知道什么样的课才算得上是好课，同时也思考若自己教这课会怎样安排，这无疑比老师再跟大家絮叨一通语文教学的道理、常规要有价值。让我感到欣慰的是，在和大家一起分享这些我们语文教育界能人好课的过程中，有比较多的同学和我一样也沉浸于一种激动、兴奋之中。培训中，我还出示了几篇我自己设计的教学方案，虽然可能浅陋，但这样的“下水”实践可能对同学们更有意义。12日上午特别请来的两位前两届顶岗实习同学代表的报告会，似乎把我们这期培训推向了一个高潮，作为先行者他们半年顶岗的深切体会，大家听得忘了时已过午。培训中统一安排的让同学们自己登台亮相、展露锻炼的机会只有两次，但三十余人各不相同的表达、板书和教态应该也给每一位提供了有价值的借鉴和启示。

1月9日晚上，有同学问及顶岗实习这半年需要读哪些书，我当时有个说法，但可能不太完整，或者有些同学还没有注意。这里也再做个推介。简单说，有三类书可以有点准备：一是学科专业类。同学们虽然顶岗支教做教师去了，但你们的第一身份还是汉语言文学专业的学生，一学期的时间在外，不能荒废了自己的学业，所以这方面的学习不能停止。当然，把所有专业内的教材资料都扛上，显然不可能，但自己感兴趣方面的书带几本还是有必要。二是教师教育类。尽管大家都是读师范的，但据我所知，平时在校期间对教育、教学类书刊感兴趣的同学不多。现在要到中小学前线了，身边发生的教育教学现象有可能引发对教育理论、教学问题的思考，手头有几种这方面的读物必然有助于这种思考的深化。这方面又大致有这么几类：经典类，主要是中外历史上著名教育家的代表性著作；新潮类，如当前教育热点话题的讨论、新课程改革的研究与报道、著名特级教师的专著及评介；报刊类，即各种有影响的教育、教学类报纸、期刊。三是文化消遣类。随便自己爱看的书刊，比如《读者》《中篇小说选刊》等。这里重点介绍第二类里的几种：1.华东师大出版社近年出版的“大夏书系”里的书。该书系以“助力教师专业发展”为目标，所以出版的所有书都是以教师为阅读对象的。像前几年出版的“教育随笔”系列、“名师讲堂”系列的书，都极适合师范院校学生阅读。2.几种专业报刊，比如《中国教育报》《人民教育》《中学语文教学》《语文教学通讯》《中学语文教学参考》《语文学习》等，一般中小学校及部分教师可能有订阅，顶岗实习期间也许好找。可能你们到了实习学校将很忙，但我建议在做好各种常规工作之外，还是尽量多阅读。我的观点是，将来要成为读书型、学习型的教师，就从顶岗支教实习开始。

顶岗支教实习，在前些年作为新生事物刚出现时，我就给予过较多关注。终于我们学校2008年也开始实施了。正好这每一次的培训我都担任教员，所以也一直给予很高热情。只是我们学校的连续三届我都感觉工作做得不是很细，包括联系的实习岗位常常发生变化使得培训过的同学到中小学后课程、年级往往与原来说好的不一致，造成很多混乱，加之这些年各地学校吸纳教师的制度也并不完全对真正能做教师的优秀师范生有利，所以从今年开始我对顶岗支教实习这种措施的必要性也开始产生怀疑。但昨天下午与刚从新疆顶岗实习归来的几位同学攀谈，当了解到他们也确实遇到了很多的困难后问及他们“你们觉得这样放下学业将半年的时间消耗到了那儿值得吗”时，得到的却都是坚决、响亮的回答：“完全值得！”12日那天我请来的那两名给你们做报告的同学不管在公开对你们讲的还是私下和我的交谈中更多表现的也似乎是做成了一件大事后的豪迈。所以，最后，衷心祝愿你们这107名同学在过罢春节以后就要启程的整整一个学期的顶岗实习中也能取得实实在在的收获！这是成长的收获、发展的收获！

2010年1月18日

（来源：QQ日志　发布时间：2010/1/18）

❖ 给学生的三则手机短信

昨天晚上，和一位已经毕业做了几年中学教师的学生通电话，她说她实在受不了了，她已经好久没有睡过一个透觉了，所以她不想做教师了，现在正在进行着激烈的“自我斗争”。我当时没能说出什么来，因为我知道，我的几乎所有毕业后到了中学做了语文教师的学生，我曾经给他们讲的那些诸如“教中国语文课，做无比幸福人”之类的话语，那些关于教育、教学的崇高理想和美好憧憬，在他们现实的工作中都被碰得粉碎。所以我现在如果对他们再像当年那样讲一通或大或小的道理，他们不仅不会像当初那样信以为真，而且会认为我太过迂腐。但是，这毕竟是一位当年很优秀的学生，是参加工作后和我聊语文教学最多的学生，是我寄予较高期望也部分实践了我的教学信念的一位新教师，是一位在工作中一直很卖力并且颇受学生欢迎、同事赏识、领导器重的一位已经崭露头角的好教师。所以，如果她仅因为太忙、太累以及“严重欠觉”等原因就这么跳槽离开这个岗位，我觉得实在可惜。早晨醒来，再回味昨晚她的这个电话，一时兴起，拿起手机给她连发三则短信。也不管对方是否有工夫接收查看，也不管对方是否认可。

其一：

送你两句话，帮你在“自我斗争”中参考：1.“归去来兮，胡不归!”（陶渊明）；2.“有理想的地方，地狱也是天堂。”（我的一位比你早的也当着教师的学生）。关于前一句，可以再读读陶渊明的《归去来兮辞》和《归园田居》；对于后一句，可以看看窦桂梅的相关文章，理解一下她的专业成长历程。我确信，以你的年轻、美丽和聪慧，随便再找一个饭碗不难，只是它得符合你的人生理想。依我之见，对于你的选择，还是倾向于后者。窦桂梅讲，读书可以使一个人更美丽。我认为，教书也可以使一个人更美丽甚至更年轻。当然，像你们现在这般教书，可能会早衰。

其二：

就我所接触过的女性而言，最美的是两类人：其一是学生，因为她们年轻，有幻想；其二是教师，因为她们有内涵、有魅力。做老师，尤其是做语文教师，不仅可以因为有不断读好文章的过程从而感受人生的滋味、提升自己的生命质量，而且身边永远围绕着的充满朝气的孩童也使自己老得更慢。这次在兰州，见了多位从事各样工作的当年同学，发现还是我们当老师的最具生机和活力。

其三：

凡事都有两面性。魏书生有一个报告叫《寻找语文教学的快乐》，我发现你们好多人目前在思维方式上存在一个共同的倾向，即：只使劲去发现当老师的痛苦。于是，教师这个职业的优势被遮蔽了，而劣势被放大了。鲁迅在《一件小事》中曾自我批评说他“越来越看不起人”，我发现我现在也有这个倾向：对于那些也曾念过书但却缺乏思想没有情趣的人，我真的瞧不起。而这样的人在当老师的人里面，相对要少一些；在当成好老师的人那儿，几乎没有。

（来源：QQ日志　发布时间：2010/6/4）

❖ 一天，当了四样老师

虽然近来颇忙，但上午还是去了一所位于郊外的九年制学校。先听两节课：一节小学二年级的语文，一节初中一年级的语文。听课后老师要求“提点意见”，因为正好第三、四节她们还各有一节课，加之人也不算陌生和见外，于是便分别到她们另外的班上直接“下水”各上了一节课，希望通过课的具体对比让她们明白她们课的优点和不足。初一是在另一班上也教蒲松龄的《狼》，小学二年级是接着原老师第一节的课继续教《爱迪生救妈妈》。给小学生上课，我这还是第一次；教《狼》，也再一次重温了当中学语文教师的课堂感觉。

下午头两节我的课表有课，是戏剧影视文学专业的《大学语文》。中午赶回匆忙吃饭、稍做休息后2点半去文科楼。今天课的内容，是第八单元“礼赞爱情”中的两篇被定为重点篇目的古代诗歌：白居易的《长恨歌》和秦观的《鹊桥仙（纤云弄巧）》。《长恨歌》太长，学生也不陌生，所以只是适当点拨，提醒学生记住一些我认为精妙或者他们自己喜欢的诗句；《鹊桥仙》则让学生当场背诵并将我的体会告诉他们。我本是地道的师范中文专业教师，给外专业学生上课，这学期还是第一次。

这学期还正当着一个就要毕业的中文专业班的班主任。学生已进入准备离校状态，但班上还有一些事情需要召集到一起再讨论并确定。4点20分下课后，按昨天与班长的约定，在文科楼一层找了一间教室跟集合起来的学生商讨了半个小时。会后又为这班上两个学生的个人事领着他们找了一趟学院相关领导和办事人员。事情结束，6点差10分。

晚上回顾这一天，真没少当老师，也许是把教师活做得最足的一天。从上午到下午，竟然当了四样老师：小学语文老师、中学语文老师、高校公共课老师以及大学的班主任。回顾起来，一天所经历的这四样教师角色中，感觉最好的，是给小学生教的那一节课。这些长得还没有黑板下沿高、连“周岁”是什么都不知道、脸上似乎还留着鼻涕的农村小孩子，其心灵的纯洁与干净，是我好久以来在和其他任何人的交往接触中都不曾感受到的。那么稚嫩的声音、那么稚气的眼神，那般对老师的完全信赖，使我最深切地理解了什么叫“童真”和“可爱”，也最深切地感受到了我一再强调的做教师的“幸福”和“美好”。在这个班上，没有一个上课时候不专心致志跟着老师学习的人，也没有一个学习很吃力费劲的人。因而，我虽然是一个在大学讲台上站了23年的男性教师，但在这45分钟的时间里，我和他们能够进行很顺畅的对话；尽管和城里的孩子相比，和更大的学生相比，他们的知识储备几乎一片空白，但我的每一句话他们都能够听得懂。课堂上我还惊喜地发现，在教这些孩子的过程中，我也并没有刻意地去俯下身子努力去迎合和迁就他们，因为我似乎已经变成了一个和他们不相上下的孩子。

相对感觉最不好的，可能要属下午最后一节的那个班会。这些虽比我年轻好多但也早已步入“成人”并且可能比我还要“懂事”的人，却有好多人并不懂得我的心。我自认为深知他们大学几年的艰辛和毕业之际的尴尬，所以竭尽全力希望在这个时候还能够从一个过来人的角度和班主任的立场为他们多做一些事情，从而给予他们尽可能多的欢乐，也为他们今后留下尽可能多的关于大学时候还算美好的记忆。孰料，我好多天前就布置的一项“作业”他们完成得并不积极，尤其是今天下午满腔热情计划了的一项集体活动也因有较多的人不赞成而只好取消。

我是一开始参加工作就分配在高校里做教师的。由于主要一直教中小学语文教学法这门课，所以多年来养成了这样一种职业或专业趣味：关注基础教育甚于高等教育，佩服中小学好老师超过大学名教授。今天这一天下来，突然觉得目前的我也许就应该到中小学校里去做个语文教师才好。

（来源：QQ日志　发布时间：2010/6/12）

❖ 一段获奖理由的自我表白

今天的教师节大会，我也受到了表彰，以全校79名“三育人”受奖者第一位的顺序登台领取了学校“教书育人奖”的奖状。

四个月前，当学院决定报送我参加学校这届评奖人选时，一开始还感觉有些内怯，但当后来私下对自己近几年的“教书育人”工作进行了一番回顾并且还写出了一份比较全面的总结时，便不由得增加了几分底气。那篇总结共分八段三千五百字，其中下面一段所反映的“事迹”，可能是自己做教师的一个亮点，也是这次获得奖励可以让自己信服的一个理由：

> 学校学科教师“育人”的主渠道是课堂，但在教学之外，教师也要对学生以必要的关爱。相对于中小学而言，高校的教师普遍存在只关注学科而远离学生的倾向。“安其学而亲其师，乐其友而信其道”，现代教育思想也强调师生之间的平等对话。要使学生“亲其师”而“信其道”，要实现师生之间的平等对话，前提是教师应放下专制时代教师在学生面前的那种威严感。事实上，大学生也有亲近老师的渴望，只要教师不是刻意地保持距离，双方之间是极容易建立起友好、和谐的关系的。因为喜欢孩子和年轻人的天性，加之长期做教育教学研究所知晓和形成的师生观，所以我一向是愿意主动与学生走近的。课堂上，我很少站在讲台上居高临下地给学生“奉送真理”；课堂外，也能够主动跟学生打招呼；指导教育实习，更喜欢与学生在乡镇中学共同生活一个多月的日子；指导毕业论文，往往是把学生请到家里用比较充裕的时间和比较宽松的空间面对面地讨论切磋。至于上课所用的资料，不论是纸质的书刊还是电子的文字、视频，只要学生表示要的，我都毫不保留最大限度地复印、

拷贝给他们共同分享。和学生的这种相处，虽然使我在学生面前失去了“架子”，但却并没有失去“面子”，学生对我似乎更为尊重和信赖。学生进入大四选我课的很多，教育实习希望到我点上去的很多，写毕业论文要求我做指导教师的也很多。我的QQ好友，最多的也是历届毕业以及部分尚在校的学生。在那个空间里面，我们有着更广泛的交流。这种与学生的交往，对学生发生的影响，有时是超过上课和做班主任的。有几位毕业以后考教师岗位成绩突出和做了教师以后专业发展很有成就的学生，都是跟我当初便交往较多的人。与学生的这种沟通，也使我受益匪浅。我虽然早已人到中年，但似乎还不老气横秋，就是因为受了身边这些充满朝气的年轻生命的感染。更重要的是，每到一届学生毕业时，我都能够从中发现几位读书颇多、素质优良并且喜欢做教师的学生，这些学生毕业离校多年，依然和我保持着经常的联系，成为我专业相通、志趣相投的朋友。与学生保持友好、平等的关系，使我明白了什么是“师生双赢”“教学相长”。

（来源：QQ日志　发布时间：2010/9/11）

❖ 今年这次带实习

出外指导教育实习，对我来说虽然早已是家常便饭，但今年的这一次还是有点特别，尽管结束返校已经一周多了，却依然时时想起，时时回味。

这一次的特别之处，在于两点：

一是去的是小学。师院的学生，是本科生，除“小学教育”专业的而外，其余一向都是当作中学教师来培养的。所以，师院的教育实习，尤其是统一组织的综合编队实习，联系的学校过去都是中学，大多为初中，也有少数高中。这一次学校安排我带实习，教务处给我的实习生编队名单上，也写的是“五营中学”。但是，在9月20日乘车赴实习地——秦安五营——的路上，当我跟该实习点的负责人电话通报我们即将到达的消息时，才被告知，车要开到“五营学区”，实习生要去实习的学校是该学区属下的小学，而不是镇子上的那所中学。后来才弄清楚，五营中学不属学区管辖，五营学区管辖的只有全乡的各小学。既然学生实习被派到了小学，那么我也就只能跟着去小学。四十多天吃住在小学，指导学生开展小学的教育教学实习，这于我还是第一次。

二是同时管了8所学校。也是这天到了五营学区后才知道，我领来的这32名学生也不是集中在镇子上的中心小学一处实习，而是要分解到包括中心小学在内的镇子附近的8所小学去。按照学区主任的命令，等我们到达五营的时候，这8所小学的校长已经集合在学区院子里等候领人。学区拿到我带来的实习生名单后，当即进行了分配。很快，分配结果出来了。随即，这32名来自4个学院6个专业我连名字都没来得及搞清楚的学生便被这8所小学的校长以及他们带来的人用摩托车驮走了（个别也有用“小面的”运走的）。学生被分散在8所学校实习，意味着我的实习指导也就要在这8所学校进行。同时管两个以上学校的实习，在我的带实习生涯中也有过，但像这次一下子要跑8所学校，还是觉得有些异样。

因为这种比较特别的经历，所以也就有了比较特别的感受。大致说来，这次带实习主要有以下几点体会、发现和收获：

一是觉得当小学老师也挺好。因为自己的专业就属于基础教育领域的研究，所以虽然身在高校，但一向认为对小学教育也不是很陌生。不过，像这次这样一个多月完全沉浸于小学里面，对小学教育尤其是课堂教学进行全方位的观察以及较多的直接参与，这还是第一次。在这段时间里面，不只看实习生上课，也看了实习学校一些教师的课；不只看语文课，也看了英语课、数学课；不只观课评教，并且和往年带实习一样也现身说法直接“下水”上课。看课、评课、上课涉及的课，涵盖小学一至六年级三个学段。通过这些活动，进一步坚定了我原来的两个观念：1.小学教育最重要；2.小学学生最可爱。小学是基础教育的基础，小学阶段的教育尤其是课程的教学对学生今后的学习乃至一生的发展具有决定性的影响。比如语文课，如果低年级的识字写字教学确实做得很扎实，那么截至目前各种考试最爱出的那类往往让人犯糊涂的辨析字的读音和写法的考题学生就应该不会出差错；如果高年级的每篇课文教师上课都能按照教材要求使学生熟悉课文并对文章的基本内容有了比较充分的领会，那么学生的情感、精神世界就应该是比较丰富饱满的。据说今天的中学生有“三怕”，其一就是“怕周树人”，但我想如果小学时期有关鲁迅的课文学好了，就绝不会以后还有这种倾向。现在六年级语文上册第五组的《少年闰土》《我的伯父鲁迅先生》《一面》这几篇课文以及另外一些相关资料，就是学生认识和走近鲁迅的很好的教材。可惜，多年来大量的课堂教学，对于这样的教材都只是依照某些质量不高的教参、学辅资料或所谓的考试要求做简单刻板的讲析，不仅文章的真正价值就连课文的基本内容也被忽视或被大量的琐碎讲析所淹没。这一情况也说明，小学课程内容虽浅，但教学的高度依然无边，因而对教师的业务要求同样很高，小学课同样有教头！至于小学生的可爱，这是一切凡接触过小学生的人的共同感受。这次带实习，我看过一年级的语文课和二年级的数学课，也给二年级上过一节语文课，得出个深切体会：给这样的孩子上课最有趣、最快乐。小学低年级的课堂，才是真正的充满生命活力的课堂。即使不进入课堂，每天在校园里看几眼孩子们的嬉闹，也可以带来一天的好心情。几年前我曾跟我的学生们说，做教师就做中学或者小学的教师，不做大学的教师，学生问我“为什么”，我说“因为他们比你们可爱”。如果说那时我说这话时对话语的内容还有些朦胧，说话的态度也带有几分调侃，那么通过这次在小学带实习，现在再说这话，则意思很清晰，态度也当真了。小学教育重要，小学学生可爱，小学课很有教头，所以，当小学老师挺好。

二是看到了目前农村小学教育的诸多困难。虽然我出身农村，小学和中学都是在农村上的，考上大学、参加工作变成城里人后也经常回农村，并且我的大哥就是一名和我这次带实习接触的小学教师境况完全一样的农村小学教师，但是这次在秦安五营的一个多月，还是看到了一些与我以前所了解、所推测的不大一样的情况。改革开放三十多年，国家变化天翻地覆，教育事业也是成绩辉煌，但走进现场则发现，农村的小学教育却依然问题多多，困难重重。主要有这么几个方面：1.校舍破败拥挤。有一所小学，还是距乡镇最近的一所小学，其院落、门墙，比周边任何一户人家的都要陈旧、破烂。一排共5间教师的宿舍兼办公室（全校6名教师），土木结构，是20世纪70年代以前的建筑，一副墙倾瓦颓、岌岌可危的架势。4个年级的4间教室虽为砖房，但里面的黑板、讲台、课桌凳却没有一件是新的。院子坑洼不平，穿高跟鞋的脚估计是极难走好的。学校门前出入的巷道，也只容一辆架子车通过。有一所刚刚落成的上海洋商投资修建的学校，本以为很漂亮，却也只是几间极普通的瓦房而已，并且满院泥泞。被认为条件最好的中心小学，也是没有一间学校或者教师的办公室，普通教师的宿舍是三人一间。2.生活设施简陋。这8所小学，没有一所学校有开水房和灶房，学生喝水只能喝生水，教师吃饭只能回家、上街或在几个人的宿舍兼办公室里自做。中心小学，还没有自来水。3.师资紧缺。这些年农村学校学生人数下降，师范院校毕业生又很多，所以各学校应该教师充裕，但就我带实习的8所小学，教师的工作都满满当当的，有些课程还缺乏专业教师。作为中心小学，全校竟然没有一名专业的体育教师。4.生源萎缩。计划生育以及进城务工所造成的农村衰落景象，在农村小学有最明显的反映，这就是学生人数的急遽减少。六年制的小学，好多学生人数已不足百名；三年级以下的班，一间教室通常就十几甚至不到十名学生。按学生规模，有些学校早就该撤并，但因为各种原因，这些学校还得继续维持。

三是对自己的学生有了另一种认识。平时在学校里面，不论是教师、领导还是专门做学生工作的人，因为都把学生当作看管的对象、改造的对象、防备的对象，因而在大家的心目中，对学生大都持否定意见，认为他们这也不行、那也不好。自己虽然一向认为学生观还比较先进，但通过这次带实习发现，以往对学生的了解也还只是一个局部。这回，领学生去小学、去农村，一个最大的发现，就是知道他们还能吃苦，并且超出我的预想。鲁迅说他“目睹中国女子的办事”和“勇毅”并“为之感叹”，是始于1926年的“三一八惨案”的。我目睹当今大学生尤其是女大学生的勇于吃苦、能够吃苦也为之敬佩，则是始于这次把32名学生（女生24名）交给乡上学区听任发落那一天。学生实习所去的8所小学，除中心小学在镇子上而外，其余7所都是地道的农村学校。单听那地名——麻沟、马川、蔡河、赵宋、何岻、张塬、雒塬——就知道绝不是繁华热闹之所在。实际条件也确实艰苦、简陋。住宿方面：除一所学校单独安排了实习生的房子而外，其余都是与原学校老师合住，原房主虽然大多晚上回家，但白天来学校也还是要跟这些实习生搅在一屋，应该说很不方便。吃饭方面，除一所学校因临近一所中学可以到中学去上灶而外，其余虽然都各有办法，但应该说都很不容易，都是要吃苦的。有两所学校说是提供了灶具可以自己做饭，但厨具、餐具都极为简单，并且离镇子远，买菜买粮都比较费劲。有一所学校竟然还要吃派饭——每到吃饭时便跟着一名学校原来派好了饭的小学生到其家里去吃。这个方式很新鲜，而且据说学生及其家长都很欢迎，但据我推测这免费的三餐并不是都很好吃。那么多的学生，家境不同，茶饭各异，卫生状况也不完全让人放心，并且又是三名女生。后来我也跟着这几个实习生到一学生家里吃过一顿午饭，感觉学生家长的欢迎程度并不如这学校说的那么好，饭菜也无非还是这里人永远不可更改的臊子面。还有两所学校，实习生只能是吃馍馍，泡方便面，或者用自己带的小电锅煮挂面。我住中心小学，与我在一起的9名实习生的吃住条件也一点不比其他学校好。7名女生分住一个套间，没有床，都是课桌支就的平台，空间虽比开初安排的一间增加了一倍，但因为女生的东西多所以还是显得拥挤杂乱；房子里没有电源插座，所以不仅不能插电褥子，就是手机充电也得到我屋中。两名男生，一名与学校一老师合住，一名就住仅4平米的门房。这儿没有任何伙食的条件，吃饭要么馍馍、方便面，要么就街上那一碗7元的炒面。包括喝水也是自己想办法，只能在我的房里用烧水器插热水瓶里烧。四十天中，仅我手头就烧坏了4只那种每个七八元的电烧水器。条件固然艰苦，但这些刚从城里大学出来的学生们到了所在的学校都还能够适应并且没有怨言，这很出乎我的意料，也很令我感动。说实在的，那天刚到学区被分配后，看着他们三三两两被一个个虽是校长却都状如农民的生人用摩托车驮向不知何方的陌生地方，我都有些不忍。所以，当天晚上，在我的住宿还没有解决的情况下，就分别向他们打电话了解情况，让我欣慰的是，他们都说“好着呢”并叫我“放心”。第三天，学区统一组织参观大地湾遗址并在中心小学举行中秋联欢，第一次又齐集到一起的大家精神状态都很好，这也就让我真的放心了。一个多月下来，等到实习最后结束的时候，每位实习生都与实习学校建立了深厚的友谊，很多人都真的不愿意离开这个“初为人师”的地方了，真的都“情留五营”了。虽然艰苦，但因为能吃苦，善体验，能不以苦为苦，所以一个多月当中，尽管好多人还没能实习上与自己的专业相对应的课，但大家都很快乐，都很有收获，并且也都给各自实习的学校师生留下了很好的印象。实习结束返校那天，中心小学召开全校师生大会，举行了隆重的欢送仪式，并代表五营学区赠送锦旗一面，锦旗上书：“满园蓓蕾，个个芬芳。”应该说，这正好表明了8所实习学校共同的心声。实习学校给实习生送锦旗，这在师范学院的教育实习史上还不多见。

最后还有一点：这次带实习的特殊体验，也使我明白了另外一个道理，领悟了另外的一种生活情理。因为同时要关顾8个点的实习，这对我而言就必然存在一个如何处理与这8个点实习生及其实习学校的关系的问题。所带学生分作8处，但我只能住在一地，虽然在我的心目中始终是把8所学校的实习生一样看待的，与另外7所学校实习生也一直保持着联系，并且大多学校也都去过不止一次。但是，由于我是住在中心小学的，所以事实上我与中心小学及在这儿的实习生关系要更密切，对这儿的9名实习生的关照也远远大于别的实习生。朝夕相处、共同生活，彼此几乎亲密无间，生活上我为他们烧水、充电，他们为我打水、看门，实习上随时与他们交流、沟通，看过他们每一位的课并与该校的领导、教师一起评议。而与其他七所学校，就不可能有这样的关系。就我去这些学校的回数而言，距离最近、困难最多的赵宋小学，似乎很多，但算起来也不超过十次，在学校呆的时间加起来不超过20小时。另外6所，大都只去过两次。至于对教育实习的指导，也只有两所学校各听过一节课并上过一节课，另外5所学校没有进过实习生的课堂一步。10月14日，学区举行了一次教研活动，研讨主题是关于教育公平，我还应邀出席会议并发了言。所以，对于在与中心小学和与其他学校实习生关系处理上的这种不公平，我很是敏感，也经常反思和检讨，并且也对其他几所学校的实习生心怀愧疚。但我又难于改变，因为到那些学校不仅乘车不便费时间，而且即使去了想多待一会儿也不行，因为没法吃饭和休憩，因此每回去了也只能匆匆而回。对这种发生在自己身上的不公平，虽然理直气壮，但总觉心中不爽。真正抛下这种心理阴影，解除这种尴尬，还是一次去一所较为偏远的学校。实习开始已经好长时间，但我还是第一次到这儿来。出乎我意料的是，这儿的两名实习生对我的姗姗来迟不仅没有一点怨言，而且还一再表示感谢。也就在这一瞬间，我突然将我和那些生养了多个子女的老人联系了起来，将我要同时照管的这8所学校的实习生和那些老人的那若干个已经立业成家、分门独过的子女等同了起来。虽然“一个儿女一条心”“手心手背都是肉”，但年老了的父母通常只能与其中的一个子女生活在一起。这样久而久之，父母与各个子女之间的关系便必然不完全一致：一直与父母在一起生活的子女得到父母的关照肯定多于其他子女，这个子女对父母的依赖也多于他的兄弟姐妹；当然，这个子女对父母所做出的乃至需要承担的责任也多于其他人。但同时，其他更为独立的子女也不怨恨父母，父母偶尔去这些子女家中走一走也照样受到爱戴。这种多子女老人与多个子女之间的关系长此以往，可能还有另外一种情况发生：长期一块儿生活的子女与父母情感更加密切，而其他则彼此相对疏远。一个老人对自己的多个子女尚且只能如此，我一位被临时委派的领队教师同时面对这么多的实习点，也只能做到这样。何况，正如《红楼梦》中贾母所言，“天下事总难十全”。

（来源：QQ日志　发布时间：2010/11/8）

❖ 与学生的一场QQ谈话

一位去年毕业、曾经带过实习、后来也联系较多的学生，今年秋季正式上班，分配在一所农村学校做初一年级语文教师。前些天QQ相遇，说是学校安排要上一节“过关课”。为如何上好这节课，当时曾讨论一阵，最后选定以第三单元的“写作、口语交际、综合性学习”《感受自然》为执教课题。两天后，课上过了，当天晚上QQ交流情况，按当时了解情况，应该算比较可以；问及其他教师及学校评价意见，说是再过些天才评课。一周过去了，评课会应该也开过了，今晚看其在线，于是便进入聊天室——

乡关何处 21：08：56

那天的课评过了吗？大家意见如何？

寒水石 21：13：08

教研组长评了一下，他先高度肯定了我的课，还说我的课堂充满浪漫主义色彩，但是要注意回归现实。还说了很多，最后校长送我一句话，就是“在关注学生未来的同时不要忘记当下”。他们说我太理想主义了，在学生连成绩都不能保证的时候还谈什么将来。呵呵，就是这样的课堂还是应该再斟酌斟酌，是不是适合我们这里，是不是适合我们的学生。

乡关何处 21：16：49

“教育是理想的事业”，这可是“新教育实验”祖师爷朱永新的基本主张。我估计你的课也不是他们说的那么玄，只是可能大家对“综合性学习”这一模块还都普遍比较生疏，可能有些看不懂。

寒水石 21：19：43

其实我之后也有反思，就像他们说的，我大概太理想了，教育需要理想，但理想是来源于现实，而且最终也要回归现实的，那天由于时间，还有其他各方面的原因，在引导上还做得不到位。

乡关何处 21：22：53

语文是一种生活，语文的学习应该和生活结合。综合性学习作为一种以活动为基本形式的语文化的生活，应该成为语文教学乃至语文课堂的一个部分。课程标准和现行教材也都是这样安排的。只要感觉课堂上学生有实实在在的收获，而且是语文的收获，就应该肯定。

寒水石 21：26：09

收获肯定是有的，今晚批改了学生的日记，在日记中有好几个学生提到了那天的课堂，说我带着他们去和大自然约会，一路上怎么怎么样了，还写得挺好。呵呵，不管怎么样，都是在不断地摸索中进步的。

乡关何处 21：28：48

如果学校的教育、教学和课程的改革还是只关注当下和学生的考试成绩，我觉得这改革还是缺乏高度。

乡关何处 21：30：48

我倒觉得学生的评价比老师们的说法正确。

寒水石 21：32：00

呵呵，学生的评价是基于长期发展的，老师的评价是基于一堂课本身的。

乡关何处 21：36：42

语文课不论从工具性还是人文性出发，都应该是生活课、人生课、实践课，而不是知识的灌输场。我总觉得现在有太多的语文教师对语文课程本身也即我一再讲的那三个问题还是缺乏思考。

乡关何处 21：37：44

我想知道，你们学校的语文老师对课程标准的学习情况如何？

寒水石 21：39：19

昨晚的讲评结束之后，我就一直在迷茫着。对课程标准应该说一个数学老师还比较了解，他是我们市上说课一等奖的得主，还被推荐到省上参加说课比赛，看样子他是比较了解的，其他老师还不知道。

乡关何处 21：39：33

不会也像其他学校一样全学校找不到一本《课标》吧？

寒水石 21：39：59

没有，老师们可能不是很熟悉，但绝对都知道。

寒水石 21：42：00

现在市上每年都要通过说课选调老师进城，我们学校一次最多被选走过12个老师，而说课是要有理论依据的，也就是必须要有课标当中的理论支撑，可能因为这个原因，老师们都还有一定了解吧。

乡关何处 21：45：43

全校的改革、宏观的改革很好，但落实到学科教学如何？每门课程、每一节课堂的教学，方法固然也必须改革，但内容更要改革，要把课教得符合学科的本性。师院这两年也在呼喊教学改革，但我对他们只是强调教学方法的改革很不以为然。

乡关何处 21：48：18

从他们对你课的评价，我产生了一种怀疑。当然，我既没见你的课，也没和那些老师包括校长有过语文教学方面的讨论。所以说得可能不准。

寒水石 21：49：01

方法的改革应该属于课堂改革的范畴，内容的改革大概就是课程改革了吧，现在还没有到这个层面。

寒水石 21：51：14

他们应该就是这个意思，校长把“在关注学生未来的同时不要忘记当下”。这句话对我说了好几遍呢。呵呵!

乡关何处 21：54：13

内容比方法更重要。一节课、一篇课文的教学，首先要保证教学内容对路，就是我一再强调的“把课文最要紧的东西教给学生”，或者把该教的教给学生。《听王荣生教授评课》一书中王也是这种主张，他对语文教师的多处批评也是这个意思。

乡关何处 21：57：22

教育是超前的事业，基础教育必须为孩子的终身发展奠基，所以教学应该着眼于未来。当然，如果说要关注当下的话，就是教学内容必须切合学生的实际。

寒水石 21：59：05

我现在最发愁的是，我不知道每节课怎么样把教室里的全景式黑板全都写满，上古诗还好点，可是上现代文呢？尤其是说明文，写那些生字词吗？再让学生念、写，我总感觉这样就和教英语单词差不多了。

乡关何处 22：00：58

从初一开始甚至在小学时期，教学就死死地盯着考试和学生每一次的成绩，这样的教学我还是觉得是没有出息的。前些天在领实习听课评课中我也看到了这种现象并且也持这样的观点。

乡关何处 22：01：48

首先得明白那些黑板是干什么用的。

乡关何处 22：03：54

是否每一块都要写，每一块都要写满，这应该还是取决于教学的任务和目的。

寒水石 22：07：06

不一定要写满，但是至少上面都得有东西，上次才刚上课，就有来看课的，学校领导也转，就提到我把黑板空着的问题了。其实就像前几天我上《春》和《济南的冬天》的时候，我就会让学生在黑板上画出他们所读到的景色，学生们几分钟就画好了，这还挺好，但是这两天上说明文就把我难住了。

乡关何处 22：07：23

教室里面必须有好多黑板，但应该不是每一节课每一块都要写满，否则，就说明黑板还是少了。对黑板的使用，也要“留白”，也是不能“不留余地”。

寒水石 22：08：49

布置黑板有时候真的很头疼，呵呵。

乡关何处 22：09：22

一开始上课，就要把黑板全使用得很充分，这显然是要做给参观者看的。

乡关何处 22：10：17

改革，如果形式主义了，也很危险。

乡关何处 22：11：44

我今天好像对你们学校包括校长有微词了。呵呵！

寒水石 22：11：46

我们学校的英语课前的那个课间，基本上学生们都会趴在黑板上写东西，刚开始我很看不惯，现在都习惯了。我刚接上语文的时候，学生也一样，上课前趴到黑板上写生字词和作者简介之类的东西，后来我再没让写，不写了黑板也就慢慢“空”下来了。

乡关何处 22：17：43

还是我那话，课改、教改，都是以追求效率为目的，应该以解放学生和教师为境界，如果一味地加重学生、教师的负担，把本该学生、教师自由支配的时间都占了，这就没有意义了。把课间还给学生，我觉得你这也是一种改革，因为改革就是对不好的做法的否定。

寒水石 22：18：27

其实怎么说呢，校长在努力地做好，他所做的这些事情对教师的专业成长来说是难能可贵的，即使会很忙。对学生来说，也在一定程度上锻炼了他们，至少在演讲说话这一块就会比其他农村学校的学生好很多，因为我们一直在培养学生的展示能力。但是更多的时候，老师和学生都过得太辛苦，晚上批日记，一个学生就写到她早上五点半骑车从家里出来，拿着手电筒往学校走，一路上又摔跤又害怕的……其实仔细想想，真正的教育似乎也不应该是这个样子的。

乡关何处 22：24：00

先进、典型难当啊！你们学校、校长，到这个地步，也有些骑虎难下、身不由己了。想想看，有那么多的人来参观，每一拨客人都得力争让人家看得满意，这确实不是一件容易事。

寒水石 22：26：59

就是这样啊，所以在抱怨的时候回想一下，也是身不由己的，呵呵。只是我有时候仍然会很迷茫，我不知道我们是的的确确把学生放在主体位置了，还是以学生为工具，来成就我们自己了？或许这是一个双向获利的过程，只是一旦学生不幸地沦为工具，我想我们教育的意思也就不存在了。

乡关何处 22：27：39

每一位教师的每一节课甚至每一个瞬间，都要有看点，都要体现出学校课堂改革的亮点，这也只能难为教师和学生了。

乡关何处 22：30：31

所以，“过一种幸福完整的教育生活”，这也只能还是一种理想状态，尤其是已经被树为典型的学校，恐怕从校长到教师到学生都难了。

寒水石 22：33：00

说实话，我到这个学校来，一点都没有感觉到幸福和完整，也许等到以后才会想起曾经也是甜蜜的吧，呵呵。

乡关何处 22：33：35

当然，你的另一种思考也对。有压力才有动力，大家都忙一点，总体上可能利大于弊。

寒水石 22：34：43

呵呵，任何事情都有它的两面性，所以在没有办法改变的情况下，最好的做法就是想办法做好。

乡关何处 22：38：26

所以说，追求自由和独立，这实在太重要，也太难了。你们学校到这个份上，你们校长到这个份上，是多少学校、校长做梦也难以企及的，但反而离得更远了。

乡关何处 22：40：01

因为是“被典型”了。

寒水石 22：42：12

有时候真的希望不要成为模范，不要有别的学校来学习，我们老师一天也不要有那么多乱七八糟的事情，就安安心心地想着如何教好一堂课，在课余看看自己想看的书，写写文章，和学生分享一些心得，享受最简单、最原始的快乐，该有多好，呵呵。

寒水石 22：44：21

我又是一个理想主义者了，呵呵。突然想起了孔子的“暮春者，春服既成，冠者五六人，童子六七人，浴乎沂，风乎舞雩，咏而归”了。

乡关何处 22：45：06

凡事都是得失并存、利弊兼具的，所以还是直面并体味当中的快乐吧！

乡关何处 22：46：20

那是孔子，那是过去，今天再理想的教育，恐怕也回不到这种状态了。

寒水石 22：48：20

呵呵，就是啊，所以只能想想了。我现在已经在努力地从中体味快乐了，所以并不觉得有多么难以接受，只是还是会忍不住想想，呵呵！

乡关何处 22：49：08

其实，当今的一切教育，都可能是如钱梦龙说的“戴着镣铐跳舞”。所以，一切有作为的教师，也只能是如钱梦龙一样做一个“悲壮的舞者”。

寒水石 22：51：36

对，我现在只是一个“舞者”，只“悲”不“壮”，所以仍需努力！

乡关何处 22：56：25

能做“舞者”，就已经非常好了。现实情况是，有太多的教师，“戴着镣铐”没能“跳舞”，而是做了“囚犯”，没有了“悲壮”，只剩下痛苦。

寒水石 23：04：13

呵呵，晚上和您说了这么多，有点豁然开朗的感觉，不管是什么，“囚犯”也好，“舞者”也罢，能坚持走下去是我目前最大的愿望。

乡关何处 23：07：02

好了，话题太沉重了，不说了。夜已经深了，还是卸下镣铐，睡觉吧。做个好梦，迎接明天的太阳。“苟日新，日日新，又日新”，一切都会好的。

寒水石 23：08：22

呵呵，没事，明天太阳依然升起！晚安。

（来源：QQ日志　发布时间：2010/11/16）

❖ 我和这个班的学生之间

吃了这个班学生的“散伙饭”，很想为这个班写点什么。

这个班，是今年毕业的五个中文班中最熟的一个。这不仅仅是因为曾经连续两个学期单独给他们教过课（大三第一学期的语文教学论和大三第二学期的语文教材研究），更因为那前后八十多节的课堂上所表现出来的共识与默契。当教师的，上课多了，总会有一些课是自己不满意甚至很懊丧的；做学生的，听课多了，也不可能对任何老师的每一节课都永远保持同样的热情。但是那两学期给这个班上课，好像每一节课我们都很快乐。包括学生对我的不满，也都在友好和愉悦中收场。记得一次课上，当我再次刚要说“我总觉得”这个后来才发现我课堂上使用频率确实有点偏高已近于口头禅的词语时，班上有一半多的学生竟然异口同声抢先替我喊了出来，于是我们也都相视一笑。我不知道他们是否有人在我讲课的过程中也私下以画“正”字的方式做过统计，但我肯定他们今天的这一举动绝无恶意，所以当时他们很开心，我也很开心。

课堂上的这种信任和支持，也扩展到了课外及其他场合。去年6月，一次我去市一中听课调研，也带了这班上的两名男生做伴、助阵。后来知道，这两名学生正好都是班上新调整的干部，一位学习委员，一位团支部书记。一个上午，我听了三节这学校教师的课，也一时兴起“下水”给高一的“珍珠班”上了一节课。满满当当四节课，我没感到累，他们也表现得很兴奋。不几天，我又跟一中联系带08级中文专业的学生去见习，但不巧的是和一中事先约定的时间后来跟学院安排的一项活动冲突。学院的活动是08级学生的考研动员会。学院做了精心策划，不仅有领导讲话，而且还有上届考研优胜者的现身说法，相比而言这活动更重要，尤其是对准备考研的学生。因而学院也很重视，特别通知08级学生必须全部参加并且要查人。据我所知，原来计划去一中见习的08级中文这两个班正好是准备考研人数最多的，因此当得知这个情况后，我便主动让路，同意学院意见，改换还没有接触语文教学类课程的09级中文专业的学生到一中去听课。但出乎我意料的是，这天下午2点在一中门口集合时，08级中文那两个班的学生还是来了大半，尤其是这个班，来得更多。下午的见习结束后。晚上，这个班前几天跟我一起去过一中的那两名学生抬着一箱"茉莉清茶"到我家里来了，说是班上同学对于下午在一中看的那两节课以及后面的说课、评课等活动觉得非常好，因此特别委派他们来对我表示感谢。这活动最初是我为包括他们班在内的两个班联系的，但学院已经换别的班级为见习主体了，他们不去参加学院的考研动员会跟着我来见习，这已经很令我感动了，不想还这般认真。所以我当时对这个班就更有了好感。

上一学期，这个班整体出外顶岗实习，联系较少；这一学期，我大多时间在县上带09级学生教育实习，在学校活动不多，因而看见他们的机会也少。但一年来个别时间只要是在校园、马路包括教学楼的走廊里遇见这个班的同学，大家也都表现出一种久别重逢、发自内心的喜悦，往往都要站着说一会儿话才离开。这跟那种通常见了面只是礼节性地打个招呼甚至视而不见的师生交往显然大异其趣。上学期布置毕业论文，和近几年情况一样，选择语文教学方向并要求我做指导老师的学生很多，这个班更是如此，好多学生从正在实习的新疆、定西等地打来电话希望我能把他（或她）"要"上。因为不愿给负责此项工作的系主任增加难度，也避免在学生中留下亲疏之别的误解，所以对于他们的这种要求我一般也都在表示感谢后予以婉拒，而听任系主任按自己的思路去分派。这个班后来有4名学生分在了我的名下，按他们的说法，他们"太有面子""太幸运了"。这学期我被派出带实习，按规定包括毕业论文指导在内的学校内的教学任务都可以不承担，所以开学不久一次我从实习县上回来召集他们通报这个情况并商量把他们转给其他老师，但大家都极力请求还是由我把他们带到底。看他们那架势，如果我把他们转给其他老师，那简直就等于被遗弃或被改嫁。面对他们的这般信任，我便只好将这份属于"白干"的活儿继续干了下来，直到最后把他们送上毕业论文的答辩席。当然，他们也对我这"不弃之恩"和所"付出的辛劳"一再表示感谢，并且在论文经过三稿快要最后定稿的时候还特别选了个我从实习县上回来的时间找了个小酒馆请我“坐了一会儿”。其中的策划、召集人，也是这个班上的一名同学。

毕业论文结束以后，学生便进入了毕业离校的倒计时状态。这些毕业生们在抓紧一切时间以过去从没出现过的“自习”态度在积极准备就业考试的同时，也在做着毕业之际还应该做好的几件事情：穿学士服照相、集体合影以及毕业聚餐。这个班也不例外。与我所了解的其他毕业班相比，这个班这些事情做得更为从容。而尤为令我感动的，还是他们在这个时候所表现出的对我的一片盛情。毕业聚餐，他们老早就几次叮嘱我“一定要来”，后来当时间、地点确定后，两位干部于前一天下午又特别到我家里专门邀请。集体合影，我本来也是一位毕业班的班主任，那天也必须到场组织学生，但这个班也提前打来电话请我“一定也来”。甚至连领到学士服照相，他们也以班级的名义请我到场。虽然我开玩笑说他们有用我相机和借我技术之嫌，但当时大家伙所表现出的那种热忱与友好，还是表明他们在成为“学士”的时候确实是希望与我这样一位老师留下一些影记。

毕业前夕的活动，最隆重、最热烈的，无疑还是俗称“散伙饭”的毕业聚餐。这个班选定的是在这座城市有些名气和档次的一家民族酒店，包了整个大厅并一个包间。邀请到场的老师共八位，虽然不是上过课老师的全部，但也算得上来得比较多的了。我5点半到时，学生似乎都到了，老师们也已来了五位。老师们安排坐包间，进入包间得先穿过学生们坐的大厅。我在跟门口迎候的几位班干部打过招呼后，便以尽快的速度走向包间，所以看见我的学生不是很多，但几位看到我的还是投来了欢迎的眼神并发出了几声惊喜的呼喊，我也只好像领导人来到群众中那样向他们招手致意。大凡这种场合，到场的老师不只要吃饭，还得喝酒、讲话、唱歌。讲话，因为今天来的老师较多并且有几位还颇具代表性，所以宴会开始时很正规的讲话我就免了；唱歌，今天来的丁、曹二位老师都是几乎可以与专业歌手难分高下的名角，所以我也可以不上场；喝酒，因为周围的人们大都知道我历来属于基本不喝酒的人，所以也不会有人给我强灌。但今天到晚上10点半结束时，我发现我话也讲了、歌也唱了、酒也喝了。原因只是，和这个班的学生在一起时很快乐。之所以快乐，还是因为学生对我的友好。吃饭开始学生第一轮来给老师敬酒时，他们就讲我在他们班上“最有人气了”。后来在有学生要与几位老师猜拳行令我挪到大厅观看学生表演时，很多学生都挤过来与我照相、交谈，他们更说了很多我的好话；有几位学生还当着另外老师的面讲了好多对我的课“最深刻的印象”。人都爱听好话，听了好话便高兴，高兴了便无拘束。所以，当他们第一次请我出场时，我虽然没有按他们的要求唱歌，但也没有坐在原地一味地推辞，而是走到了前台和大家逗着玩了一会儿。后来一次当节目进行出现空当时，我还主动拿过麦克风唱了我喜欢的一首内蒙古民歌中最符合今晚场景的最后三句：“酒喝干，再斟满，今夜不醉不还。”这样唱了，也就这样做了，有几次，在和学生说话说到兴头上，我喝干了学生给我斟满的啤酒。

这个班的学生对我好，我也跟这个班走得近，这有学生方面的原因，也有我这方面的原因。学生方面，我总觉得这个班的同学更活跃、主动、积极，同样的教学内容，同样的课堂形式，往往在这个班的氛围和效果要好于其他的班。上课时，他们不仅发言踊跃而且能够相互质疑甚至敢于向我“叫板”。包括课间休息，他们也显得很热情，有给我发烟的（虽然我从不抽烟），有主动跟我问这问那的。因而在这个班，我不只在课堂上感觉很舒服，就是下课后也照样有尊严，没有通常高校教师那种上课时神气十足而下课后便灰不溜秋的情形。因此在这个班，课间十分钟我经常不回办公室或休息室，而就在教室里和学生一起度过。这也与通常那种教师一下课便夹起讲义仓皇鼠窜的情形不同。我的方面，就上课而言，其实在这个班和在别的班我的做法并没有多少区别，学生之所以总是认为我这个人“最亲切”，我上的课“最轻松”，估计还是因为在跟其他老师的比较中得出的结论。我是教教学法的，多年的课程实践和相关学习，使我对“教师是干什么的”“学生是干什么的”以及“教学是怎么回事”这样一些教育教学活动中最基本的问题获得了与一般教育学、教学论教材或著作一致的认识。多年来，我越来越坚信：学生不是来听教师讲课的，而是学习的主体和课堂的主人；教师不是学生知识的告诉者，而是学生学习活动的引导者和促进者；教学必须在师生平等对话的过程中进行。我也经常给学生讲：“教师是和学生一样的人”“教师不一定比学生高明，更不应该比学生高级”，“教师不要做‘讲师’而要做‘导师’”。所以多年来，在学生面前我从不把自己看得高高在上摆出“老师”的架子，在课堂之上很少拿出“讲课”的姿势一本正经地给学生讲课，更不以知识的权威和真理的化身出现去教训学生，而是一切都愿意和学生多商量，多给学生机会，多听学生意见。因为这个班的学生总体上更积极、主动、活跃，更愿意动脑，所以和我的“对话”就更充分，因而对我的说法和做法就更为认同。

从前年秋季最开始给这个班上课到这次吃“散伙饭”，两年来，从较多的同学那里听到了较多对我算是赞赏的评价，这对一位普通任课教师来说是一件比较荣幸的事。但仔细思量，学生的一切赞赏其实也都是一切老师不难做到也应该做到的。比如，他们说我“很容易亲近，从无臆断之口吻，总是和同学进行商量”，说我“从来不发脾气，有时大家闹哄哄的一片，他也不发火，还和大家开几句调皮的玩笑话”，说我“不喜欢提问，但有时又会突然袭击，但是不管我们说得好不好，他总是鼓励我们大胆地说，放开了去说”，说我“资料很多，有些资料是我们轻易找不到弄不来的，但是总会把那些最好的资料让我们拷贝过去好好学习”，等等。这些，都只是做教师工作的一种态度，并不需要多少智慧和能力。再比如，他们说我的课“不像其他老师的课一眼一板地上，内容也不完全按套路走，师生对话平等和谐……课堂从来不安排什么固定的上课内容，每次都是从自己收藏的资料当中任选一二然后让我们听、看、说”，说我的课“师生同堂讨论一些看似与课本无关的知识却总是很轻松而愉快，……原来是要启发和引导我们自己动脑思考，是要我们做有思想的学生”，说我的课“对学术中的荒谬的东西所持有的那种批判态度……是要让我们成为一个有独立意识和自由精神的人”，说我的课“很随和，不需要固定的模式，仿佛不是来上课，而是一次聚会，大家在一起讨论一些相关的话题，然后聚会结束”，等等。这些，也都是正常的课堂教学所应有的样子，是所谓“有效教学”的基本生态。所以，虽然受到了学生较多的鼓励和肯定，但我却绝不敢沾沾自喜。如果说在这些同学的心目中我还真的算得上比较好的教师的话，那首先还得感谢这些同学，因为他们是能够与我进行较好对话的人；其次，也当感谢我所教的课程，因为是它们让我比另一些教师更早、更多地明白了关于教育教学的一些基本道理。

又是一届毕业时。这个班的学生也要离开这个学校、离开我们这些曾经给他们上过课的老师了。作为与他们建立了较多情谊的一位普通任课教师，我衷心祝愿这个班的每一位同学一路走好！

（来源：QQ日志　发布时间：2012/6/15）

❖ 生日断想

今天，5月9日，是我的生日，依阳历计算的生日。

不论是我阳历的生日，还是农历的生日，大多年份我都是在遗忘中度过的。去年这段时间，我在成县带教育实习。那儿是我一位中学同学工作过的地方。一天下午，他路过该地，他的旧属请他在当地很有名的一家农家乐吃饭，他也约我去了。晚上回来写日记，才发现这天是我的生日，所以在QQ上写了一条“说说”，感慨“这回的生日是我这位同乡同学带着他的从前手下给我过的”。汲取这个教训，于是在我的QQ空间的“个人档”中填写了我生日的真实资料。QQ空间有一项功能，便是提醒生日时间，不仅是自己的，也包括所有QQ好友的。

因为有了这个举措，所以今年从进入5月开始，每天我的QQ上都或多或少地收到一些“生日礼品卡”。而收到这种贺信、礼品最多的，还是今天。早晨6点35分刚要起床时，首先是手机上收到一封短信：“郭老师，衷心祝福您生日快乐!”发信的是去年11月做“国培”班主任时班上的一位学员。这位与我仅有十天还不大敢称“师生”关系的省城某重点小学的语文教师选择这样一个时刻发来这样的手机短信，着实叫我感动。这样的感动是接踵而至的：7点钟洗漱完毕打开电脑登上QQ，发现新来的生日礼品卡有22件之多，都是今日凌晨以后这段时间的。发卡的人，有最近几年新毕业的学生，也有十多年前的老学生，还有大学时候的同学以及个别亲戚、朋友。

这些年，随着通信网络技术的发展，人们相互间的问候、祝福变得异常便捷。每当较重要的节日，比如教师节、中秋节、春节，我的手机上都会收到很多的祝贺短信。尤其是过年时候，最近连续三年，每次收到的短信都在一百五十条左右，以至于回复这些短信都成了我那几天的一项重要劳作。与这些节日短信相比，我更看重的还是这些天收到的这些生日祝贺，因为这是属于我个人的节日，并且发送者也只是QQ好友中的一部分，他们的真诚程度应该超过逢年过节时候那些一拥而上的手机短信群发者。那种手机短信，发展到今天，大多已仅仅成为一种礼节，并不代表太多的情愿，就像某些大领导家中过事部下及相关或不相关的人们都得搭情送礼一样。

给我发来生日祝福的，绝大多数都是我以前的学生。这些学生在走出校门以后还能注意到我的生日，这令我在高兴、感动的同时，也增加了几分自信，自信我这老师当得还可能给部分学生留下了好的印象。我曾经说过，最近这八九年来，我把老师"当出感觉来了"。这"感觉"，也就是对教师职业的理解，对学生地位的尊重，对教学工作的倾心，与学生较多的交往，以及从部分学生那儿获得的褒扬。这些年，就像我越来越容易欣赏学生一样，学生对我教学业绩的认同度也比以往有了较大的提高。在学生不同场合对我的属于赞赏性的评价中，2010年毕业的一位学生在借我书后归还时夹在书中的一封信里的两段话可能是比较有代表性的："老师，说真的，刚上您的课，我确实很不喜欢，我在想：'怎么可以这样上课'，'老师可能不会讲课吧'，可以说一直是抱着不满情绪的，因为在我们的印象中，老师是应该站在讲台上滔滔不绝地把他的知识都'灌'给我们，我们是应该安安静静地做笔记、倾听。可是上了您的课，渐渐地，我喜欢并接受了您的上课方式，'原来课是可以这样上的'，师生同堂讨论一些看似与课本无关的知识却总是很轻松而愉快。我现在知道，老师原来是要启发和引导我们自己动脑思考，是要我们做有思想的学生。""老师您是一位很率性、不受条条框框束缚的人。您上课很随和，不需要固定的模式，仿佛您不是来上课，而是一次聚会，大家在一起，讨论一些相关的话题，然后聚会结束，每个人都散了，没有留恋，也没有告别，那么自然，那么随意，既不带来什么，也不留下什么，但是大家都很放松、很开心的样子。"我这种"不成样子"的课也许学生还真的喜欢。前两周替一位有事的同事临时上了几节"语文教材研究"的课，第一次走进一个教室，是我上学期教过"语文教学论"的一个班，刚进教室，学生先是一愣，随即便爆发出一片热烈的掌声。后来的课上发现，他们这掌声确实就是对我今天再次来到他们班上的欢迎，所以当时我的感觉，比两年前评为学校

“教书育人奖”教师节那天披红戴花上台领奖时被学校领导握手还要舒服得多。一般普通学生会对他们的老师说些好听的话，这都在意料之中，让我没想到的是，做了几次“国培”班的班主任，也得到了学员的称颂。去年的短期集中班结束后两位学员的QQ日志中也特别提到了我。一位以“洗心”为题专门描述了参加培训的感受，文中有这样一段：“班里的学员是来自全省各地的语文老师，大家都是带着心中的‘语文梦’前来学习，所以班里的学习氛围格外浓厚。班主任郭老师于和蔼幽默中告诉我们很多知识，我们看得出他对语文教学的热爱与痴迷，他的名言是‘教中国语文课，做无比幸福人’。能够参加这样的培训，做他的学生，我们很幸福。”另一位这样写道：“天水的郭老师给我留的印象很深，虽相处短短十天，却让我难以忘记。不仅因为他……还因为他怀有一颗善良、可爱的心，一颗真诚、怜悯的心。总能从他的眼神、语言中看到、听到不确定的东西，却又是让我们去追寻、坚守的东西。”

收到学生较多对我生日的祝福并回想这些年他们对我的这类褒扬与赞赏，我很高兴和满足，说明我这些年的教师工作还是有些成效的，我也自信我对学生做了较多引导、帮助和促进的工作。但回忆以前特别是初为人师的那些年，我却并不是这样。从1987年到2005年，我在我原来的单位一共待了十八年，其间当班主任三届。那些年的教学工作做得怎么样先不说，仅三届班主任现在回想起来做得也一点不高明。除1998—2001年最后的那个班以外，1989—1991、1993—1996那两个班的学生毕业以后还跟我有联系的很少，我不知道他们都在干啥，他们也没有人操心我这些年的情况。这说起来实在有点惭愧。特别是最开始带的那个班，现在想起来还有点愧疚。记得那个班入学时一共是47名学生，但毕业时只有45人，有两人中途被开除了。被开除的原因，是这两名学生谈恋爱谈到学校隔壁的旅社里被派出所抓住给送到学校里来了。虽然事情发生时我在外带实习，班主任是系上另外的老师代的，等到我回来这两名学生已经被学校处分了，但我还是为这两名学生惋惜并多少有点自责。这两名学生，都是我一开始比较欣赏的学生，男生曾做过体育委员，女生更是班上的团支部书记，但就是这样两名学生却没能完成学业。现在想来，我如果那时候有现在做教师的经验，有现在对学生的耐心与宽容，有现在与学校有关部门周旋的耐力，他们也许就不会有那样的结局，至少我也不会因为他们恋爱谈得太明显而在一个学期后就将他们的班干部给免掉。如果是那样，他们以后的在校生活肯定会和后来出现的情况有所不同。当然，这也与他们生不逢时有关，如果换成现在，他们就绝不会因为两个人谈自己的恋爱而有派出所的介入并因此而被学校给予最重的处分。但这确实也是没办法的事，人永远都要受到所处环境的限制，迟志强如果生活在今天，也不会以“流氓罪”被判刑坐4年的大牢。

“今天是我的生日”，这样一句话或者一件事使我想起了一首歌，这就是歌名与这句话仅差一字的《今天是你的生日》。记得最初听到这首歌，就是在1989年秋季新生入学我参加工作后第一次当上班主任那阵子。快到国庆节了，班上要排练文艺节目，那位团支部书记就按我的意见组织班上学生演唱这首歌，我还为他们用双卡录音机复制了这首歌的录音磁带。当时谁也没想到这样一名学生竟然没有能把好不容易才考进来的仅仅两年时间的大学读完。

今天是我的生日，在收到众多学生为我发来的祝福短信和QQ礼品卡的时候，我突然格外想念二十三年多前我刚当班主任时期的那班学生，想念他们朝气蓬勃、热情高涨地演练《今天是你的生日》那首歌时候的情景，想念组织操练这首歌的那位团支部书记和她的男朋友。这么多年，他们一切都好吗？世事沧桑，想来那45名学生大多应该都是和我差不多一样的老教师了，部分可能转行做了别的工作。至于那两位因为谈恋爱被开除提前离开了学校走向社会的学生，但愿他们因为老早就走上了自主创业的道路而已经成就了一番自己的大业。

（来源：QQ日志　发布时间：2013/5/10）

❖ 2013年，可以说的两件事

年过得多了，也会陷入过年的审美疲劳，不仅对年节失去了兴奋，对新年失去了向往，而且对于一步步走过的旧年也缺少了感觉，以至于都盘点不出还可以称道的事情，总以为与从前的日子没啥两样。但是，只要仔细回顾，其实还是会发现有一些不一样的东西甚至亮点。“苟日新，日日新，又日新”，所谓“日新月异”，今天的社会，比起过去，变化革新更为剧烈和神速，所以任何一个人都不可能真的原地踏步，而是必然被裹挟着与时俱进。我的2013年就是这样，12月31日的下午，还觉得没啥可说的，但过了2014年的元旦，却蓦然发现，原以为平淡无奇甚至蹉跎浑噩的这一年，其实我并没有白过。作为一名普通教师，尽管我离朱永新所呼吁的“书写教师的生命传奇”还有太大的距离，但也并没有完全虚度年华，甚至还有过几笔属于我自己的人生精彩。

审视一番，可以拿出来一说的，有两点。

一是更多地走进了小学教育。

我本是高校教师，应该老老实实地呆在大学才对，但我却是从参加工作那一天起，便较多地奔走在基础教育的一线。因为，与身边那些做着高精尖学问的同事不同，我选择的专业是关于基础教育的语文课程与教学。于是，就像农科所、农科院的专业技术人员必须到庄稼地里去一样，我也把经常到中小学校去看课作为我的日常作业。早先只是在中学跑跑，因为那时我主教的课程就叫中学语文教学法，我教过的学生除个别分到行政部门的而外，其余全都到中学去做语文教师。近十年来，形势发生了巨大的变化，升了本科层次的师范生们却越来越多地流向了小学。我所教过的学生，从大三、大四时候的教育实习到毕业后的找工作，都是如此。所以，最近几年，我专业关注的范围，也主动地向小学语文延伸。第一次进入小学课堂是2010年的6月，记得那天上午我到市郊的一所九年制学校去调研，首先看了一节二年级的语文课，然后到任课教师的另一个平行班上也“下水”同课异构了一节课。那一天我一共上了4节语文课：上午后两节在看了一节七年级的课后也上了一节；下午回到学校按我的课表在一个非中文专业的班上上了两节大学语文。那一天，我把语文老师当了个遍，小学的、中学的和大学的全做了。三样语文课教下来的感受是，还是教小学语文最美气。面对稚气未脱的孩子和亲切清新的小学课文，我感到异常的舒服。打那以后，只要是涉及小学教育的事，我便积极地承揽。那年秋季的教育实习，就放弃了去中学而领了32名学生到一个乡镇学区所辖的8所小学去，一个多月中看了不少教师和实习生的课，自己也“下水”和实习生一道上了七八节的语文课。2011、2012两年学校有了“国培计划”以后，我除了做两个多月的置换脱产研修的初中语文班的教学班主任外，也做了两届短期集中培训小学语文的教学班主任。那些来自全省各地的近百名小学语文骨干教师给我留下了非常美好的印象，也有机会与我邀请授课的全国、全省的顶尖级的优秀小学教师零距离接触。2012年春季，整整一个学期在一个县指导顶岗支教实习，由于80多名学生大多都在小学，所以我理所当然地也去了这些学校，虽然主要只是在县教育局干部的陪同下巡查或是陪学校领导检查，但也实地了解并感受了当今农村小学教育的困顿和尴尬。

更充分地走进小学语文教学，还是刚刚过去的2013年秋季做“国培计划”置换脱产研修小学语文班教学班主任的这两个多月。这期培训班共60名学员，其中30人来自庆阳，而其中又有一半来自我老家的环县。这么多肩负家乡孩子教育使命的同乡老师从千里之外到我的班上来学习，也是一种千年都难修来的缘分。所以，对于本来就把“国培”很当回事的我来说，这期“国培”我便更为上心，因为它不仅仅是促进参训学员专业发展的事，也是我为家乡教育做事从而报效家乡的一个机会。出于这样的动机，加之以往几期做“国培”的经验以及主管领导的放心和放手，这期“国培”的每件事——研制方案、编排课表、联络授课专家、评阅学员日志、主持研修活动、领队观摩见习、撰写活动简报以及承担的几次课——我不仅做了，而且是切实用心往好地做了。从9月23日到11月21日的两个月当中，除了“国庆”假期受邀去河西学院也为那儿的“国培”授课而外，其余时间可以说是全力以赴地泡在了这个班上，以至于连开学初几次外出的照片都一直没有时间整理。但是，也正是这种投入和用心，两个月的时间虽然忙碌却并不疲累，用流行的说法就是“忙并快乐着”。不仅如此，一分耕耘一分收获，两个月的付出我也获得了回报。这回报，不只是得到了众多参训学员的理解、支持、认可和赞扬，也不只是和这些来自半个甘肃省域的小学教师建立了良好的情谊，更主要的，还是透过学员、透过专家、透过各项活动对小学教育特别是语文教学的观察、了解与把握。而这，对于我的专业发展也至关重要。教育的宗旨，是为了发展，不只发展学生，也发展教师；办“国培”也同样，既是发展参训者，也是发展培训者。这其实就是我从来没把参与“国培计划”仅仅看作一个任务或者一次挣钱的机会的深层原因。事实也正是这样，别的不说，仅这三年当中接待的语文教育专家，就足以令行内人艳羡：倪文锦、方智范、孙绍振、黄亢美、吴忠豪、程翔这些平时见一面都很困难的全国语文教育界如雷贯耳的大腕儿们，都成了我陪同吃饭、游览和聊天的对象。从天水到咸阳机场五六个小时甚至因堵车八九个小时的漫漫长路，成了我们促膝畅谈、充分交流的最佳场所。这正好弥补了我没有读过语文教育专业学位以及专门外出进修的缺陷。事实上，如此充足、优质的资源，恐怕那些读了语文课程与教学论学位的硕士乃至博士们也不一定拥有。另外，与省内的专家、当地的名师以及优秀学员间的交往，也使我同样受益匪浅。

2013年这期小学语文的置换脱产研修，实地进入小学的时间不是很长，并且也留有遗憾，但因为这期学员总体素质的优良以及与他们两个月的友好相处与共同生活，包括与几位小语界聘请专家关系的进一步密切，从实际的收获上看，这次“国培”的两个月却更有意义，我对小学教育特别是语文教学有了比以往更多的了解、体认与感悟。上海师大吴忠豪教授“语文课要变讲课文为教语文”的见解，兰州实验小学张艳平老师的班级周报的写作训练，庆阳实验小学李建忠校长对新教育实验的践行，天水市公园小学田华老师的那节令人耳目一新的习作公开课，还有徽县实验小学的校本课程，参训学员们津津乐道，我也能够看得懂。几所“影子小学”的校长、老师和我也成了能够对话的同行朋友。那天应解一小学要求上了一节课后，有老师、学员评价我是“行走在小学课堂上的大学教授”，这个说法我听起来很受用。直到12月31日去公园小学办理实践基地校相关手续，相聊中校长邀请我做他们学校教师专业发展的导师，那位田老师也要拜我为“师傅”，这也都表明2013年通过“国培”我确实比以往更走进了小学教育。

在学校教育的全程中，小学属于初等教育，比起中学、大学来，它是最低阶段。但这并不是说小学教育的要求和水平就要比中学、大学低，更不能说它的重要性不如中学和大学。恰恰相反，正因为它是基础教育的第一阶段，所以对于一个人的成长其重要性实际要超过中等教育和高等教育，这就像越是宏伟高大的建筑其基础工程更为重要一样。也就是因为这一点，陶行知先生从大学到中学最后定格在了小学的“步步下降”的人生道路才最后成就了他伟大教育家的功勋。所以，2013年能更多地走进小学教育，这是我这一年可以称道或者值得荣耀的第一件事。

二是当上了研究生导师。

2013年学校第一次举办教育硕士专业学位研究生教育。全校四个方向共招收50名学生，其中语文15名。这个方向前后两次共遴选导师9名。9人中，我是唯一一位副教授，而且学历也低，9人中第一学历和最后学历都是本科的好像也就我一人。自己都没读过硕士，却要做硕导，因而心中始终颇为惶恐。但令我欣慰的是，半年的导师似乎还做得稳当。各有关方面，从研究生处的处长、干部，到学院导师组的组长、同人，还没有听到有人对我的学历和职称问题发表非议，相反大家倒一致对我的专业方向表现出比较明显的认同和尊重。其中最能让我安心的，还是来自研究生们的反应和评价。这学期，研究生的课大都是公共课，属于语文教育方面的只有两门，我承担了课时最多的“语文教学设计与案例分析”。因为开学初出外培训，我第一次上课时已经是9月23日，其他课都上过两周。那天上完课，有一位学生在楼道里拦住请求我做她的导师，还有两位学生当天也发来手机短信提出同样的要求。学校这第一届研究生导师分配很迟，据说是遇到了难处，有研究生给有关方面几次打电话明确表示不要把自己分到某些导师名下。后来分给我的两名学生，一位是向我提过请求的，一位不是。这个结果表明，在研究生分配导师的事情上，面对学生的选择，我没有让研究生处和导师组长犯难。

学校首届招收的研究生，因为都是调剂过来的，所以很多人当初的专业与今天的语文教育并不一致，所以比较多的人对语文课程与教学的基本知识欠缺，所以给他们上课，我并不完全依据课程所规定的内容，首先还是考虑他们的实际状态与需要。因而，课堂上较多的内容并不属于“语文教学设计”，但从学生的反应看，大家对我的这种安排还是满意的。上课的方式，也比较灵活。我没读过研究生，却懂得研究性学习，所以绝不填鸭和灌注，而是注重启发和对话。特别是对于概念、知识类的东西，我基本不讲，都是把相关内容的几种比较权威的结论同时复印发给他们，由他们自己研读比较，然后形成自己的认识。正常上课之外，我还给他们编印了语文教育方向的阅读书目，拷录了较多权威的语文教学视频资料。包括学期末的考试，我的命题也比较特别，我没有像几门公共课那样就100分钟让学生闭卷作答，也没有像另外一些课那样提前布置一篇小论文或几道作业题，而是在特定的时间内现场开卷考试。印发的试题，也是阅读量远大于书写量。尽管学生在那两个半到三个小时之间的考场上思维高度紧张，但他们下来还是对这种考试表示赞赏，他们说这才像是对他们的考试。而对于先期考测的几门公共课还是填空、判断、名词解释、简答、论述那样老套的试题，他们认为是没有把他们当研究生看待。

“没吃过猪肉，却见过猪走路”，我虽然没做过研究生及研究生导师，但却认识较多研究生和研究生导师。我的一位好友同学九十年代中期在启功门下读博士，毕业前一次回家说他已经花了启功先生两万元钱。早年一次看中央电视台的《大家》节目，主持人采访许嘉璐主席，许说到他当年做陆宗达的学生在陆先生家里吃饺子的情形。这些曾经的知识都告诉我，作为导师不仅仅要指导学生做研究，也要关照学生的生活。我们的这15名语文方向教育硕士生，除三人是当地和陕西宝鸡的而外，其余全来自外省远地，有满洲里、哈尔滨的，有山西、山东、河南、河北的，还有吉林、湖南的。对于这些天南地北赶到我们这儿来求学的学生，我觉得我们做导师的更应该在生活上给予关照。给钱不一定，但请着吃几顿饭确实必要。我由于给全体学生上着课，也由于这才是第一个学期，研究性的指导包括学位论文还没有开始，所以这学期在我的心目中，还没有严格地将分在自己名下的学生跟其他学生区分开来，所以几次请学生吃饭，都不仅仅是我的那两名门生。冬至节那天，还约了他们15人全体到我家里包饺子吃。令我感动的是，我下午2点钟才通知的班长，5点钟他们一个不落地全来了，并且还特别买了一把竹筷、一只小擀面杖，他们担心他们这个人数超出我的厨具、餐具的支持能力。虽然由于饭桌、锅灶偏小这顿饭吃得前前后后、左左右右，但大家都是异常兴奋和激动。这已经是他们第二次集体到我家来，之前大约二十天，他们还一起访问过我一次。那次大家聊得也甚是欢喜和投入，他们不仅浏览了我书柜里的语文教育类书籍，而且也观赏了我的庆阳民间工艺收藏。

不论是对研究生怎样信任和友好，但我心中的目标很明确，就是一定要引导他们早日成为语文教育的行内人。我的这个用心也初步得到了实现，元旦前一天，收到一位放假后刚回到河北家中的学生的手机来信，在对我做了各种“感谢”之后说：“您是我最敬佩的老师，我希望自己也跟老师一样，教中国语文课，做无比幸福人。”我的这个名言我都记不清是否跟他们说过，她竟然还能记得这么完整。

这学期的导师到底做得怎样，不管学生如何评价，但我心中始终很清楚，我目前的状况，还只是“山中没老虎，猴子充大王”，和全国那些老牌师范大学的硕导们相比，我的水平还差得很远。所以尽管我已是年且五十，但对语文教育的探索还决不可停歇，我还要继续努力，以期今后能把这份工作做得更好，成为名副其实、与老牌学校的资深硕导可以比肩的导师。

（来源：QQ日志　发布时间：2014/1/2）

❖ 忘了带优盘的课

上午1—2节的课，为2012级中文两个班的“高中语文课标解读及教材分析”。这是一门新开的课，又是两个班110人的合堂大课，所以昨晚还特别用了一个多小时将准备要用的PPT演示文稿做了一些增补和修改。今天是星期一，经过两天周末的休整，又带着对新的一周的憧憬，起床、早餐后朝气蓬勃地从小区前往校园去上课。没想，到了教室门口才发现，忘了带今天上课用的优盘。我这学期的课，全部用多媒体教室，今天的课，内容更是都在昨晚做好的课件上。忘带优盘，就意味着今天的课“没戏唱”了。这样的事，以前还没发生过，所以当发现这一疏忽后，不免气恼和沮丧。但毕竟二十多年教龄了，不至于乱了阵脚，所以进教室时便决定，第一节课就先安排学生自习，待我回家去取来优盘后再依进度授课。

按进度，今天的上课内容，为讨论“高中语文课程教学生学习什么”。学生的自习，只能是自读高中语文课程标准关于语文课程目标、任务的相关规定。但待我到学生中走一圈时却发现，他们准备了《课程标准》的人非常少，连十分之一都不到；包括义务教育语文课程标准，也是寥若晨星。这就是说，让学生预先自读课程标准从中找出关于“语文课程教学生学习什么”这样的自习活动将无法进行，如果我离开课堂回家拿优盘，他们将只能干别的，并且是与本门课乃至语文教学毫无关系的事情。从教室到我住的小区，来回需要40分钟的时间，几乎整整一节课的时间沦丧，这是我所不愿意的。并且，刚从家里来又重复跑一趟，也未免狼狈和辛苦。

于是决定改变原来的教学安排，原定教学内容先放下，而做当下最需要做的事。

这一级汉语言文学专业的培养方案，有包括“语文课程资源开发和利用”“义务教育语文课标解读与教材分析”“高中语文课标解读与教材分析”等在内的五六门语文教育类的课程。与以往相比，似乎更重视这样的专业训练。但也是因为这类课程门类多，原来的语文教学论被分解，所以有关方面竟然没有给学生订购任何一本关于语文课程与教学的教材。因此，和今天这节课发现的情形一样，这学期及上学期以及以后要开设的几门语文教育类的课程，估计大多学生上课时都只是带双耳朵去听老师讲讲而已。这样的教学，早就被证实是毫无效果的。学生是课堂的主人，是学习的主体，课堂上教师的讲应该让位于学生的学，但当一门课程乃至几门课程学生手头却任何学习资料都没有的时候，便很难设想他们会实现这样的角色。所以，当下这课对这些学生最需要做的事，就是得让他们拥有必要的关于语文教学的学习资料或课程资源。于是，在第一节课上，我便向他们开列了一个学习语文教育类课程必须具备的一个资料清单。包括：（一）语文课程标准——1.《义务教育语文课程标准（2011）》。2.《普通高中语文课程标准（实验）》；（二）语文教学论著（教材）——倪文锦主编的随便一种或潘新和主编的《语文新课程教学论》；（三）语文教学期刊——《中学语文教学》《语文学习》《语文教学通讯》《语文建设》等；（四）语文教科书——人教版、北师大版两种版别的初中及高中语文课本。并且明确提出，今后上课，将随时检查学生这些资料的占有情况并以此作为60%平时成绩考核的主要依据。

第二节课上，让学生先按自己理解或依据课程标准试回答“语文课程教学生学习什么”这个问题的答案。学生的回答虽然一时五花八门，但能够自己发表意见，他们还是兴高采烈，我也没有着急打断他们，而是让他们尽可能自由地抒发。有两名学生的发言尽管结论有误，但却展示了较高的口语水平，学习兴致也很高。另外，当有一名学生将“课程的基本理念”的三条全部念出来时，我反问：“这都是语文课程的目的或任务吗？”引起了学生较为热烈的讨论。最后，还提问多人对“理念”这个人人都在使用却并不能解释的词语进行解释，学生也不是一味地瞎猜乱蒙，当进行到第五名时，有几位学生明白这样的问题解答可以用手机上网查询，于是很快找到了正确的答案。

不只教学内容从学生那里来，教学过程学生成了主体，就连教学设备包括本来归我的麦克风也成了与学生共用。由于是合堂大教室，所以给这个班上课我使用了扩音机——这两节课，因为我是一直跑在学生座位之间的，因而麦克风大多也是对准课堂每一个发言学生的嘴边的，成了放大学生发言声音和增强学生发言自信力的工具。

忘了带储存着课件的优盘，打乱了原来的预设，授课者提前精心准备的教学内容没能直接呈现，但却也让教师走近了学生并将学生推向了课堂的中心，教学的内容不是由教师提前规定，而是根据课堂当时的学情现场产生和确定，因而更好地实现了师生之间的沟通与互动，提高了教学的针对性和有效性。

（来源：QQ日志　发布时间：2014/4/22）

❖ 回归课堂的应有生态

参加西北师大靳健教授主持的"教育部教师教育国家级精品资源共享课"《中学语文课程与教学设计》的建设工作，按照要求，得提交一套90分钟的课堂教学录像。该视频除了教师的讲授外，还"一定要体现学生的学习活动和师生对话的过程"。我选择的专题，是义务教育初中阶段"阅读教学的设计与实践"。以前曾请戏剧影视专业的学生在我的课堂上录过两次，但主要都是我的讲课，学生的活动还有些欠缺。为此，近期又重新演练、录制了一次。安排在星期二上午11级一个班的"语文教材研究"课上进行。

为尽可能突出学生的学习活动，同时也让每一位学生都切实参与进来，决定采用"参与式教学"或"共同备课工作坊"的形式，即以小组为单位，集体讨论形成各自的设计作品并以大白纸展示交流。

这种教学方式，学生不是统一面朝讲台一个方向，而是分小组面对面围坐成一圈。这样的课堂结构，在近年来各种形式的教师培训活动中早已屡见不鲜，在某些课改、教改动作比较明显的中小学校也早已被广泛采用，但对我这天的这班在校大学生，似乎还是第一次经历。上课伊始，当我号令他们动手拉桌子、搬凳子将原来的"排排坐"改为"团团坐"时，所有的人都显得很好奇和激动；而当我宣布了学习任务并给各小组发放大白纸和水彩笔时，大家更表现得兴奋和新鲜。在接下来半个小时的小组集体研读课文、共同设计教学方案的过程中，每一位学生自始至终都处于注意力高度集中的状态，各小组成员间自觉分工、配合默契、群策群力、协同作战，虽然进度总体偏慢且完成的教学设计作品也不是尽善尽美，但在整个过程中所表现出的那股精神头儿、那股合作劲儿，是以往的课堂上所从来没有看见过的，包括后来将各组的大白纸挂上黑板选派代表上台宣讲，也都很积极。大家对这份包含着各自创造和劳动的集体智慧成果的关切和珍爱，也是异乎寻常。在分别展示各组的成果时，大家都高高兴兴地按我的要求将组长、组员的名字写在了大白纸上；很多学生用手机拍下了他们的这份作品，有的还为他们组上台宣讲的同学录了像。

这节课，本来只是让学生配合我完成这份“精品资源共享课”的视频录制，所以尽管要有他们的活动，但也并没有企望他们能做得多么的好，一开始我也告诉学生说这将有点像演戏，有些环节也许还要造假。但没想到，课堂上却假戏真做，不论是小组内的讨论，还是小组间的交流，以及最后的点评总结，都很真实、自然，大家似乎都忘记了是在对着摄像机做节目。特别是学生自始至终那种高涨的热情和认真思考、积极参与的劲头，很令我感动，课堂上真正呈现了生生对话、师生对话的局面，原本计划的一次主要为完成录像而做的演习变成了一堂实实在在的课，学生已不是在配合我做录像，而是在我的引领下去完成一个单元的学习活动。这样的情景，就连摄像师也觉新鲜，他们后来跟我说，三台摄像机随便哪台对准的任何一个角度，都是平时也许需要特别捕捉才能得到的画面。

为什么这节课会取得这样的效果？为什么学生在课堂上会表现得这样投入？反思起来，一个基本原因，就是大致回归了课堂教学应有的生态：学生成为学习的主体，教师只做引导者和组织者，课堂成为师生之间特别是学生与学生之间的对话场。这其中最重要的，还是第一点，即学生主体地位的实现。这节课与以往的课最大的区别，是课堂的组织方式，学生不是一个方向面朝黑板与教师面对面，而是以小组为单位小组内同学面对面。因为不是聚焦讲台，原来高高在上主宰一切、学生必须面对的中心与权威不见了，于是学生自然就可以不被威慑地做自己的主人了，可以自由思考，可以相互讨论。这节课的学习内容，也不是坐听老师讲某种系统的知识，而是学生自己行动去做一件事情。分小组合作的形式，尽管限制了每一位学生个人意见的完整表达并且最后所形成的方案也不一定比某一位学生的个人设计更完满，但课堂上每一个人都可以将自己的意见讲给其他人听，每一个人也能够听到其他同学的不同意见。所以，相对于最后完成的作业或成果，这种集思广益、共同探讨的过程则更有意义。而且，由于要以小组为单位出示、交流学习成果，使得各小组已经形成了一种竞赛关系，这也促使每个小组都不得不努力调动每一位成员的积极性和创造性。这样的课堂，学生主体意识的投入、主动精神的发挥，无疑都是以往单纯听老师讲授的课堂所不能达到的。学生成为学习的主人了，学习热情自然就高涨了，课堂自然就呈现出另外一种生态。

学生很喜欢上课、课堂情绪高涨这样的情形，也出现在接下来同样这个年级一个班常规进行的“语文微格教学”课上。按照现在执行的培养方案，这门课一个班一共只有5次即10个课时的上课时间。因为前一周出差耽误一次，这天的课结束后只剩一次。这些年的情形是，教师缺了课，学生不仅不会要求补课而且还很高兴。但这天下课时，学生却一致要求再延长一周将上周缺的那次课补回来。学生为什么会这样？反思起来，还是因为课堂上他们的自主活动多。这门课上，我除第一次一开始时简单交待一下微格教学的相关知识外，其余时间都是安排学生自己进行微格训练，我只是坐在下面和学生在一起观摩上台者的演练，一起回看他们的录像，共同讨论他们试教中的问题。尽管每次上课我都寸步不离学生，但课堂的主人和主体应该是他们自己。在回放他们的微格教学录像时我尽管也予以评点，但话语都是压缩至最少，而且尽可能也是让学生先说。因为学生不是被动地听讲，而是主动地实践，课堂上有自己的事做，有一种当了主人的感觉，所以他们便舍不得放弃那尽管只有两节课但却是属于他们自己的时间。

学生在我的课上积极投入、热情高涨，这应该很让我高兴，但我却并没有因此而忘乎所以，因为我清醒地知道，这样的情形只是出现在这样为时不多的课上，别的课他们是否也这样，我一点不敢断定。实际上，那次进行录像的课上他们表现得越是好奇与兴奋，我越有一种不安与惭愧，因为它表明，这样的课以往太少了。学生是学习的主体、是课堂的主人；课堂上应该充分地调动学生学习的主动性和积极性，让他们自己动手、动脑……这样的话我们平时都在说，这样的道理我们似乎都明白，但学生直到大三最后一个学期这样的一节课还让他们感到如此新鲜，这就令我们不能不问：他们通常的课都是怎么上的？在他们以往日复一日、年复一年的课堂上，教师都在做什么？教师到底给了学生多少可以发挥他们主动性和创造性的机会？课堂的主人究竟是谁？——答案只能是：学生依然规规矩矩地坐着听老师讲课，教师依然把自己看成是课堂上的老大和主宰，一股劲儿地给学生讲课，自以为是地向学生“传授着知识”“奉送着真理”，课堂仍然是教师的讲堂而不是学生的学堂。包括我自己，也是如此，虽然在观念上可能比有些同事、同行进步，但在行动上却并不比其他人高明。因此，上述我所经历的这两堂课的意义，就在于可以让我们警醒，透过课堂上学生兴味盎然的状态，让我们看到了他们对回归主体地位和主人角色的渴望，知道了以往对学生学习权利和学习时间剥夺和侵占的程度。回归教学的本性，恢复课堂的应有生态，这应该是目前每一个教师刻不容缓的使命。

（来源：QQ日志　发布时间：2014/5/27）

❖ 昨天和今天的两节课

这学期的课，按我的要求都排在多媒体教室里。

昨天上午的课，是2013级一个班的。上课内容，是依据我的教学计划继续讲我准备好的一个专题。讲课稿已被做成PPT，存在优盘上，优盘直接插在教室的电脑上。课间，在学院办公室休息，因为跟同事谈事第二节上课后稍稍迟几分钟回到教室。到教室后，学生不是像往日一样规规矩矩地等着，而是从我的优盘上鼓捣出一个中学语文的课堂录像在看——陈钟梁老师教《风筝》的录像。陈钟梁这课我很欣赏，是我准备好将来合适的时候要给学生播放的，没想他们今天已经自己找出来开始看了。看当时学生的情绪，都很专注；征询他们的意见，也都愿意接着把这个教学录像看完。于是我便将上节课正讲的内容暂时停下，跟着学生一起观看起了陈钟梁给七年级学生教鲁迅的《风筝》。因为担心学生对这篇课文不一定熟悉，在视频播放当中我还从我优盘的"教材课文"文件夹中找出我原先已经做好的《风筝》散文的大字文稿配合陈钟梁的教学进程几次出示。陈钟梁上课的这个视频连同后面的评议，需差不多一个小时，赶下课没能播放完。但整个课堂上，学生的注意力却都很集中，包括下课时我提议他们课后上网去查找陈钟梁相关资料的作业，他们也都在笔记本上做了抄写。所以，这虽然是临时改弦易辙的一节课并且教学内容不完整，但就学习效果而言，应该说超过很多以往常规的按部就班的课堂。

这节课，如果说还算成功，就是因为我"屈从"了学生，将学习的主动权交给了学生。

今天上午的课，是2012级实验班的，也在第一、二节。早晨起床，所住小区停电了，本想校园应该不停电，所以还是带着优盘打算按原来进度接着上次往下讲。但到了教学楼才知道今天的停电范围广，整个校园都停电了。这样，多媒体教室的电脑、大屏幕投影是不能用了。今天不仅停电，而且还天阴下着雨，整个教学楼里面一片昏暗。在学院办公室里候课的教师们都在议论今天的课该怎么上，有几位的意见是就让学生自己看看书算了。在往教室走的路上，我也构思今天这课的上法，不仅多媒体不能用，而且教室光线还不好，上课确实遇到了困难。但我同时也想到，平时上课都是我讲，而且依照原先备好的电子文稿，学生参与太少，今天何不利用这个机会换个方式让学生多活动一下呢？活动内容也马上想好了，就选初中语文教材上的学生最熟悉的两首古代诗歌让学生讲讲自己的理解。在我看来，语文教学无非三件事情：文本解读、教学设计和课堂对话。其中，文本解读即教师对课文的理解是基础，所谓“文本解读的高度决定课堂教学的深度和温度”。大凡优秀教师的经典课堂，首先就是教师对课文的理解到位；而质量不高的课，问题主要也出在教师缺乏对教材的领悟。于是一到教室便跟学生讲了这一点，然后让学生自选两首诗歌试讲。学生选的是马致远的《天净沙·秋思》和王湾的《次北固山下》。没想到，这个安排竟然取得了非常好的效果，学生的热情很高，不仅发言积极，而且还发生了热烈甚至激烈的争论与辩论。这样的效果，在这个班还是第一次。

这节课能够取得成功，就是因为我顺从环境退居了二线，使学生成了学习的主人。

两节并不起眼的课，对我还是颇有些触动的，它们也正应了我一度的观点：课堂，不一定就非得是老师的；课堂的精彩，更多的还是来自学生的参与。

（来源：QQ日志　发布时间：2015/4/1）

我的“导师寄语”

学生已经走了，但学院还要再补做一份毕业纪念册寄给学生，要求每一位老师写一份“导师寄语”。我写得有点长，册子上只能节选一部分。这里是完整的稿子——

初中语文课本有一篇短文叫《第一次真好》。做你们这一届研究生的导师，我自始至终最容易想到的一句话，就是这篇课文的这个标题。你们是天水师范学院的第一届研究生，给你们做导师，这是我生命中的第一次。因为是“第一次”，所以“真好”。

但是始终能够有这种“真好”的感觉，也不仅仅是因为“第一次”，而是可能还有其他原因。

反思起来，最重要的一点，就是因为两年间我和你们大概处在了“平等对话”的状态之中。《义务教育语文课程标准》说“语文教学应在师生平等对话的过程中进行”，我的理解，不只是语文教学，也不止其他各种教学活动，大凡一切人际交往，都需要在“平等对话的过程中进行”。关于“对话”，王尚文老师有个很精准的阐述：“对话，不同于一般的谈话。它必须是真诚的、平等的，也必须是互动的、创新的，是人与人的交流，是心与心的沟通，是人之为人的基本生活方式。”人是需要交往的动物，但只有具有“对话”性质的交往，才是有效的交往。教师和学生之间的交往也应该是这样。如果说，“传道、授业、解惑”那是韩愈时代教师必须履行的使命的话，那么当时代已经进入后工业文明或者知识经济社会的今天，在高度发达的计算机、网络信息技术已经改变了人们的生活方式、学习方式乃至思维方式的时候，教师的角色就变了，就只能是“学生学习活动的组织者和引导者”也即“对话中的首席”了。所以这两年间，不论是课上还是课下，也不论是在给你们全体做老师还是只给韩丹丹和黄子玲两位做导师，或者到庄浪去看你们的实践教学以及受委托带着张伟“出征”去参赛、展示，我都尽可能地不以教授者和指示者的身份出现，而是努力地做好对话者。正是因为这种平等对话的状态，两年间也让我较多地发现了你们每一个同学的特点和优点，更多地感受了你们的善良、聪慧和美丽，并感动于你们这来自9个省份大半片国土的15位同学相互间的那份真诚、友谊与和谐。“对话的天地无限广阔，对话的人生无限快乐”，所以这两年我便一直生活在“真好”的感觉之中。不仅如此，也是因为这一点，让我从你们这儿获得了较多的启发、鼓舞与帮助，更真切地体会到了“教学相长”这个中国古训的深刻真理。所以，在你们毕业离开之际，我也真诚地向你们说声“谢谢”，感谢这两年的教师生涯中有你们相伴。

当然，也有遗憾，匆匆两年的时间未免太短，致使我们之间的这场对话还不是很充分。主要有两点：一是和你们在中学的语文课堂上相遇太少。我的从教与思考方向是基础教育的语文教学，我给你们教的课程是“语文教学设计与案例分析”，你们攻读的学位是语文学科教学的教育硕士，你们的专业学习有较多的时间也是安排在了一线的基地学校，所以我和你们学业上的“思想碰撞和心灵交流”应该主要发生在中学的语文课堂上。但是，我去庄浪的时间不多，看你们上课以及“下水”和你们共同切磋的次数就更有限，就连黄子玲在水洛中学的课也都没能见过。也就是说，作为导师的指导作用发挥得不充分。二是没能带着或陪着你们出外去走走。“读万卷书，行万里路”，这“行万里路”虽然可以泛指一切生活或人生的经验与历练，但首先还是实指具体的出行与旅游，即李白、杜甫们的那种“壮游”。你们中的大多数人，来自遥远的外省他乡，虽然两年间几度奔波沿路已饱览了祖国的壮丽山河，但来到了甘肃也应该多看看这个省的风物。我多次鼓动你们去甘南草原，去河西走廊，并允诺带大家去领略陇南鸡峰山的雄奇和西峡的灵秀，但两年结束，大多同学连我们的省城兰州也没去过。这不能不令人叹惋。

不过，这样也好，因为有了遗憾，也就意味着留下了念想。带着这份念想，我们就可以将开启于两年前的这场对话继续下去，虽然你们将走得很远。

（来源：QQ日志　发布时间：2015/7/12）

❖ 我这样给学生考试

本学期给研究生的课，还是一年级的《语文教学设计与案例分析》，一共54个课时，一学期结束，要给学生评定成绩。成绩的获取办法，还是期末考试。研究生的期末考试，学位基础课也即公共课学校研究生处统一做了安排，而专业必修课则由各培养学院自行安排，文传学院规定就由各位任课教师自行安排。还在停课前几周，就有学生问我怎么考试及啥时候考试，我说我还没考虑。后来从研究生处得知，公共课的考试在第19周，专业课的考试在这之后。研究生处还告诉我，给学生说他们若要订火车票可在1月15日以后。12月29日最后一次去上课，学生说他们另外三门专业课的考试老师都已给了题目，他们都做得差不多了，因此要求我也以这种开卷小论文的形式给他们题目，他们好提前完成早一些回家。由于我对这种老早布置一个题目学生下去作答的考查方式一向很不以为然，并且经了解那些东北、内蒙古、山东等远地学生的火车票都订在了15日前后，而且他们下一周的公共课考试安排得很紧，加之赶做几门专业课的试卷或作业这些天都很疲累，所以否决了他们的这一要求，约定就在二十周第一天即1月11日上午考试。关于考试的方式，开卷、闭卷都无所谓，主要是必须现场规定时间作答。

元旦期间回了趟家，1月5日返回学校。1月7日（星期四）上午11点去办公室在校园遇见较多这班的研究生，他们刚考完一门公共课的试回宿舍。他们告诉我公共课的考试明天上午最后一场就结束了，同时也有人建议我的这门课是否可以提前到明天下午就考。我问他们是否有人要急于回家，回答是都不太急，我说那你们这么着急干啥，不能在周末放松一下吗？并且我试题还没出，可能也来不及。于是一周多前约定的11日考试的时间不变。有学生对我到这个时候还没有出题感到惊讶，说“郭老师真淡定”。我因为这些天杂事多，所以虽然上课中已经几次告诉了他们这门课考试的内容范围，但具体的命题还真的没有做。

我这些年上课，不论是给本科生还是给研究生，都不系统、整齐地逐章逐节地讲授。这固然与我懒散没有写出或从网上下载完整的教案或讲义有关，但更主要的，还是源于对教学的一种理解。我一直认为，一门课程系统、完整的知识已经存在于各种已经出版的教材当中了（如果这种教材是比较可靠的），因而教师上课没有必要再“第×章”“第×节”地另讲一遍。所以，我的课往往显得很“乱”，以至于一学期下来不仔细回顾都不大弄得清都干了些啥，虽然我的每一节课我都很忙。这届研究生的课更是如此。记得比较清晰的是一开始做过的几件事：第一次上课，做过一个问卷调查，了解了这些来自不同院校且专业背景也不完全一致的学生们各自在语文学科教学领域所具备的基础，比如对语文课程标准的熟悉程度，对语文教学论著与刊物的阅读状况，对语文教育名家的了解情况，等等。第二次上课，发放了三种复印的材料：一份文件——两年前给研究生处和学院起草的语文教学设计与案例分析这门课的教学大纲，也即课程的内容纲要；一个书目——两年前就编订以后又不断修订开学后又做过一次较大改动的教育硕士学科教学（语文）方向研究生的文献资料书单；一章讲义——浙江师大蔡伟老师主编的属于一种“教育硕士学习丛书”系列的《语文课程与教学研究》一书的第六章“语文教学设计”的全文。第三次上课，带着他们去了学校的图书馆将几种最有影响的教育教学类刊物特别是语文教学方面的杂志指点给他们看。其余的时间，所做的事情就有些杂乱了，比如：将那份关于这门课完整内容体系的教学大纲各章节予以解说，把语文课程标准中一些在进行教学设计时必须遵循的原则性的话语归纳成三个问题予以强调，把七年级课文《紫藤萝瀑布》印发给每人要求写出一份教学设计然后在班上交流汇报，以《次北固山下》《望岳》《天净沙·秋思》等课文为例讲述“文本解读”对于教学设计的前提意义，播放余映潮的《假如生活欺骗了你》的教学录像讨论其教学设计上的特点，陪学生去逸夫中学听刚毕业在这里做教师的一位研究生的课然后自己也“下水”教一节课给他们看，阅读一期人大复印资料《初中语文教与学》中的一组文章讨论李华平对韩军《背影》教学的批判，研习品味赵谦翔《归园田居

（其一）》的教学录像并发表对这节课推崇的原因，经得研究生处和学院同意让他们旁听“国培”班的课并和“国培”学员一起去徽县考察顺带游览西峡，等等，都是一些单独的相互之间缺乏逻辑联系的活动，也一时不大弄得清楚属于教学大纲中的哪个章节。不过，教学内容虽然很乱，但课程的任务和目标却是清楚的，即都指向“语文教学设计与案例分析”这个课程名称。我也跟学生讲，所谓“语文教学设计与案例分析”，说得简单明白一点，就是语文教学的“备课与评课”，这是教师四项基本教学行为——备课、说课、上课、评课——中具有决定意义的两个方面，学习这门课，既要明白语文备课和评课的基本道理与知识，还要能够正确地备课和科学地评课。也是因为这一点，在开学不久我就明确告诉了学生期末考试的内容甚至题目：1.简述或简答语文教学设计的概念及相关知识；2.评价一节有代表性的课；3.自己试做一份教学设计。

1月8日是星期五，必须把试题弄好了，按照研究生处的试题模版出好了考试题并到学校的胶印中心印制好了试卷。考题已经做好了，并且估计学生也不会被挂科，但再一次审查试题时想到前些天发现的一个问题，就是开学初我印发的那份相对比较权威的“语文教学设计”的讲义在有的学生那里还是干干净净的几页复印文稿，这就是说他们还阅读得很不够。如果还是这个状况，即使到时他们把相关语句一字不落地都背诵抄写到试卷上也是没有意义的，所以必须再进行提醒，补上这一课，虽然离考试只有一天多时间了并且是周末。于是1月9日（星期六）晚上又将手头的另一本我也看重的书——郑桂华的《初中语文教师专业能力必修》“技能修炼”中“教学设计”这个专题人手一份给复印了出来，让我名下的学生带回宿舍发给大家。我给研究生的教学如果说在“乱”之外还有什么特点，就是喜欢印发资料。12月份给“国培”印资料时将那份我自己编选的收入25篇文章的题为《语文学科培训研修参读资料》的册子也给研究生每人发了一册。后天早晨考试，今天晚上还在给他们印发学习资料，这种做法也许只有我能做得出来。11号上午考试中发现，这份资料印发得很有必要，学生读得很是认真仔细，因为每一个人的都在上面有较多的圈点批注。我本来还打算要将印发的这些材料收起来根据其阅读痕迹打一次平时成绩，结果因为大家都有很多勾画，所以也就作罢。

11日上午的考试，按照学生的意见，8点半开始。试题发放后学生问是开卷还是闭卷，我反问他们愿意开卷还是闭卷，大多同学主张开卷，于是我也就很“大度”地同意开卷。其实我这份试卷，开卷闭卷没有太大区别，因为真正需要闭卷的也就是关于教学设计的那点概念和知识，统共不过20多分。有了我前天晚上给他们还下发那份资料的行动，可以判断这点知识概念他们应该已经基本能记住了，在这种情况下与其让他们再默写其中的一种还不一定很精确，倒不如放手让他们在考场上再把几种材料放在一起比较一回然后或加综合或选择一种再抄写一遍更有意义。何况，即使当时默写得很好，将来还是会忘记。

考题是按照2小时的时间设计的，但2小时后，还有一半的学生没能完成，于是我又“迁就”他们延长时间直到最后一位学生从容交卷。当时是11点20分，差10分钟3个小时。时间也许有点长，但学生没有恼火的，从学生中也知道，这比那种老师布置一个题目他们下去后再查资料作答还是要省出好多时间。学生时间减省是一种效果，更重要的是，还避免了那种下面作答最后上缴试卷的真假难辨，那种情况在本科生的这种考试中我见识得太多了。我敢保证，这次考试收到的试卷，肯定没有雷同和抄袭的，虽然我的监考并不严格。这两到三个小时，在学生那里当然是考试，但在我的心目中，我更愿意把它看成一次上课或者上课的继续，一次总结性的教学活动，一次比较彻底地实现了学生自主、探究乃至合作（与教师合作）方式的学习行为。考试题一共两类，考测对教学设计概念、内容等的“知识与理念”之外，还有“应用与实践”。后者是这样的：

阅读韩军老师教学杜甫《登高》的课堂实录，完成以下作业：

1.归结其教学目标，统计其教学活动环节的数量，分析活动之间的关联度以及活动与目标之间的关联度，据此写出分析报告与评价意见。(40分)

2.以“假如我也教《登高》”为题，试设计一份面对高一年级学生的教学方案。(30分)

试题之外附有韩军上课的教学实录和杜甫这首诗歌的课文。要完成这样的两份作业，学生的阅读量、思考量和书写量都是比较大的，必须专心致志地沉潜其中。这是一种考验，更是一种研修，一种成长。

（来源：QQ日志　发布时间：2016/1/14）

❖ 今天的所为所思

第十九周周末了，期末考试正在进行当中。本学期教三门课程：中文2013级1班的“语文教学论”，2014级2班、3班的“高中语文课标解读与教材分析”，以及小学教育2013级1班的“小学语文课程标准与教材”。小教班的课只有九周18个课时，不考试，成绩由教师自行考查，所以早就结束了，而中文三个班的两门课都安排期末考试。尽管我一再跟学生讲不要把考试当回事，只要平日的上课或课外自学做得好，期末的考试不会有任何问题，但学生那里却还是不很放心，其中13级中文班这个被叫作“创新班”的学习委员几次反映班上同学希望我考试前给他们辅导一次。我是个心软的人，加之这学期也缺过他们两次课，并且也很愿意再去这个类似中学“尖子班”的学生们中间走一趟，所以便答应了。

相约今天上午10点去。昨夜想到他们交的一次作业还没有评阅，应该在今天去教室时发还了，所以需要评阅，也借此对这班学生有进一步的了解，知道哪些学生书写好，哪些学生作业认真，尤其是哪些学生的教学设计（这次作业的内容）做得好，从而使这场停课以后还和学生的见面更有针对性。

今天起早将那37份两个星期前就已经交到我手头的作业翻了一遍。果然，很有收获。尽管相比中文14级那两个人数都超过60的大班，这个班的学生我要熟悉很多，但仅仅以往上课当中的提问等交流对他们的了解还是很皮毛。比如，有一位上课大多坐离讲台最近且发言很积极的男生，今天才知其书面作业并不如其课堂表现更让人满意；还有那位做事很负责周到的学习委员，其写字造句也是和平日所观察到的各种行为一样细心认真、一丝不苟。当然，还有更全面性的收获，首先是发现了两个必须今天予以纠正的问题：一是教案中教学目标的表述有四五位学生竟然还是依所谓的“三维目标”分列；二是有三分之二多的学生书写中还没有做到我一再强调的“首行缩进”。其次是经全部翻阅一过对这些作业也有了一个鉴别，知道就这样一份作业有做得很好的，也有还比较差的，顺便也给打了分数，90分5位，70分及以下6位，其余都是80分左右。

10点钟学生找好教室后我去了班上，在对考试命题的题型及内容范围含含糊糊地做了个划定后，发放了早晨评阅过的作业，并且也正经做了会儿补课的事——将他们手头那本我上课及命题时都没顾上多关顾的教材做了一通评介与点拨。由于有较多学生要报考语文课程教学方向的研究生，所以这本相对权威的书需要给做些提醒。不仅如此，平日上课基本没点过学生名的我今天还点了一次名，主要是顺便将一早评阅作业时觉得需要关注的学生认上一眼。这一切都进行得很流畅，学生很高兴，我也很兴奋。其间教务处一工作人员来找我，敲门后也说“不好意思打断您的激情讲课”。

上午这堂课，在学生那里主要是希望我给他们划定考试的范围或者透露点考试题，但对我而言却是借机给学生好好地补了一次课。已经停课多天了，一学期终于快到头了，大家的日子已经进入期末模式或者假期倒计时状态了，在这样的背景之下，我之所以还要这样做并且一丝不苟兴味盎然地做了，这除了我“好为人师”爱给学生上课这种近年来养成的品性而外，还缘于前些天毕业生离校之际与一位学生的一次邂逅以及所受到的触动。

那天晚上应邀去参加一个班的谢师宴，其间有一位据说是这班上很优秀并且已经考上本县某单位公务员的男生很激动地给我敬酒，说是“非常感谢”我。这让我很感突然和惊讶。这个班我一年前上过一学期的课，因为是两个班合堂的大课，加之我近年来认人本来就差，所以，这位学生没有任何印象，更想不起当初给他做过什么令他到今天还“非常感谢”的事情。遂询问缘由，他回答说一次课堂上我提问过他并且对他的回答予以了较高的肯定，说正是那一次提问，不仅让他在人前露了面得到了锻炼，而且还给了他自信，使得他在后来的公务员考试面试中表现很好。听他这么一说，我才坦然了，但在欣慰之余也有些汗颜：仅仅因为课堂上把学生叫起来了一次就让学生这么长时间感激不尽，这谢意也得到的未免太容易了些，应该是受之有愧。

这件事或这位学生对我的这种感谢，不能不引发我们对以往的工作进行检讨：仅仅因为一次提问就让学生“非常感谢”，这说明我和我的同事们平日的教学中对学生的提问实在太少。由此也可以将这个反思更推进一层：学生到了毕业之际还毕恭毕敬地将曾经的任课老师们都一个个地请来聚餐一次郑重道别，去了的老师们都一个个蛮有成就感地心安理得地享受着这份来自学生的尊重，甚至那把可以讲话或唱歌的麦克风也理所当然地总是被老师们所掌握，但这样的时候我们是否想过在曾经半年或者一年或者更多的上课时间，我们都给这些学生做过什么？或者除了课堂上我们自己的讲授以外，我们还让学生做过什么？回答是清楚的：除了让学生听讲外，似乎没有让他们再做过什么。长期以来，我们的很多课堂，其基本生态，就是老师将自己的讲义宣讲一遍了事，课堂上不仅没有学生的发言，甚至没有学生的思考；虽然有一屋子的学生，但都只是被动的听众或观众，课堂的一切其实都属于老师，都由老师说了算。在这样的课堂教学之下，教师给学生所能做的事情，除了讲书还是讲书。所以，虽然有些教师给学生教过一学期、两学期的课，但没有听学生说过一句话，没有见学生写过一个字，甚至连学生的名字都不曾叫过一回（除非考勤点名）。基础教育新课程改革强调，一切教学活动都“应该在师生平等对话的过程中进行”，认为“没有对话就没有教学”。所谓对话，简单地说，就是思想和情感的交流与沟通。由此观之，以往那种只由教师向学生传递知识的教学，就是典型的缺乏对话品质的教学。只有知识的识记而没有思想、情感的交融，这样的课堂上，学生主动、积极的思维活动包括课堂回答也少之又少，所以一次偶尔的提问，便能让学生印象如此深刻并且对他发生了重要的影响从而使他长久地心怀感激。

庆幸自己较早明白这个道理，所以在我的教学中，很少站在讲台上一本正经地跟学生讲课，而是放下传统“老师”的架子站在台下距离学生最近的地方跟他们聊天，并且尽可能地让他们也参与进来一同行动。比如我在各种课堂上做得最多的播放名师、名家教学录像的做法，当有学生说成“郭老师上课就是放视频”时我特别纠正：只能这样说——“郭老师上课总是跟学生一起看视频”，或者“带着学生一起看视频”。事实也正是这样，那些课上，我从来没有如有些教师那样摁下播放键后便听任学生自行观看，自己去干了别的，而是跟学生一道并且往往比学生更投入地观看到底，结束后也不是自己着急发表评论而是尽可能地让学生先发表意见。教学是为了学生的发展，课堂是学生的“学堂”而不是教师的“讲堂”这样的观念我早就有了，只是因为当教师多年每一个教学话题都往往有一些自己的见解要发表，甚至经常“跑野马”占用了较多的时间，所以学生的活动尤其是需要他们自己动口、动手实践练习的活动还不是很充分，包括这个本学期四个上课班中感觉最能与我“对话”、课堂氛围与教学效果最好的“创新班”。

所以当这个班要求我对他们的考试做个“辅导”的时候我便愉快地答应了，并且还趁机又上了一次课，将原来没有来得及做的事补着做上，尤其是把一学期唯一一回收缴的作业发还他们并依此与他们取得一次更充分的交流。事实证明，今天这个“多此一举”的课上得很有必要也很有效果。由于刚刚看过了每一位学生的书面作业，对学生获得了新的了解，因而跟他们的对话便更为顺畅，课堂气氛甚是热烈融洽、其乐融融。记得魏书生在一个报告中说，他要求盘锦市的教师下课后不要“教案一夹，扬长而去”，而是要尽可能留在教室里跟学生多些沟通。我这重新返回教室的做法也算得上是没有“扬长而去”——不仅没有“扬长而去”，而且还更好地回到了学生当中。虽然，这门课已经彻底结束了。

教师，是因为学生才存在的一种职业，天生就是为学生服务、为学生做事的，所以作为教师，决不能做学生的老爷，而只能一门心思为学生做事，能给学生更多地做点事，就给学生更多地做点事，只要学生需要，哪怕是在已经停课正在期末考试的时候。当然，最好的，还是引导学生自己去多做些事。教师只有这样，才算是完成了自己的使命，更好地体现了自己的价值。

（来源：QQ日志　发布时间：2016/7/9）

❖ 这学期给研究生的第一次上课

上周星期一，是学校2016级研究生开学第一天上课的日子。早晨第1、2节的课，就是我的《语文教学设计与课例分析》。“第一次真好”，但第一次也很重要，所以尽管已经是第四次给研究生开这门课了，但头天的下午和晚上还是认真地准备了一番，虽然翻出了以前三次的上课记录，但最后还是重新写了回教案。只是待到星期一早晨上课见了学生，头天晚上精心准备好的教学设计却并没有被怎么使用，除了发放了一份《<语文教学设计与案例分析>课前调研》的问卷用20分钟现场完成以外，其余时间的活动尤其是跟学生讲说的话语基本都是临时“现场生成”的，头天晚上所做的“预设”即写好的教案连本子都没有从包里往外掏。上学期一次课后我曾对自己的上课做过一个反思，说是“别人上课都是提前知道他将要讲什么，我是只有下了课以后才知道自己讲了些什么”。今天这本来郑重其事的新研究生的第一课，还是跟我以往较多不知是好还是坏的课犯了同样的毛病：不守规矩不按计划随意发挥。用一个比较概括且好听的话说，就是“跑野马”。

我的这种上课特点曾有单位同事尖锐地指出是“信口开河逻辑混乱语无伦次”。这我非常同意，只是这对于明年就要三十年教龄的我来说似乎已经成为习惯难以改变。这些年尤其是近十年来，我的上课尽管教案（课堂计划、教学方案）还是坚持写，但很少还像刚参加工作那些年那样一个学期四五个本子地去写系统详密的讲义，通常只是列举出教学项目和内容要点便完事；有些时候有些特别的想法也比较详细地写到了本子上，但等到了教室却大都被置之一旁。不仅如此，即使课前规划的教学活动也往往会发生改变。我这个人似乎有一种颇为顽固的“喜新厌旧”的毛病，凡事都不愿意重复。写东西的时候，不仅不去抄袭别人的，自己以前的也很少去照搬沿用。给学生作业或论文写那种一式几份的评语，除非复印否则每份都不一样；连续六年的“国培”总结，我每一回撰写几乎都是重开炉灶。写作这样，说话、讲课也是这样。那种备一次课可以到多个班去上的平行课，从第二次开始对我来说就是一种受罪；为了减少这种难受，也往往将几个班的课弄得内容、进度都不一样。可能正是因了这个毛病，所以讲课总不习惯于也不甘心念提前写好的讲稿。由于不依赖提前准备好的稿子，原先打算要说的话往往都派不上用场，所以这些年我的课真的存在这种情况：一节课到底都跟学生讲了些啥，只有到了课后才知道。

“凡事预则立，不预则废”，教师上课应该提前做出预设并且课堂上就忠实依照这个预设去教，因而像我这样兴由所至任意发挥，肯定是不好的，不仅课上得杂乱零碎缺少逻辑，并且学生可能也不好适应。这一点我是有清醒认识的，并且也试图改正过，但最后却发现有些难。这固然有如上所述“喜新厌旧”且不愿按部就班、循规蹈矩的性格原因，还与这些年对于教学逐渐形成的自己的理解有关。我越来越认为，一个人最终在头脑中形成的属于自己的知识，包括一门课程的学科知识体系，都不是由别人塞给的，而是由自己建构起来的。因此在我看来，教师上课与其逻辑井然地交给学生系统完整的章节条目笔记，不如在其中的某些知识点上多做些“零敲碎打”或重锤敲打的工作，教师要么引领学生仔细揣摩玩味，要么就直接讲授——讲深、讲宽、讲透，将学生真正带入课程之中来。一门课程完整的知识体系，这在任何一种合格的已经出版的教材上都有清楚明白的交代，只要学生还去读教材，教师便无需在课堂上复述或换个说法再来一遍。教师在课堂上确实需要做的工作，不是蜻蜓点水地将课程的系统内容通过章节条目整整齐齐地讲给学生，而是引领学生对本课程的学习产生兴趣、发现问题并形成自己的认识，推动学生更好地自主学习。因此不论在什么课上，教师都应该做“导师”而不是“讲师”。做导师，就要充分发挥主导作用，通过引导、诱导和疏导促进学生的学习，而不是仅仅满足于将学生通过阅读自己完全可以获得的知识再讲一遍。在今天高度信息化的互联网时代，教师的作用绝不再是韩愈时候的“传道授业解惑”，而是唤醒、提示、强调和引导。教师真的“只需做个引路的人”，具体的知识体系尤其是学生自己头脑中最后形成的知识结构，只能让学生自己去建构。

回忆上周一给新研究生的第一次上课，也正体现了我的这种教学思想。头天晚上我备课时初步的设想是这样的：一开始，向学生先简单介绍一下自己；然后，学生也作自我介绍，要求逐一登台用3分钟的时间说一段完整的话，不只介绍自己的姓名、来源地等基本信息，还要谈谈各自对语文教学最突出的理解或认识，以及对这门课程的期待；接下来，发放一份《课前调研》的问卷，用20分钟的时间现场作答；最后，将已经复印好的这门课的教学大纲人手一份发给学生并略作交代。这个计划本来应该也不错，20多位来自8个省份20多所院校的学生第一次坐到一个教室里上课，不仅师生之间，而且生生之间都需要先相互认识消除隔膜，为今后的对话交流打开局面，所以用较多的时间相互自我介绍包括后面进行的问卷调查都是必要的。另外，将通常只属于教师自己掌握的课程教学大纲也发给学生，一开始就让学生知道这门课都要做什么，这也体现了师生一致、教学合一的理念，为学生今后的自主学习提供了路线图。

但是那天的实际上课却与这个规划发生了较大的偏差，包括一开始我的自我介绍就没有按照预设的路线走。我原来的计划，是直接告诉学生关于自己的三点核心信息：1.本科毕业，学士学位，比在座诸位的学历低；2.副教授，比其他所有将给他们做导师的老师职称低；3.51岁，从事语文课程与教学论方向的教学与思考29年从没间断，算得上是一位行内的专业工作者。但一进入教室看到整整齐齐坐着的近三十位学生一齐看着我的那种眼神，觉得这样直截了当、按部就班地介绍不好，想起我曾经在本科生班上用过的鲁迅《藤野先生》中记述藤野首次给他上课的那个自我介绍法，于是扫视了一遍学生后便直接问道："你们可曾认识我？"不等学生回答便立即说道："我就是叫作郭治锋的。"然后反问学生："我这样介绍自己好不好？"学生一时纳闷，然后便窃窃私语。我接着问："这样的自我介绍有谁用过？"学生一时不能回答，于是提示并询问他们对初中语文课文《藤野先生》的学习情况，接着讲析藤野这个自我介绍的特殊意味：只有初到仙台的鲁迅们都已经听闻了藤野的大名才可以这样介绍，这说明藤野很有名，至少在仙台医学专门学校里面算得上人人皆知。于是问学生："当年的藤野这样介绍自己好不好？今天的我也这样自我介绍行不行？"这样的开场估计学生以往还不多见，所以课堂一下子热闹了起来，接着便跟学生讲了藤野这位老师在鲁迅心目中的分量，顺便讲到鲁迅作品中写到的另一位老师也就是同样选入中学课本的《从百草园到三味书屋》中的寿镜吾先生，讲到寿镜吾对鲁迅的重要影响以及《从百草园到三味书屋》中对这位启蒙老师的不公与不敬，讲到鲁迅的国学修养与文学底子。这样拉里拉杂讲了十几分钟后才重新回到自我介绍。由于这个环节占用了较多的时间，并且27名研究生每人都上台做介绍似乎也来不及，于是决定这项活动今天先不进行，直接进入问卷调查的环节，给学生发放《课前调研》并现场填写。学生填写完成后刚好到了第一节下课的时候，于是课间休息。课间查看了一下学生填写的这个问卷，第二节便就这份问卷的意图以及学生填写回答中暴露的问题发表了意见，针对“你对语文课程标准是否熟悉”“你都知道哪些语文教育名人”等问卷中的问题以及学生的作答情况，穿插讲了我近期归结的对于语文教师专业发展也即语文教育专业研究生专业提升相关知能领域的几点思考，比如“一个目标”“两项功课”“三件工作”“五大领域”等。这些讲完，离下课还有8分钟，将已经印好的“语文教学设计与案例分析”的教学大纲发了下去并略作提示，然后就下课了。

与上课前备课所做的规划相比，实际上课变化较大且有些散漫。比如，一开始我的自我介绍，讲得最多的成了鲁迅及其作品的分析；对学生《课前调研》问卷的简单点评也滑到了关于语文教师专业发展的几点认识，既不是原先备课时计划到的，也不属于课程题目所涉及的范围。不过，从两节课的教学效果看，应该还是不差的，学生不仅上课时听讲状态良好，而且课后还有好几位或当面或电话希望我能做他或她的导师（要是上课很不好，学生就不会有此积极请求）。就教学内容而言，似乎散漫的“跑马”其实也符合课程自身的逻辑：藤野先生颇具自负的自我介绍以及两篇鲁迅作品其他相关细节的解读与揣摩，一开始就将学生带入了语文课文也即语文及其教学的美好之中，为后面的学习做了个较好的铺垫；语文教师专业发展的几点认识的穿插，不仅一开始就与学生分享了我关于语文教学的一些核心认识，而且将语文教学设计纳入了语文课程、语文教学、语文教师等语文教育大的背景之下，使学生明白这门课程今后的学习并不单调。

（来源：QQ日志　发布时间：2016/9/12）

❖ 做一个喜欢自己职业的人

——在西北师范学院中文系1987届乙班同学毕业三十周年聚宴上的发言

敬爱的老师、亲爱的同学：

晚上好！

我是郭治锋。当年在文科楼101教室上课时，与安海明同桌；后来到322教室上课时，与闫志诚同桌。这二位，今天都没有到。我1987年毕业刚开始工作在庆阳师专，与张文举做同事；2005年以后，调天水师院，与王德军在一起。这二位，今天都到了。

说实在的，这个“代表同学发言”的，实在不应该是我。之所以现在是我，是因为近一段时间以来，我们当年的第二任班长、这次聚会的主要操办者之一的张亚君同学对我有了偏爱。当然，她这偏爱，是有原因的。大概有两点：一是，这两年不论在QQ上还是在微信上，她都发现我是个比较爱说话的人；二是，二十天前为这个聚会和纪念活动要求每位同学所交的那份稿子，我的是写得最长的。

张亚君找我今天发言，一开始，我是坚决不答应的，因为我想怎么也轮不到我。但后来，她劝说中的两句话打动了我。她说：“你的敬业与乐业，感染人，有说服力”“同学们多在中学教语文，你一直醉心于教学法研究，你也当特别有说头。”她还说：“你的发言能连接老师和同学。我推荐了你，大家都说好。”一位班长、一位女同学，一位一直敬慕着的女同学、女班长，把话都说到了这个份上，我再不答应，确实不识抬举。于是，前天晚上，再次在微信上说及这件事时，我主动答应了下来。虽然，自知还是赶鸭子上架。

顺着张亚君同学的提示，也因了她的启发，我将这个代表同学们发言的题目确定为“做一个喜欢自己职业的人”。没有征求任何一位同学的意见，因为我想这个题目，大家没有人不同意。

不好多说、细说，就顺着这个主题简单说一说自己这些年的成长（和衰老）中的一些经历和感受。和同学们交流，也跟老师们汇报。

我虽然是早年就读的家乡那所中学我那一届高中四个班近二百名同学中唯一一名考上了大学本科的学生，但却一直是个不爱上学的人。小学时候一次冬天的早晨去学校过河时不小心掉进了冰窟窿里浸湿了衣服只好回家，现在还记得那个不上学的早晨的美好；高中时候住校周末回家，每个星期日下午离家返回二十里路的镇子上的学校，我都是磨蹭到最后才极不情愿地跟着伙伴走的。直到上了师大，开头两三年也是这样：每次期末放假都是宿舍同学中回家最积极的，往往最后一场考试的前一天晚上就将行李包打点好靠床立在地上，为此也多次受到住下铺（我住上铺）的刘统一、张全虎二位的抗议，他们说我这背包往那儿一放他们一晚上就睡不着。一个一直连学校都不爱去的人，却最后成了一名要在学校里干活吃饭的教师，而且是一名教导别人当教师的教师，尤其是把这个职业一口气干了三十年竟然还没有干够以至于连张亚君都知道我很“敬业与乐业”。为什么会这样？原因只有一个，这就是34年前考上了西北师范学院，读过了包括教育教学类在内的汉语言文学专业的课程，尤其是听过吴春倬老师讲的中学语文教学法。

所以，1987年毕业前夕工作分配填报志愿时，我就填两个：庆阳师专，庆阳地区。当时只想，我是庆阳人，就回庆阳去做教师，能在庆阳师专教大学固然好，但分回家乡做中学语文教师，也完全同意。现在想起来我们那时也真是赶上了好时代，赶上了好老师，赶上了中文系胡大浚主任、甄继祥书记、包建新团总支书记等好领导，我仅仅因为四年当中评上过一次三好学生，居然就在毕业分配领导小组成员谁都不认识的情况下、在庆阳地区的既定名额尚不大能够满足的形势下依照我的第一志愿把我分配到了庆阳师专中文系，成为一名高校教师。到了工作单位，由于一开始就打算教中学语文，也由于读大学期间最喜欢吴春倬老师的课，所以在分配任教课程时便主动要求教中学语文教学法。这一出乎所有人意料的专业选择，据说乐坏了正为这门课找不到人而犯难的闫果知系主任。这一当时并没深思熟虑的选择，以后再从没想着要去改变，三十年来语文教学法教师也就一直成为我的基本身份，咱们大多同学也都知道我是教教学法的。

如果说大学毕业之际就决定当教师，还只是出于一种自发的爱好兼理性的选择的话，那么三十年一直把教师做了过来并且还快乐着，那就已经属于自觉的职业归宿和重要的情感寄托了。2009年暑期，我曾经当过班主任的一个班学生毕业8周年聚会，我应邀参加时跟他们说过这样一句话："你们其实还都是我不会当老师时候的学生，这几年我才自认为把老师当出了感觉。"这"当出了感觉"，就是进入了自觉状态，喜欢上了这份职业。近七八年来我教过的学生，都知道我有一句名言，他们把它叫作"郭治锋语录"，这就是："教中国语文课，做无比幸福人。"这是我多年教学工作尤其是在领着学生教育实习或者到中小学校走访调研当中也"下水"跟着实习生或中小学老师们一起上语文课时的真切感受。这"中国语文课"，首先就是中小学的语文课，同时应该也包括大学语文课和大学中文系里的汉语言文学学科课程。肖川说："在中小学教师中，我最喜欢语文老师这个群体。当我问到一个老师教哪门学科，如果回答不是语文，我立马有一种失望。"肖川老师这话，虽然也许偏颇，但绝对有道理，因为语文教师给学生教的是被华罗庚说成"天生重要"的语文。我们是师大中文系的毕业生，我们班的同学，较多的都做着语文教师；有些同学虽然没做教师，但却也同样每天都沉浸在汉语文的美好之中。朱永新的"新教育实验"有个口号叫"过一种幸福完整的教育生活"，在我看来这"幸福完整"的生活，首先属于语文教师，属于我们这些读过师大中文系的人。魏书生说："教师是可以给人以双倍幸福的劳动。"我很信这句话。当我们在课堂上引领学生进入那一篇篇无与伦比的精美的文字作品的时候，当我们使尽浑身解数使学生也和我们一样喜欢上了所教课文的时候，这种幸福感，那绝对是其他职业或其他专业的人所难以想象的。

喜欢上一种职业，有两种情形：一种是做得很成功、很精彩，已经到了巅峰。"已然凌绝顶，一览众山小"，这个时候，站在山顶，眺望远处的无限风光，回望脚下曾经走过的道路，必然心生愉悦、自豪与满足。另一种是过得很平凡、很普通，还继续行走在半道上。"山重水复疑无路，柳暗花明又一村"，这个时候，对于"在山的那边"是什么还不知道，并且脚下还有坎坷，身旁还有荆棘，但路边的风景还在，对于终点的渴望与憧憬还在。三十年来尤其是到今天我的工作状况，只能属于后者。但是，我却始终并不是很着急。高中语文课本曾选朱光潜一篇文章《慢慢走，欣赏啊》，我记住并很欣赏这个题目。喜欢一件事情、一种职业，正如喜欢一处风景、一种饮食一样，可能就要“慢”一点，慢慢地沉浸其中，慢慢地品味它的滋味。作家刘震云经常跟人们说起他一位舅舅早年给他说过的一句话：“不聪明也不笨的人，一辈子就干一件事，千万不要再干第二件事。”我是一个不聪明并且还有些笨的人，既然读了师大，既然当了教师，就慢慢地把它干得尽量好一些，在“慢工出细活”中力争让学生满意，也让自己满意，沉浸其中，享受其中。

毕业三十年，我们的职业生涯也三十年了。再过十年，下一次等我们毕业四十年再聚首的时候，同学们基本都退职不在今天这个岗位上了。不能再干曾经喜欢着的工作，那时不免会失落，但由于我们过去长时间所做的工作就是我们所愿意做的事情，我们把最美好的时光都献给了自己所喜欢的职业，所以“当回首往事的时候”，我们不会“因虚度年华而悔恨，也不因碌碌无为而羞愧”，过去的三十多年我们可能已经把职业做成了事业。因此，尽管已经离职，但我们当不会空虚和怅惘，我们会有一个同样充实、幸福、愉快而且也许更精彩的职后生活，正如今天参加我们这次聚会的每一位三十年前教过我们的敬爱的老师一样。

我的发言到此结束，不妥之处敬请批评。

（来源：简书　发布时间：2017/8/13）

❖ 说金蕾莅老师的授课

6月19日下午的培训课为清华大学学生职业指导中心副主任、亚太职业生涯发展协会（APCDA）中国区负责人金蕾莅副研究员的《研究生生涯辅导的定位与实施》。按照事前组长焦老师的分派，这场报告结束后的“结课”由我来做，所以听课当中也做了些准备，有了一个发言的提纲。只是不知出于何故，这堂课结束后却破天荒地俭省了这个雷打不动的该轮我所在的小组“值日”的环节。这样也好，晚上拿出时间将下午的发言提纲进一步整理扩展成如下的“结课稿”或者一篇听课体会。

尊敬的金老师及各位同学：

因为我肯定不是下午听课最认真及感受最深的学员，所以这不能叫“结课”，只是分享一下我的听课体会，我发言后其他同学还可以补充，所以也权当抛砖引玉。

与往日不同，今天下午的上课时间提前一个小时，1点半开始。这是一个不论是对听课者还是授课者都很不利的变故，因为中午大家都没有休息，所以课前我们都估计会精力不济，会疲累和瞌睡；金老师一开始也说，她的讲课可能会给大家催眠。现在，近三个小时的课结束了，出乎我们意料的是，课堂上没有出现这种情况，大家都听得很专注、很会心，课堂气氛似乎比以往2点半开始的三个下午还要好。就是说，教学效果出奇的好。

为什么会这样？有两个原因。

一是金老师是女老师。

从16号开始到昨晚结束的三天，6位主讲专家都是男老师，今天上午和中午换了女老师，上午讲心理健康维护的荀焱老师是女的，她的课我们听得很好；下午金老师的课，也是这样，我和我的同学，不论男女，似乎都更爱听女老师讲课，尤其是连听三天老男人的声音后。上午荀老师的女声还没有听够，下午接着听。金老师适时地来了。

二是金老师讲得好。

这体现在两个方面：

首先是内容好。课前李华老师的引介说得没错，金老师是给我们奉献了一场“大餐”。研究生职业生涯辅导的话题，不仅符合本次培训的主题，而且也是我们这五十位学员最陌生和困惑因而也最为迫切需要聆听的。金老师系统、完整地分享了她和她的团队近年来在这个领域的实践经验和研究成果，虽然两校学生实际差异巨大，但背后的机理是一样的，每一项具体做法也都对我们有着重要的或者直接的启示与引导作用。所以金老师所讲的每一个案例与成果，对我们都无异于雪中送炭，真的是“传道授业解惑”，因而大家便都听得很忙，顾不上疲累，也把可能来袭的瞌睡驱之一旁。

其次是方式好。金老师的这堂课在教学方式上有两个特点或优势：1.内容呈现清晰。不论是讲授语言，还是演示PPT，都至为清晰，尤其是她的口语表达无论音节的响亮还是语流的清晰，都是一流的，超过前三天大多男老师甚远，听讲效果极佳。2.过程对话充分。对话就是师生之间的平等交流与沟通；没有对话就没有教学，一切教学都必须是对话式的而不是讲听式的。金老师深谙这个当代教学的基本堂奥，讲座开始不久就征询我们在学生职业生涯辅导上的做法，打破了以往每位授课老师自说自话的独白式陈说的状态，将整堂课置于师生平等交流的氛围之下，所以后面的讲课即使她不专门采取提问、讨论的方法，师生也都建立了信赖与沟通的默契。前天上午第三讲的李老师课间跟我们聊谈还说到满堂灌的讲授不受学员欢迎，可惜他的课却自始至终全是他一个人铿锵顿挫的讲说，所以大家都听得很累。相比而言，金老师明显要胜出一筹。

金老师的课讲得好，这还只是她良好课堂效果的具体表现。内容好与方式好的背后，还有另外的原因。整个三小时的课听下来，我们会发现这个原因，这就是她长期学生工作主要是生涯辅导研究与实践中形成的“把学生当回事”“一心为了学生”的专业情怀。这从报告当中PPT上的两个也许并不醒目的小标题就能得到说明：一个是“帮助学生——生涯辅导的个人层面”，一个是“帮助学生——生涯辅导的学校层面”。一切都立足于“帮助学生”，不仅如此，金老师还将一般都用“生涯规划”的表述特别改为“生涯辅导”，不仅要“帮助学生”，而且要不强行为学生做主，表现出对学生的尊重与信赖这种“学生主体”“师生平等”的观念。

金老师这堂课给我们很多启示与收获，其中最突出的一点是，作为导师不只要做学生学业上的导师，也要做学生职业与人生的导师，尤其是不仅要树立全心全意为学生服务的思想，还要有能够为学生提供有效帮助也即科学辅导的方法与能力。研究生导师，作为学生的第一责任人，教学、学术之外，还要操心学生的人生与职业。尤其是做专业硕士研究生的导师，不能只在学术一方面使力，更要为职业生涯服务。纠正一下下午讨论中我的一个说法，事实上，对于学生的职业生涯，我们并非无能为力，而是大有可为。专业硕士的培养目标，不是做学术能人，而是做职业强人，教育硕士研究生毕业后不能做好的中小学教师，那是我们导师的失职。在当今的就业形势下，事实上只要我们的学生果真能成为优秀的基础教育教师，谋求一份心仪的职业，是不太困难的，因为目前的基础教育领域，不论是体制内的学校还是方兴未艾的各种新理念民办教育，最缺的还是专业基础扎实、专业发展有潜力的优秀教师。

昨晚原中国农大柯柄生校长授课结束后，有人认为如果我们学校的有关领导能来听听更好。今天上金蕾莅老师的课我同样有类似的遗憾，这就是这个报告如果我们学校负责学生就业工作的领导、职员包括我们自己的研究生也能来听，就更好。不过这个遗憾也许还能弥补：我们回去后可以跟学校有关方面汇报并建议邀请金老师来我们学校讲学。我们有个判断，金老师会比这几天给我们上过课的另外有些老师好请得动。金老师还没到过天水，我们也期盼您借机到人文始祖羲皇故里、全国优秀旅游城市的天水来走走看看。

最后，再次对上午在北师大刚刚讲完课便直接赶回来为我们传道、解惑的金老师表示真诚的感谢！

（来源：简书　发布时间：2019/06/20）

第二辑 怎样教语文

以己之昏昏，不可能使人昭昭，一切教育、教学活动最基本的常识或要求，就是教什么的要会什么，干什么的要懂什么。高等师范学校中文系或文学院里的语文教学法教师，不仅要能把语文教学的事讲给人们听，而且也要能做给人们看，并且就跟自己的学生一起做——经常地行走在中小学语文教学的边上。

❖ 语文教师，其实可以做得很轻松

近几年毕业做了教师的学生，大凡跟我保持联系的，都有一个共同的感慨，这就是：做教师，尤其是做语文教师，太累！因而他们很多都不想再做教师。这些学生，基本还都是当初就比较优秀、做了教师后表现也比较出色的人。这让我这位当年一再向他们鼓吹语文教学多美好、语文教师多幸福的老师很是无言。

这些年我也经常到中小学校去听课，接触过更多的教师，了解他们的工作状况。据我所知，教师们尤其是语文教师们之所以忙，主要是忙在了三件事情上：写教案，改作文，跟自习。前几天，一位两年前毕业在一所县城初中做语文教师的学生给我打电话，电话间隙据说还要写两行教案。还有一位三年前毕业在一所区重点高中做教师的学生，已有整整一年没敢跟她们当年的同学在周末一起游玩过了，因为两个班150份的作文她必须利用周末才能勉强批改完成。

但是根据多年的观察与研究，我越来越认为，教师的这些工作其实都是可以俭省少做或者彻底不做的。

一是写教案。教案是教学的方案，是备课的结果，是上课的脚本。按理来说，教师要上好课，必须先要写好教案，所以写教案应该是教师的一项常规工作甚至很重要的工作。但问题是，现在教师们忙着写的教案大都跟他的教学、跟他的上课甚至跟他的备课没有多少关系，因为他们的教案往往就不是在上课前写的，而是在上课后“补”的；也不是作为对自己上课的记述和反思来留给自己用的，而是从参考书或网上抄来供领导检查时看的。撇开这种极端反常的情况不说，就按正常状态，教案也并不一定都要写成内容详尽、格式统一的稿件，而是把自己备课中的心得以及对上课的大致规划写出来就行。基本就两项内容：教学目标或任务、教学过程或措施。但现在一般学校都要求甚严，格式、内容甚至字数都有统一标准。有些学校，教案之外，还要求再写一份学案，内容更为繁杂。因为不堪重负，加之部分教师固有的惰性，于是相当多的教师的教案就直接从别处照抄、下载，课前来不及便课后去补做。显然，这种纯粹成为一项额外负担，对教学、对教师都没有任何积极意义的教案，完全可以不写。

二是批改作文。语文教师比其他教师更累，最主要的就是有作文批改的任务。我的那些毕业后做了教师的学生们，一个个之所以逐渐失却了对做教师的热情，产生对工作的倦怠，很大程度上也是因为受不了批改作文的艰辛。语文课学生的写作练习即作文必得由教师批改，这不知是始于何朝何代的规矩，但实际意义其实并不像历来人们想象的那么巨大。关于这一点，叶圣陶、吕叔湘两位先生在1978年年初就分别有过具体的阐述，并且都明确指出是“徒劳无功”。美国前些年有一本名为《作文：研究、理论与应用》的作文教学论著也指出：“教师在家里或办公室批改作文后再发给学生，对发展学生的作文能力没有什么作用。”但遗憾的是，至今我们几乎所有的中小学校还是把作文批改作为对语文教师工作检查的一项重要指标：批改得细，便认为工作好；评语、批改符号少了，便被斥为对学生不负责。这其实也是一项自欺欺人、自我满足的纯行政化措施。作文之道，在学生自己去写，而不在别人去改。所以，作文教学中教师最该做的，应是在学生动笔之前引导、鼓励他们自己去写，而不是在等到学生已经写完交上来后再去做评判对该篇作文的方方面面说三道四。因此，教师与其整天趴在办公桌前搜肠刮肚、字斟句酌地批改学生的作文，不如偶尔“下水”也和学生一起写写，或者将自己平时写好的拿上几篇到教室里和学生一起交流。实际上，大凡比较优秀的教师似乎都没有在作文的批改上花费太多的时间。魏书生老师教了三十年的语文，没批改过一篇学生作文，而他的学生初中毕业都可以在20分钟以内写出五六百字文从字顺的作文。但我们那些每天都在忙着批改作文的教师，到头来却是学生高中毕业依然绝大多数不会写文章；甚至那不知被老师在作文本上纠正过多少遍的“的”“地”“得”能正确使用的也是越来越少。

三是跟自习。我有一位在县一中做语文教师的学生，每周有四天要跟早自习，有两天要跟晚自习。早自习是6点50必须站到教室门口，晚自习是从晚上7点半到10点半。这样的作息时间下，好多新参加工作的教师一直以来最大的愿望，就是能够睡个透觉。每天连最基本的睡眠都不能保障，教师工作的一切乐趣便必然都被打了折扣。在我国，好多中学生虽然因负担过重也是睡眠不足，但那就初三、高中几年，而中学教师是一辈子都得这样过，并且还被看作理所当然。所以，做上几年教师便渴望跳槽改行，这在任何人都顺理成章。自习，顾名思义，是学生自己去习得，是学生将在课堂上教师所教的东西温习、复习或者运用于实践。因而，这自习本来完全是学生自己的事情，不仅自习的空间应由学生自己独享，而且自习的时间每个学生也可以不完全一样。但不知从什么时候起，中小学校的自习都是统一把学生圈在教室里，并且还要教师紧紧地“跟”着。学生的自习受教师监管和主宰，不仅学生丧失了自己学习的权利，教师的工作时间也被严重延长。学习，永远是学习者自己的事情，如果连学生的“自习”也都要求必须有教师的完全监控，那就不只是单纯的教师受不了的问题了，学生更是受不了，尤其是，他们所应当养成的自觉、主动学习的意识和习惯将从何而来？这样相比而言，教师起早贪黑的劳累倒成为其次的了。

如果做教师的都省去这三件事情，或者这三件事情都按其自身的规律运作——教案真正成为教师自己的备课所得和教学依据；学生作文的处理只是通览一遍然后与学生共同评改；自习时间教师可以去教室走走但绝不是从头至尾都得守着——那么，做教师的就可以过上和其他行业的人一样的日子了，也才能够有时间做作为教师必须要做的读书学习、考察社会的功课了，并且也才有可能体会魏书生“教育是一种给人以双倍精神幸福的劳动”以及钱理群“做教师，真难，真好”这些话的含义了。到了这个境界，做教师的尤其是做语文教师的对自己职业的认识和感受，就绝不会还像今天这样如我的一位学生在其QQ签名中慨叹的——“这次第，怎一个‘累’字了得!”。

又是一届学生毕业离校了，他们中又有一些人要去当教师了。这样的时候，我最大的愿望，就是他们将来能够把教师做得不是太累。因为，只有在相对轻松的工作过程中，他们才有可能更充分地体会到做教师本来就有的那种美好和快乐，并且也才不会认为我曾经多次讲过的那句话——教中国语文课，做无比幸福人——是骗他们的。

（来源：QQ日志　发布时间：2010/6/26）

❖ 也说“鲁迅作品大撤退”

昨日网上看到一则极醒目的消息：“开学了，各地教材大换血。”文章说有人统计，包括《孔雀东南飞》《药》《阿Q正传》《记念刘和珍君》《雷雨》《背影》《廉颇蔺相如列传》《项脊轩志》《狼牙山五壮士》《鲁提辖拳打镇关西》《朱德的扁担》等20多篇经典文章“被新教材踢出局”。由于其中涉及鲁迅的作品多篇，因此被称之为“鲁迅作品大撤退”。从相关链接看，关注此消息的人已经很多，已成沸沸扬扬之势。初次看到这消息，我也是一片愤怒和悲哀，因为和好多网友一样，我也认为这些篇目都“简直是经典中的经典”，尤其是鲁迅先生的文章撤出中学课本实在有些可惜，不能让这些“承载几代人记忆的课文从教材中消失”。但还没来得及对这报道做较多思量，今早却看到了另一条消息：同样的腾讯“今日要闻”又一条醒目标题——“专家称语文教材中鲁迅作品大撤退是大忽悠”。文章称包括苏教版在内的好多“语文教材近年日趋稳定，几乎没有变化，即使微调也只是技术层面，与篇目无关”。原来引发大家热议的这事竟然是假的!

仔细读完今天这则“要闻”，最后发现，虽然一开始在个人博客上发文称“20多篇经典文章被新教材踢出局”来忽悠人的刘毅是有些捕风捉影，但其所说之事也不全属空穴来风。文章所列高中教材中的篇目，在有些版本的语文教材中，是做了较大调整的，当年的“精读”课文，今天的“必修”课本中找不到了——移到了选修教材或者“读本”中去了。选修教材以及与必修教材、选修教材一起编写的学生“读本”尽管也都属于“教材”，但其在教学中的实际地位是不可同日而语的。说“踢出”是有些夸张，但称“下放”绝对是恰当的。这从现行苏教版新高中语文教材的组成就能得到很好的说明。

该教材必修教材共5本，配发5本读本；选修教材有16本，配发16本读本。显然，选入5本必修教材中的文章，和选入37本选修教材及读本中的文章，在教师及学生心目中孰轻孰重，是不言自明的。当然，这样做，对编者来说也是迫不得已。按照规定，课改后高中语文必修阶段的教学时间只有1.25年即两个学期半，而不是此前的3年整整6个学期，因此这一阶段的教科书只能放一些最基本、最经典的东西，不可能把所有经典的作品都放进去；一部分优秀作品只能调整到选修阶段去学习，或是移入读本中去安排学生阅读。

这位被批为“大忽悠”的刘毅据说是位编剧，不是做教育工作的。一位语文教育行外的人在自己的博客上发表一些关于语文教材并不严谨甚至有些偏激的言论，这本来也属正常现象，但据报道，自刘文发出后，两天时间，已经有13.5万多条微博在讨论“鲁迅作品大撤退”现象；几家著名网站也发起调查。凤凰网昨日也在其网站的互动专区进行了调查，“你同意中学语文课本删除鲁迅文章吗?”的问题，两个小时就有12300多位网友参与。一篇个人博文引发如此轩然大波，成为两天内的热门话题，这当然表明人们对语文教学、对经典作品的高度关注，但同时也暴露出当今网络、信息时代的一大弊害，这就是面对网络那极易被放大、渲染的汹涌而来的信息，人们往往也变得极容易失去自我应有的思考与判断。本来，那“开学了，各地教材大换血”的说法就是一个很荒唐的一点也经不住推敲的话，只要是对今天的中小学教育稍稍有一点了解的人就都知道，虽然我国今天的教材比以往开放了，但也绝不是谁想怎么编就怎么编、想怎么用就怎么用的。通过国家审定的教材也就那么几种，而且这些教材大都已经出版使用了几年，今年秋季就没有出版发行新的语文教材；再从使用的角度讲，今年秋季开始使用高中语文新教材的，只有最后一批进入高中课改的四川、重庆、甘肃、贵州、西藏五个省份。这就是说，全国绝大多数地方从小学到中学所使用的教材，都是几年前就已经编好且最迟去年以前就见过面的了，怎么还能说是今年秋季开学才“各地教材大换血”呢？但是面对网络，就连我自己竟然对这样一条消息一时也信以为真，所以难怪有那么多的人跟着起哄甚至热烈地去“支持”或“反对”。人脑被电脑劫持，这是当今时代的一大弊害。

人脑被电脑劫持，不仅使人失去了独立的判断和思考，也失去了应有的耐心和细致。迷信网络，听风就是雨，不去稍稍动手通过纸质印刷物或其他途径对网络上的消息进行一点很简单的核查，这也是当今坐在电脑前的人的一大特点。错误信息在网上迅速传开，一条几乎虚假的消息能够被炒作，其原因往往就是因为网民们的这种懒惰。据著名语文特级教师、苏教版初高中语文教科书编委王栋生老师披露，在苏教版语文教科书中，《雷雨》一直在必修本中，《孔雀东南飞》《阿Q正传》在配套的《语文读本》中；所谓“剔除目录”中的《廉颇蔺相如列传》《六国论》《项脊轩志》《五人墓碑记》等经典篇目，全保留在必修本中；而且，在其他几种版本的教科书中这些篇目也都有保留。但是因为在网上写文章的人和其他网民也都不去翻查一下高中语文教科书，于是以讹传讹，误导大众。

但媒体这样的误导或炒作也会干扰语文教学，不只扰乱视听，也会降低某些经典作品在大众或者学生心目中的位置。关于中学课本鲁迅作品的讨论，网络上的评说已经由来已久。今天好多中学生不喜欢鲁迅作品，鲁迅地位受到动摇，虽然还有别的原因，但网络上一些“反对者”的声音可能也起了推波助澜的作用。

今天这再一次“鲁迅作品大撤退”的风波也给语文教学敲响了警钟。不论经典作品编在必修教材还是下放进入选修课本或者学生读本，语文教学都一定要教给学生尽可能多的这类作品，因为它们不仅是对学生进行语文训练的最好凭借，而且也是培养学生健全人格、提升学生人文精神的主要依据。要将这些经典教给学生，首先就要让学生喜欢它们、热爱它们。而这，就要通过教师的教使学生能够发现这些作品的美妙，知道作品的价值，让作品自身的魅力去吸引住学生。但遗憾的是，我们目前的语文教学，似乎还没有达到这样的境界。有太多的语文课，不能引领学生进入文本去感受课文的美好，优美的作品唤不起人们的美感，课堂成了经典作品的屠宰场。长此以往，“鲁迅作品大撤退”的那一天便真的不可避免了。

（来源：QQ日志　发布时间：2010/9/9）

❖ 课，似乎就应该这样上

给“国培”班学员上课，内容是研磨一篇课文的教学。一向认为，课文教学，对于教师来说，主要应做好两件事情：文本解读和教学设计。今天的课，只是讨论对课文的理解，至于这课文怎样给学生教，暂时先不涉及。选定的课文，是七年级上册第三单元的最后一课《古代诗歌四首》。这是我较为熟悉的一篇课文，也是自以为对于其中的每一首都有自己见解的一篇课文。按照惯例，我完全可以居高临下、目空一切地将自己的理解直接讲给他们听。事实上，好多一开始教师声称要和学生“共同学习”的课，其实还都是教师的“一言堂”。但是，这个班的学员，不是普通的学生，而是从省内两个县抽调来的初中语文“骨干教师”；并且，作为这个“研修班”的学习班主任，我也一再强调课堂要尽可能地利用学员自身的资源，而不是只是听取聘请教师或专家的讲授。因此，当确定下这篇课文后，我布置了两个学习任务：一是以每一小组为单位，统计每位学员四首诗歌中最喜爱的一首；二是每位学员说出自己为什么喜欢这首诗歌的理由。很快，统计结果出来了，有一半多的学员都将马致远的《天净沙・秋思》列为了自己最喜爱的一首。这也正是我所期望的，因为就我以往所了解到的情况，对于这首人人都很熟悉、很喜欢的著名散曲，其实大都没有获得应有的理解和把握，包括一些公开教学的课上，虽然教师讲了好多、学生说了好多，但都是各种参考书上多年来通行的那些套话、老话，至于它究竟好在哪儿，很少有人讲得让人信服；甚至于连为什么它能够被称为“秋思之祖”这样的问题，都很少有人给予比较给力的解释。这用福建师大孙绍振先生的话说，就是人们“以为一望而知，其实是一无所知”。语文的课文教学，是引领学生与文本对话的过程。这种对话，就是要使学生能够真正走进课文，领会课文的要义，感受课文的美好。所以关于课文教学或阅读教学，近年来我有一个观点——“一定要把一篇课文最要紧的东西教给学生。”而要做到这样，首先就是教师自己要能把握住这篇课文“最要紧的东西”。因此，这天当大家都选了这一首以后，我很高兴，正好了解一下这些“骨干教师”们自己能否说得出这首诗歌“最要紧的东西”，是否也存在我曾经批评过的“有些人喜欢这首诗歌仅仅是因为它读起来好听”这种情况。

我的做法是，每一小组先一起商议，然后推选一到两位（最好是事先就选择了喜欢这首诗歌的）学员向全班讲述自己对这首诗歌的理解，重点是说出“这首诗歌究竟好在哪里”。和我预想的一样，开头两位，讲的和我以往听到的没有太多区别，无非是“全是名词”“多个画面”“意象的叠加”“深秋的凄凉”等等。但后面的发言，就逐渐多了些内容。可能是他们从听前面发言者的回答中已经发现仅仅那样讲是远远不够的，也可能是因为前面发言者的回答启发了他们的思考，总之是越往后的发言越有了深度。比如：关于多个意象的使用，不再只是强调用了多少个名词，而是指出“几个意象的叠加便组成了一种意境”；关于“小桥流水人家”一句的表达效果，说它运用的是一种“反衬”手法，并且这里是“人家”而不是“我家”；关于“夕阳西下”，说是“连太阳都回家了”可这位游子还在浪迹天涯。还有人引用王国维的“隔”与“不隔”对整首诗歌的意境表达进行阐释，甚至有人对“断肠人”一说的来历做了考证。显然，这样的发言，表明大家对诗歌的理解已经达到了比较通透的程度，并且也应该超出了他们任何一位以往上课时的讲析。所以，等到一轮发言结束最后需要我总结的时候，我原来准备要说的有些话已经无须再说。我只是指出理解这首诗歌需要注意的三点：1.知道题目“秋思”是什么意思吗？2.所谓“秋思之祖”怎样理解？3.它为什么历来被称为“秋思之祖”？其中最后一点是重点。我也把自己的理解拿出与他们分享：因为它的每一个画面，都是最能勾起人们尤其是羁旅在外的游子们思乡之情的景象。为讲清这一点，对诗歌中几个所谓的意象我也再一次简单做了点拨，指出：“昏鸦”不是“朝雀”，“西风”不是“东风”，“人家”不是“我家”。从课堂上学员的反应看，大家对我的这番话是同意而且信服的。这节课的任务——一篇经典课文的文本解读——基本完成。

如果说，这节课还算得上成功，那么有两点可以肯定的地方：一是授课教师讲得少、讲得迟。课堂上有教师的讲，但是更多的是学员的讲，而且是学员先讲，教师后讲。二是不论是教师还是学员的讲解，都说自己的话。这节课的活动，是讨论对课文的理解。理解，只能是读者用自己的心去理解，而不是搬用别人的说法，哪怕那种说法多么权威。所以，课堂上一开始就引导学员尽可能地摈弃以往关于这首诗歌的各种既成说法，围绕提出的问题，依据自己的生活体验，发表自己的阅读感受。这两点，用比较规范或现在流行的说法，就是“先学后教”和“与文本对话”。这正是当前基础教育教学改革和《语文课程标准》所特别提倡的。

这是和语文教师就一篇课文的读解展开的讨论，当然效果要好一些。但是我想，如果把教学对象换成普通的初中生，这个方法同样管用。虽然七年级的学生的发言必然不如这些已教课多年的语文教师专业和深刻，但凭着他们尚不被约束的思维和更为丰富的想象，对于诗歌的“好处”和“妙处”，他们可能会做出更为生动并且真实、准确的回答，只要他们稍稍懂得一些离家的滋味，见识过诗歌中那一个个物象（先不谈“意象”）。至于教师的点拨，只要是源于自己的感悟而不是生硬地照搬某些参考书上的结论，也同样没有哪一个学生会听不懂。包括这首诗歌在内的众多语文课文之所以教得费劲，就是教师、学生都不用自己的头脑而一开始就心甘情愿地主动就范，让那些质量并不怎么高的教参、教辅牵着鼻子走。

（来源：QQ日志　发布时间：2011/10/24）

❖ 和实习生一起上课

不满足于只是做教育实习的管理员和联络员，而是还要做实习生教学实习的指导员和教导员。做指导员、教导员，就得走向实习的现场，走进实习生的课堂。

超过八十名的实习生被分散在一个县的城乡三十多所学校，实习课程涵盖中学、小学所有门类。这么多的实习生，这么多的学校，这么多的年级和课程种类，我只能有选择地逐步去看。还是先从城区学校的初中语文课开始，这儿方便，并且也算是在行。

带的学生很多，但属于中文专业并且实习初中语文的也就城区两所初中的各一名女生。星期天见西城初中的Q生，教八年级两个班的语文。谈及这些天的实习情况，她最大的感受就是学生的调皮，说是上课秩序乱得难以控制。我一方面教导其应努力改进教学争取用自己的课“黏住学生”，一方面也产生了见识一下这些学生的冲动。打听其第二天的课在三、四节，一篇新课文的第一课时，于是决定明天就去听她的课。因为担心提前告诉她可能会紧张，因而只是自己心中的计划，并没有跟她通报。

星期一早晨八点，我电话通知她第三节我来看她上课。九点半到了学校，先拜会了校长和教务主任，说要看实习生的一节课，学校派语文组长陪同。第三节课十点零五分开始，我们准时进教室。在这学校一同实习的一位这节没课的数学专业的学生闻讯也来听课，昨天他说他对语文课感兴趣。

这个班的学生真的存在昨天这位实习生所说的情况：课堂上注意力能放在教学内容上的不多，自律性很差。学生不仅对上课的教师缺乏尊重，甚至也不大把我们这些听课的教师放在眼里，因为他们该说话的还说话，该打逗的还打逗，并没有因为教室后面坐着听课老师这些行为便有较大收敛。但观课中我也发现，课堂之所以比较乱，教学效果不好，除较多学生确实缺乏良好习惯而外，也有教师的原因，这就是课教得不精彩，不能“黏住学生”。这节课所教课文为第一个单元的第四课——茨威格的《列夫·托尔斯泰》。这篇传记我也是今天听课才第一次见到，匆匆看了一遍课文，觉得是一篇非常精美的文章，学生应该感兴趣。但为什么课堂上学生的学习热情不高？按我的观察，问题出在两个方面：一是教学容量单薄，二是教学方法单一。一节课45分钟，除了开头教师对传主和作者略作介绍而外，主要就做了一件事情：指名学生逐段朗读课文，然后对每段中学生读错的字以及需要注意的字词予以纠正和强调。似乎这节课的教学目的，就是通过读课文认识一些生字、积累一些新词。虽然整篇课文的教学还有一个课时，虽然课前学生没有预习课文应该在课堂上先读一遍课文，虽然阅读理解课文需要先“扫除字词障碍”，但第一节课只做这么点事情，显然容量不够，不仅课文的个性和魅力没有展示，就连文本的基本内容信息也没让学生感知。教学内容缺乏新鲜刺激，课堂自然便难以吸引学生。从教学过程看，如果读课文、识生字的活动能给予学生较多的自主权，比如由谁读课文不全由教师指定而让学生推选或自荐，生字新词的解决也不是教师讲解而交由学生自理，课堂也许会呈现生动活泼的局面，但因教师都没有放权，所以便都成为与部分学生不相干的事情。

按照一般惯例，指导教师听课后把自己的看法或感受反馈给上课的实习生，就算完成了对该生教学实习的指导。但据我多年各种场合听课调研的感受，这种听课者课后只是对所听课堂发表一通“应该怎样”“不应该怎样”的评语便完事的做法，其实对于上课者改进以后的课堂教学并不会产生多少作用，甚至不一定被上课者所接受。由于等到发表这些评判的时候，被评的那堂课已经结束，或者即使在另一个班还要再教一遍，但课间不足10分钟的时间上课者也来不及按照听课者的意见做出较大的调整，所以不管听课者的意见和建议怎样高明，上课者也往往只是姑妄听之，他后面的课并不会因此而发生明显的改变。前些年《中国教育报》就有一篇文章，呼吁教研员到一线的指导要变“视教”为“试教”。我也越来越认为，一切观课评教活动中以权威身份出现的专家或教师若想要对执教教师进行有效的指导，就不仅仅是看完课后发表一通评论便走人了事，而是还就这一课自己也“下水”试教一回，然后再与前面上课的教师共同探讨。这些年带实习以及其他一些这类活动中，只要有条件，我经常就是这样做的。这样有针对性的现身说法的“同课异构”交流，既是对所教这一课教材教法的更深入探讨，也是对指导者自己所强调的教学理念和方法的实践和诠释，因而应该更有指导力量。

下课后紧跟着第四节另一个班还是Q生的课，也是《列夫·托尔斯泰》的第一课时。于是，当Q生向我征询对她刚才这节课的意见时，我便提出下节课借我试上的要求：“上节课你上我听，这节课我上你听，等下课后我们再一起讨论，好不好?”Q生当然同意。

这个班的学生据说和前一个班一样，也是调皮到老师上一会儿课就得停下来维持一阵秩序的程度。所以一开始，我便直截了当地跟班上“商量一件事”：“听说你们这个班有些同学上课贼活跃，以致老师的课都难以上下去。为了不使这些比较调皮的同学影响其他同学听课，通常老师们有一种办法，就是让这些同学站到教室后排或是教室门外去。为了使咱们这节课上得顺畅一些，要不要先把这些同学选出来并站到那儿去?”学生先是有些迟疑，随即很多人集体回答：“不要!”越是坐在后排的声音喊得越响。我说：“那好，但咱们说到做到，那些以往上课精力很旺盛但注意力不能集中到学习活动中的同学希望这节课能够和我、和班上大多数同学保持一致。”做了这番课前动员或者维持秩序的工作后，便开始上课。

首先是了解学生对于这篇课文的学习基础。两点：一是对托尔斯泰的了解情况，二是课文的预先阅读情况。经询问，对托尔斯泰，大多学生知之甚少，但个别学生则不仅知道其国籍、生活时代，还能说出《战争与和平》《安娜·卡列尼娜》这些作品的名字。学生发言后，我向全班提醒：“对于这位世界文豪，大家一定要尽可能地知道得多一些，应向刚才了解较多的同学学习。”同时，也安慰其他学生：“知道得不多也不要紧，今天开始学习的这篇课文就是专门写他的，学过课文就对他有很好的了解了。”学生对课文的预读情况，检查结果不好，没有一个学生表示提前把课文读过一遍。看来这个班学生学习的自觉性、积极性真的不高，还需要培养。

先学后教。既然学生还都没有读过课文，接下来的活动便是让学生自读课文。自读方式、时间都不限定，但提出两点要求：一是速度尽可能快一点，二是效果尽可能好一点：“看谁最先读完，看谁读过后合上课本能把课文内容复述得最清晰。”我说完后学生便开始自己读书，课堂上比较安静，学生基本都是默读；时间也不是很长，10分钟时有三分之一学生已经读完。共7页教材，这个速度算是比较好的，看来自读还是很专注。

12分钟后，我宣布停止课文自读。对还没看完课文的学生提出两点建议：一是没有读完的课文课后自己找时间看完，二是可以向读书较快的同学讨教方法。同时也提示：“今后这种场合尽可能专心一些，只要注意力集中，速度会快一些。”

前面提出的复述课文的要求没有检查，而是改成让学生“说说刚才读过课文后的感受”。学生的反应不好：提问三个学生，一个学生只是站着不吭声，一个学生说是“没感觉”，第三个学生说是“看不懂”。之所以这样，估计是两个原因，一是学生真的阅读基础不好，二是这种练习以往可能做得少学生不知怎么回答。针对这情况，我做了些启发诱导。对于回答“没感觉”的同学，我说：“怎么能没感觉？阅读任何读物，肯定都会产生一些想法，这种想法就是你的感觉”“课文的学习，无非就三件事，一是要尽可能读得熟一些，二是要有较多的阅读感受，三是能把这些感受和体会说得出来”。对于那位回答“看不懂”的学生，我的点评是：“怎么能看不懂呢？不能全懂，还不能懂一点吗？语文课不是数学课，一点都不难，学习中不存在不懂的问题，只是理解、领会的程度可能有所区别而已；尤其是这样的写人的课文，如果一位八年级的学生读了以后竟然还看不懂，那只能是这文章写得太差。白居易的诗之所以好，就是因为不识字的老太太也能听得懂。”

因为课堂时间也比较紧，所以便没有再让学生继续“说感受”，而是直接把我的阅读“感受”拿出来与学生交流。我说：“这篇课文我也是前面那节听课时才第一次阅读，读后我的感受主要有两点：一是生字新词有点多，二是文章的用词造句太精美。”然后分别说明。关于第一点，我说：“我是大学中文系的老师，但课文一开始第一段里面就有‘髭’‘髯’‘黝’‘鬈’这样一些看着不大熟悉的字。你们是初中二年级的学生，估计不大认得、不大会写的字更多。”针对上一个环节学生的表现，我顺势说道：“刚才让大家说出阅读课文后的感受，有同学说是‘没感觉’或‘看不懂’，我估计这两位同学之所以会是这样的感受，原因可能就是有这些生字或新词的障碍。语文学习中曾经有种说法，叫作‘扫清字词障碍’，指的就是解决这些生字生词。一般来说，同学们读课文时多少都会遇到一些字词的障碍，那么遇到这些生字生词该怎么办？你们已经是八年级的同学了，难道还要课堂上老师在黑板上给你们一个个的教吗？你们能不能自己查查字典、问问同桌自己学会了？”学生比较响亮地集体回答：“能！”我说：“那好，今天课后第一个作业，就是把这篇课文中自己不大熟悉的生字、生词变成熟字、熟词。本来，学习一篇课文，预习或者第一遍阅读的时候，有一项工作，就是顺手划出这些生字生词并最好把它们的读音、意义批注在书上，但刚才看你们自读课文，这样做的同学不是很多。现在就记住了，以后就要养成这样的读书习惯。能不能做到？”学生也齐声回答：“能！”

关于我阅读这篇课文的第二点感受，我说：“茨威格不愧是世界最著名的传记作家，他的文笔太漂亮了，文章对托尔斯泰的描写不论是外部肖像还是精神气质都力透纸背，栩栩如生，我们阅读时不仅感到写的这人跃然纸上，而且对于描写的文字也忍不住想大声朗读。现在我就很想好好地朗读几段，可惜我的朗读水平很不好。这样吧，咱们班肯定有朗读很好的同学，现在就请大家推荐几位试读几段我们听听。”学生很热闹，推选的人也比较杂乱，随便点了三位分别读了第一、第五、第六段。虽然读得不算很好，但都使劲表现了，其他学生也都听得很认真。

估计离下课时间不多了，我当着学生的面看了一下表，还剩12分钟。这时我问学生：“还剩十多分钟就要下课了，现在我们做什么？”学生似乎感觉我这问题很意外，但随即提出了各样意见，有要求我朗读课文的，有要求我给他们再讲讲托尔斯泰的。我说：“课文还是你们自己找时间好好读。至于托尔斯泰这个人，有我们这篇课文，我就不用再讲了，你们若是还想知道课文所没有涉及的托翁的其他情况，也可以课后通过上网或其他途径自己了解。也快下课了，没多少时间了。这样吧，我给大家提示一下这篇课文后面学习中需要注意的问题：《列夫·托尔斯泰》的作者是茨威格。茨威格的作品好像你们初一时候也学过一篇，叫——”我稍作停顿，有学生喊“《伟大的悲剧》！”我说：“除这两篇外，高中语文还有一篇《世间最美的坟墓》。一位外国作家的作品有三篇被选入我们的中学语文课本，只能说明这位作家太重要了，他的作品写得太好了。还要告诉大家：那篇《世间最美的坟墓》，写的就是托尔斯泰的墓。那篇文章我读过，我的体会是，茨威格与其在写一座‘世间最美的坟墓'，不如说是在写一位世间最伟大的人。从那篇课文的具体描写看，托尔斯泰的墓实在太不起眼，它之所以成为'最伟大的'，就是因为墓主人'最伟大'，文章中充满了对托尔斯泰极度的推崇和敬慕。托尔斯泰是俄国人，茨威格是奥地利人。对茨威格来说，托尔斯泰也是一位外国人。他一生中几次写这个外国人并且都能成为别国的语文课文，这也说明他对这个人给予了太多的关注和情感，用今天的话说，他就是托尔斯泰最忠实的崇拜者，是托翁的超级粉丝。说到这儿，我们的问题就来了：既然茨威格把托尔斯泰奉为心中的偶像，那么他写托尔斯泰，就应该是充满了崇敬和赞美。但是这篇课文是这样的吗？大家刚才已经大致地读过了课文，你们看作者是怎样写托尔斯泰的？我们不妨找几段读读——"

我稍停片刻，从课文中搜寻最能描写托尔斯泰丑陋形象的段落，学生也在搜寻。我找的是课文的第二段和第三段。我接着说："干脆我们就从第二段'不可否认的是，这个出身于名门望族的男子长相粗劣'开始往下读"。学生跟着我一齐从这儿读到第三段"这张脸蒙昧阴沉，郁郁寡欢，丑陋可憎"。读完，我说："怎么样？这就是茨威格笔下的托尔斯泰。课文中这样的段落、语句还有很多，特别是文章的前半段——"我再稍作停顿，插入一个问题："文章的前半段是哪些段？如果把全文分成两部分的话，这个界限在哪儿？"学生主动翻阅课文，很快有学生回答："第六段开始的'突然'。"学生找得很对，我予以肯定，接着说："撇开后半段集中写他眼睛的四段暂且不论，前面五段写他的胡须、面孔、身材，可以说没有一样是美的，简直惨不忍睹。从作者描写所用的词语看，也丝毫没有恭敬、崇拜和美誉，有的只是嘲讽、遗憾甚至侮辱，简直就是在故意糟践这个人。大家想想，作者为什么要这样写？这到底是为什么？"

说到这儿，下课铃响了。我说："这个问题，今天我们来不及讨论了，就也留给同学们下去思考，下一节上课时大家发表意见。"我接着交代了下节课的学习任务："这篇课文的学习我们一共用两节课，下一节课我们主要做两件事情：第一，就是讨论刚才提出的这个问题；第二，就是通过对课文的进一步学习，看看托尔斯泰究竟是一个什么样的人。这篇课文的题目叫《列夫·托尔斯泰》，那么文章的基本内容就应该是告诉读者这是一个什么样的人。所以，下一节课我们可能才算真正进入课文的学习。希望大家能够提前尽可能有所准备，并且到时候也能像今天这样专心致志地上课。”说完，便宣布下课。

按照前面跟Q生的约定，下课后要谈谈对她那节课的意见，但到这时，其实再一、二、三地对她的课进行评点已没有必要，因为我的这节课从教学内容的安排到教学方法的使用就是针对她那节课来展开的。两节课相互比较，各自的优缺点在什么地方，是很清楚的。所以，虽然下课后我们还有其他两位听课者一起进行了热烈的讨论，但已不再停留于对两节课孰优孰劣的简单评判了，更主要的还是发表各自的教后感言和观课体会。这是对教材、学情以及教学过程和效果的比较深入的探讨和反思。显然，这样的活动，不论是对教课者还是观课者，都更有意义。

课堂教学，尤其是语文课的教学，是一门遗憾的艺术。我的这节“下水”研讨课，当然也留下诸多缺憾，比如：范读缺失，板书失当，课的内容似乎散乱，课的节奏确乎散漫，教师说话偏多，学生活动依然不很充分，等等。但是，这节课总体感觉还算满意，特别是对于Q生以及另两位听课者，应该有所启发。主要有两点：第一，必须把一篇课文最要紧的东西教给学生；第二，课堂教学必须在师生平等对话的过程中进行。虽然这篇课文最基本的教学任务还要等第二课时去完成，今天这节课主要还只是一个铺垫，但这篇课文的教学目标即到底要教学生学什么从课堂上是能够看得出来的。两节课结束以后，学生应该对托尔斯泰这位世界文豪获得鲜明的印象：长相太一般，眼睛太锐利，待人太平和；并且也明白茨威格为什么要不遗余力地渲染托尔斯泰的丑陋，就是因为他绝不允许还有人能说出他的这位偶像的一句坏话，与其等着别人来侮辱他，不如自己先把话都说完；至于教材编者一再提示的为什么要着力描写托尔斯泰的眼睛这个问题，那答案更简单：只有具备这样的眼睛，他才能洞察社会，从而写出那些永垂不朽的巨著。这节课的课堂秩序和教学气氛应该还算良好，虽然还有个别学生上课状态不是很好，但也绝没有出现故意调皮捣乱以致课堂活动无法进行的局面。之所以这样，可能有我一开始那通“课前动员”的影响，但更主要的，应该还是教学本身的作用，除了一切教学活动都是围绕着对学生有较大吸引力的“课文最要紧的东西”展开而外，教学过程也没有沿用教师讲、学生听的那种方式。尽管有时我的说话还比较长，但都是在先使学生产生听的欲望后才讲说的。课堂上学生没有闲着，要么是独立地看书，要么是与我的交流和沟通。前者是与文本的对话，后者是与教师的对话。没有对话便没有教学，有了对话便有了教学。学生处于与教师、教材的平等对话之中，当然比在教师的胁迫之下被动地学习积极性就高多了。课堂不只是教师的讲堂，也是学生的学堂。师生关系和谐了、目标一致了，于是一切便都好了。这两点，既是我这节课的主导思想，也是我以往一再对学生强调的语文阅读教学必须遵守的原则。过去，我只能单纯地说给他们听，今天还可以试着做出来给人们看。

（来源：QQ日志　发布时间：2012/3830）

当爱情遇上别离

有一种说法："爱情是文学的基本主题"，但我更认为，别离也是文学的主题。当然，这两种主题经常是同时存在于一部作品之中的。当爱情遇上了别离，即当一对有情人无法在一起相守或者不得不被分开时，这种别离便显得比一般的离别更加凄婉，更加动人。柳永的《雨霖铃》写得再明白不过：因为"多情自古伤离别"，于是便"执手相看泪眼，竟无语凝噎"。

这样的作品尤其是诗歌在文学创作中出现得太多。翻阅高中语文课本，前些年的大纲教材第三册有《汉魏晋诗三首》一课，其中第一首为《古诗十九首》中的《迢迢牵牛星》：

迢迢牵牛星，皎皎河汉女。
纤纤擢素手，札扎弄机杼。
终日不成章，泣涕零如雨。
河汉清且浅，相去复几许？
盈盈一水间，脉脉不得语。

盈盈一水，把两人彻底分开，虽相隔不远，却不得会面和说话。咫尺天涯，可望而不可即！

新的课标教材"必修2"有《诗三首》一课，其实还是原来教材的"汉魏晋诗三首"，只是把第一首的《迢迢牵牛星》换成了《涉江采芙蓉》(后两首还是曹操的《短歌行》和陶渊明的《归园田居》)：

涉江采芙蓉，兰泽多芳草。
采之欲遗谁？所思在远道。
还顾望旧乡，长路漫浩浩。

同心而离居，忧伤以终老。

也是出自《古诗十九首》，并且内容、主题与《迢迢牵牛星》实在没有多少区别，但编者为什么要做这样的更换？因为“所思在远道”“同心而离居”这样的人生遗憾更令人同情，这样的别离相思之苦也更能打动人。

千百年来流传下来的精美的古典诗歌中这样脍炙人口的名篇很多，但今人还在继续以自己独有的方式抒写着这样的情怀。前些天上课，一位学生就分享了他写的一首现代诗歌——《假如我不曾遇见你》：

假如我不曾遇见你，也就无所谓失去。
就像一条鱼，只有七秒钟的记忆。
假如我不曾遇见你，也就无所谓别离。
就像一场戏，可以用幸福来结局。
我却始终没学会忘记，把每次想你都变成叹息。
往事触手可及，又怎么回避？
怨只怨人在风里，聚散都情非得已。

我是诗盲，现代诗更是不懂，但对于这首学生的习作，却以为写得很好：人不是只有七秒钟记忆的鱼，人生也不是都可以用理想化的大团圆来结局的戏，所以既然“遇见”，便无法“忘记”，于是面对不得已的别离，也就只能陷入悲苦的思念和永远的“叹息”之中。

想起江淹《别赋》的第一句：“黯然销魂者，惟别而已矣。”

（来源：QQ日志　发表时间：2014/6/2）

❖ 语文教师的三件事

——在“徐彩梅初中语文陇原名师工作室”启动仪式上的辅导讲话

尊敬的郭校长、徐老师并工作室各位成员老师：

很高兴参加这个活动。原因有二：其一，虽然我一直在高校做教师，但因为一直主要教的是语文课程与教学论这样的课程，所以一直与中学以至小学一线的老师们走得很近。早年，大概是2000年，就听过徐彩梅老师的课；这些年做“国培”、带教育硕士研究生，更没有少到中小学的语文教学现场去过。前年，“国培”期间一次因为上了节“下水课”，还被学员和“影子学校”誉为“行走在小学课堂上的大学教授”。我很愿意接受这个评价。其二，我虽然到天水上班已经差不多十年了，但对庆阳和庆阳的教育却并不陌生。2005年以前在庆阳师专（陇东学院）的十几年，七县一区的好多所中学我都去过，除正宁以外的每一个县都听过课，有十几所学校的校长大致熟悉，有十几位全市最优秀的语文教师差不多都是朋友，比如宁县的陈于思、庆城的袁兆秀、环县的谷朋利、长庆的栗新洮以及庆阳一中的唐勇、付兴奎等。这些年，尽管离开了庆阳，但一直惦记并关注着庆阳的变化。特别是2013、2014两年的“国培”，很幸运还有环县、合水、庆城、华池4个县的50位骨干教师做过我班上的学员，也给了我一次比较全面地了解家乡教育的机会。

先表示两层意思：

一是向徐彩梅老师被评为“陇原名师”以及“徐彩梅初中语文陇原名师工作室”的成立表示祝贺！“陇原名师”，顾名思义是甘肃省的名师，这不是谁都可以当上的。据我所知，就中学语文这一块儿甘肃东部这一大片目前只有3位：平凉的郭凤岐、天水的汪涛和咱们庆阳的徐彩梅。这是一种资格，更是一种荣誉，是徐老师个人的荣誉，也是庆阳五中乃至庆阳市中语界的荣誉，可喜可贺！

二是对徐彩梅老师邀请我也做这个工作室的导师并出席今天这个启动仪式表示感谢！刚才说过，我虽然去了天水，但我的根还在庆阳，所以一直关注着庆阳的教育，也非常愿意为庆阳的基础教育事业做事。这个工作室的成立就为我满足这一愿望搭建了一个很好的平台。据原来的了解以及刚才各位老师的自我介绍，知道进入工作室的老师都是庆阳中学特别是初中语文教坛的骨干和精英，是所在县（区）的名师，能够与这么多最优秀的语文教学同行、同道建立这样一种交流合作关系，很欣慰。

几天前，徐老师就吩咐我今天给老师们做个报告，刚才主持会的郭校长也安排我做一个“精彩的报告”。但我一向不大会作报告，也很不爱以权威、专家自居给人们作报告，这些年我在师院给本科生、研究生上课，都不大站在讲台上摆足教师架子给学生讲课。不论在什么场合，我都习惯于跟人们平等、随意地聊天、谈心。所以下面给我的这一个小时，就跟老师们聊聊天。当然，聊谈的内容须切合我们今天这个活动的使命，可以看作一个主题聊天。

我准备的题目是“语文教师的三件事”。

先卖个关子，想请老师们猜猜我会讲哪“三件事”?

——语文教师的三件事，可以有很多种归纳。比如，备课、上课和批改作业；再比如，读书、写作和日常生活。前一类是教师常规工作的基本内容，后一类则是语文教师的基本功课。这两类“三件事”都很重要，作为语文教师都应该做好，否则便影响到自己的工作效果、职业成就以及人生幸福。但同时，这两类“三件事”我们也都不一定做得很好。比如，批改作业。所有做教师的都得批改作业，但我们语文教师的批改作业是最辛苦的，因为我们批改更多的不是一般作业，而是“作文”。改作文，这是我们语文教师心头、手头的一个痛，一个劫，一场炼狱。前些年，网上曾传一个叫《改作业》的段子，将好多古诗名句的下一句都改成以“改作业”收尾，比如“举头望明月，低头改作业”“少壮不努力，长大改作业”“ 晨兴理荒秽，戴月改作业”“ 洛阳亲友如相问，就说我在改作业”“ 窗含西岭千秋雪，架个炉子改作业”等等。这主要说的应该就是我们语文教师。前些年我有一位毕业后分在天水城区一学校做教师的学生，不仅周末或晚上放学回家甚至中午回家吃饭，都得带上几本学生作文抽空批改。咱们庆阳是“新教育实验”的加盟地区，新教育实验有个口号叫“让师生过一种幸福完整的教育生活”。这个理念非常好，“幸福完整的教育生活”，教育生活应该是幸福的、完整的，而不是痛苦的和残缺的。我们做教师的，应该过正常人的日子，别人干啥，我们也得干啥，别人业余的享受，我们也得享受。一天天、一月月、一年年没日没夜地都在批改学生的作业，这生活能幸福吗？能完整吗？我有一个“语录”——“教中国语文课，做无比幸福人”。这是我多年语文教学思考与实践中的真实感受，我也经常告诉我的学生。学生在校期间也觉得我这话说得好，但等到毕业后做了语文教师，便认为我在忽悠他们，说什么“无比幸福”，简直“万般无奈”“十分痛苦”。这主要还是因为作业批改太繁重。其实，作文批改的问题，三十年前叶圣陶、吕叔湘就指出过属于“徒劳无功”应该想办法改革；美国也有人做过实验研究最后得出结论是“对提高学生写作能力没有帮助”；魏书生也从来不批改一本学生作文。但是到今天为止，我们不少的语文教师依然将最多的时间和精力花在批改学生作文上。我们的本科生、研究生去实习，总是被老师们逮着帮他们批改作文。

再比如，读书和写作。这本来是语文教师教课之外最主要的两样活动，但大多教师做得似乎也不好。这些年很多学校都在强调学生读经典，但老师们读了多少经典？《中国教育报》2005年1月一期“读书周刊”中一篇文章报道，著名语文特级教师、清华大学附中韩军老师曾在两次会议上就《论语》《史记》和“中国四大名著”的阅读情况做过现场调查，结果被调查的600多名小学语文教师和近百名语文教学方向的硕士研究生中只有一名50多岁的小学语文教师通读过《史记》。还有专业阅读：《中国教育报》2004年12月“读书周刊”就曾发表一篇文章，题为《我国中小学教师专业素养阅读大面积空白》。写作也是一样，1998年的《光明日报》曾发表一篇文章题为《语文教师可会写文章》，说是上海曾举行过一次师生作文与评改比赛，结果发现有不少教师写不过学生；江苏有个县为选拔暑假后的高三教师班子，曾让全县高二教师也同时参加当年的高考，结果也发现语文题的最后一道议论文写作，有相当一部分教师的作文竟达不到一类卷的最低评分标准。非常欣慰的是，刚才老师们自我介绍，大多都讲自己爱读书，这位宁县的屈老师还说酷爱文学创作。看来咱们这个工作室成员在选拔上，徐老师已经注意到了这个问题。语文教师是教学生读书、作文的，自己不读书、不写作，实在是说不过去的。

这两类“三件事”，大家都清楚，所以我这里就不再多说，我这里打算要谈的是另外的“三件事”，这就是：文本解读、教学设计和课堂对话。文本解读，就是对教材课文的领会和把握；教学设计，就是教学方案的编制；课堂对话，是指上课时师生活动的状态。确切地说，这应该是“语文教学三件事”或者“阅读教学三件事”，因为语文教师的核心工作就是课堂教学，阅读教学又是课堂教学的主要行为，所以说成“语文教师的三件事”也说得通。三件事中，文本解读是前提，教学设计是关键，课堂对话是归宿。我的看法，语文教师做好了这三件事，就是一位很好的教师，其所从事的语文教学工作，也必然是有效或者高效的。

时间不多，不能全面展开，重点讲第一件事，即文本解读。

有个说法：“教师文本解读的高度决定了课堂的深度和温度。”我也经常讲，教一篇课文，一定要把这篇课文“最要紧的东西”教给学生。因为只有这样，学生才能领会到课文的好处和妙处，才能喜欢上课文。这应该是语文课文教学的基本任务。要做到这一点，教师就要能对文本即课文有准确、深透的把握。据我观察，大凡好的语文课，特别是那些著名特级教师的经典课，一个基本的特点，就是教师对文本解读透彻并且有自己的独到发现；相反，那些一般化或者较差的语文课，就是教师对课文缺乏自己的感受，只能照搬教参。目前语文教学中的问题，主要就出在这里。本来，“一千个读者心中会有一千个哈姆莱特”，但多少年来多少个语文教师的课总是一个面孔。下面举几个例子予以说明——

就七年级上册《古代诗歌四首》中的几首古代诗歌吧：曹操《观沧海》，王湾《次北固山下》，白居易《钱塘湖春行》，马致远《天净沙·秋思》。（具体解说略）

关于教学设计，大家记住这几句话就行：1.好课都是设计出来的；2.语文课堂教学的成效取决于教师课前的教学设计。有道是“有备无患”，或者“凡事预则立，不预则废。”至于怎样设计，强调一点，教学目标的确定很重要，还有表述是否规范也要审视。怎样确定教学目标，一是要看教材里有什么，二是要看学生需要什么。这些老师们都做得多，体会也深，不需我多说。

关于课堂对话，记住课程标准里的两句话：1.“语文教学应该在师生平等对话的过程中进行”；2.“阅读教学是学生、教师、教科书编者、文本之间对话的过程。”新课改开始时有个很响亮的说法——“没有对话便没有教学”，所以，对话是课堂的基本生态。说“课堂对话”，就是说不是“课堂讲听”，好的课堂教学是师生共同完成的作品。如果说，新课改以来课堂教学必须发生的变化，那就是要由“讲听”变为“对话”。

（来源：QQ日志　发布时间：2015/6/1）

❖ 我们为什么要学习语文?

人是有情感的，有情感，就要表达。表达，不仅仅是自己说出来就完事，还希望有别人能感知得到。所以，这表达就不是自己随便说的了，得遵守一定的规范，按照大家约定俗成的方式来表达。约定俗成的方式是什么，就得学习。表达，也不仅仅是口头表达，为了突破时间空间上的限制，还得用书面表达。如果说，口头的表达可以从父母以及亲邻那里自然习得，那么这书面的表达，就需要到学校里去学习了。首先得识字。这识字，虽然有“白识字”的，即不经上学跟着家人或其他人学一些的，但要识得多达到真正的够用，自古以来似乎还是学校里的效果要好。光识了字还不够，还要组词、还要造句，还要进行系统的表达即运用文字完整地表达自己要说的话，这就更需要在学校里进行专门的学习了。这是语文学习的一个方面，即语文工具的掌握。

说话或用文字表达，除了方法，还有内容，即说什么或写什么的问题。按理说，自己要说话，当然说自己的话就是了，但自己的话不免简单、粗糙甚至单调，并且完全由自己说，比如组词、造句全由自己临时、临场才做，这一方面自己说着费劲，而且别人听着也吃力，至少是缺乏共鸣。所以不论是说话还是写作，总要借鉴一些别人的话语，不论是现成的词语还是句子以至某些语段，尤其是一些经典的公认的好的言语作品。这样一来，自己所说的话不仅有了文采，而且内容也更为丰富，别人也更容易听得明白并能够产生共鸣。多听取别人的说话和读一些别人写的东西，久而久之，不只提高了自己表达的效果，并且能增长知识，尤其是还会使自己产生新的想法，从而提升思想和情感的境界。这是语文学习的另一个后果，也就是通常所谓的人文精神的发展。

（来源：QQ日志　发表时间：2015/11/10）

❖ 我们怎样教学生学习语文？

首先得知道什么样的人才算是把语文学好了的人？

答案很清楚，就是善于表达的人。表达有两种，一是口头的表达，二是书面的表达。口头的表达很重要，在需要说话的时候能及时、恰当地把自己该说的话说出来，这不仅是一种才能，而且也能办成很多事情。孔子讲：“诵诗三百，授之以政，不达；使于四方，不能专对。虽多，亦奚以为？”说的就是这个道理。但是，从学校教育的角度出发，历来的语文教学，更看重的可能还是后者，即书面的表达。因为，有些很会说话的人，往往并不是学习很好的人，甚至压根儿就不爱学习。一个人的说话如何，很大程度上似乎是一种天赋，也更得力于自身的社会习得和生活习得，学校、课程和老师往往显得无能为力。所以，学校里的语文教学，历来都主要只是把提高学生的书面表达水平即写作能力当作自己的任务而给予更多的重视。语文课程标准之前的语文教学大纲就一直有这样的表述：“写作，是衡量一个人语文水平的综合尺度”“写作，是衡量一个人语文水平的重要尺度”。

所以，很会写文章或者很能写文章的人，才是历来人们心目中把语文学好了的人。

一切很会写文章的人，都有一个共同的特点，这就是都喜欢读书。这也正应了这样一条规律：要能干一件事情，首先得看看别人是怎样干的。“没吃过猪肉，还没见过猪走路？”见猪走路比吃猪肉更重要。“书中自有黄金屋”“书中自有颜如玉”，多读别人写的文章尤其是有“金”有“玉”的好文章，写作所需要的一切，不仅语词材料、方法技巧，内容和灵感也都会有的。阅读，永远是写作的基础，一个人要能写出一手好文章，首先得读大量的别人的好文章。“一个人的阅读史，就是他的精神发育史”，只有精神发育得好，才能够写出给人以精神启迪的好文章。

所以，语文老师教学生，最重要的就是教学生喜欢上阅读。

怎样让学生喜欢上阅读？从喜欢语文课本上的每一篇课文开始。怎么才能使学生喜欢上每一篇课文？有两个条件：一是熟悉，二是理解。只有熟悉了，才能消除隔膜并有可能喜欢上；只有理解了，才能领会到文章的美好从而打心眼里喜欢上。熟悉，要靠学生自己使劲地读；理解，需要教师从旁适当地讲。但这两点又是相互勾连的：学生要愿意使劲地读，需要有一定的理解，否则就是死记硬背，那会使学生厌倦；教师对课文的讲解，也需要以学生必要的读为基础，否则便是生硬的灌输，也会倒了学生对课文的胃口。这里最关键的，还是教师的讲一定要做好：一是在量上要多少适当，二是在质上要能讲出文章的好来。那种过于仔细的串讲，尤其是只是依据教参或其他教辅资料来讲课文，只能是限制学生对课文的领会并将本来精巧完美的文章踩得一地鸡毛或肢解得只剩下干巴巴的几条筋。在保证学生对课文独立阅读的基础上，教师能够根据自己的研读将课文最要紧的东西讲出来让学生真切感受到这些文章的好处和妙处进而喜欢上这些百里挑一的精美言语作品，这才是语文教师的功德。学生喜欢上了课文，便更愿意去多读，课已尽而读还在，最后将这些课文大多都烂熟于心，这样的语文课才算是实现了语文教学应有的价值。不说课文积极的情感思想的熏陶，也不论文章高超的表达方式的影响，仅仅因为喜欢上了课文而记住了文中较多精美的语句，将来还能时时地想起这些语句，并且在有些时候还能恰当地使用——不论是原样挪用还是灵活化用——这些语句，这样的人就已经属于把语文学好了的人。

（来源：QQ日志　发表时间：2015/11/11）

❖ 我这样教《望岳》

选入人教版八年级上册《杜甫诗三首》一课中的《望岳》，是一篇有一定理解难度的古代诗歌。几次现场看这首诗的教学，都不甚满意。最近的一次，是领“国培”学员到“影子学校”现场研修时“影子学校”安排的一节公开课。问题依旧：依然是关于作者和诗体的知识讲授太多，依然是对诗歌的逐句串讲被作为教学的基本环节，依然是将依照某种教辅资料所进行的空泛赏析看作教学的重点。所以，在观摩这节课之后，我主动提出到另一个班“下水”试教一次，通过“同课异构”和执教教师及观课学员一起深入研讨这首诗的教学问题。

和刚看过的这节课一样，我也用一节课的时间。大致分三个阶段：

第一阶段，确定学习任务，读背诗歌。

一开始，我（以下称“教师”）没有设计“弯弯绕”的导入，也没有介绍作者和背景，只是交代课文、板书课题后告诉学生，“这是杜甫的一首著名诗歌”“杜甫的诗歌是比李白诗歌更受人们看重和喜欢的唐代诗歌”；同时也告诉学生：这首诗歌的学习任务一共两个：1.背会；2.读懂。两项“学习任务”也板书。

接下来，教师让学生“自由地把诗歌念上两遍”。

学生朗读课文后，教师问是否能够背诵，大多学生说能背过了。于是让“闭上眼睛或合上课本”齐声背诵一遍。虽然学生的集体背诵很流畅，但担心还有个别学生没有背过，于是从教室中间和后排各指明一位学生背诵。也能背过。惊异学生背诵速度之快，问他们什么时候背过的，学生回答“小学时候就背过了”，教师说“这样更好，两个学习任务中的第一个大家老早就完成了”。学生有些受鼓舞，显得很高兴。

第二阶段，研讨诗歌内容，读懂诗歌。

于是告诉学生：“这节课我们就重点落实第二个学习任务——读懂。”问学生：“一篇课文或一首诗歌怎么样就算‘读懂’了？”

有学生回答：“知道写了什么。”教师予以肯定后单独提问两学生：“知道这首诗歌写了什么吗？”学生不能回答。于是告诉学生：“我们的课本注释很详细，请对照注解把课文仔细看一遍。”

学生看书毕，再提问：“谁能回答这首诗歌写了什么吗？”一学生回答：“写了杜甫的远大志向。”教师问：“怎么看得出？”学生以诗的最后一行“会当凌绝顶，一览众山小”回答。教师评点：“有道理，关于这首诗的有些评论、赏析文章也这么写。但我觉得说得远了些，也高了些，况且这也只是诗歌的最后一联似乎有这种意思，我们现在是要从全诗的角度看它写了什么。”

稍停片刻，教师接着讲：“这首诗写了什么，其实很好回答。你们可曾注意诗歌的题目？”学生齐答：“望岳！”教师说：“这就对了，诗歌不就写了‘望岳’吗？”学生笑。

教师接着说：“我们都知道‘题目是文章的眼睛’，所以我们阅读文章包括诗歌的时候，一定要密切关注它的题目。比如，《济南的冬天》，就写冬天济南的景象；《天净沙·秋思》，就写深秋时节人们的一种思绪。当然，刚才的问题只回答说写了‘望岳’，好像太简单了，应该说得更具体点。这其实也容易。记得你们七年级时候学过一首古代诗歌——曹操的《观沧海》，这首诗和《观沧海》很类似，诗的题目是同一种结构，诗歌内容也差不多，无非是一个写看海，一个写看山。‘观沧海’可以说成‘观海’，‘望岳’也可以说成是‘望泰山’（板书：观沧海——望泰山；观海——望岳）。这里还需要同学们注意一点，所谓‘仁者乐山，智者乐水’，既然是‘乐山’‘乐水’，所以这种写山水自然的文章或诗歌，就不仅仅是冷静地描摹山、水的样子，而是在写山水景物的时候往往也表露出一种情绪、一种情感，正所谓‘观山则情满于山，观海则情溢于海’。这样，一切写自然山水的诗歌，就通常不光写出看到了什么，而且还往往写出想到了什么。看到的是‘景’，想到的是

‘情’。所谓‘触景生情’‘情景交融’‘一切景语皆情语’，也就是这个意思。《观沧海》不只是观海所见的景物，还有观海所触发的感想：那幅极具广度、高度、密度、力度和生气与活力的大海秋景图，最能代表曹操当时的心境；大海那广阔无垠、吞吐日月的胸怀也与曹操包举宇内、兼并天下的抱负相一致，所以他在诗末便自然发出了‘幸甚至哉’的感慨。”

这一大段话不是教师一气呵成讲出来的，中间有些地方是教师故意停下来让学生接着说出来的，有些地方还穿插了小的提问，所以可以看作是师生共同讨论的结果。

可能是学生从前《观沧海》的学习也比较粗糙，所以当教师讲上面这段话时，学生听得很专注。

接下来教师说：“《观沧海》写的是观海所见、观海所想，那同样，《望岳》也只能是写——”教师稍作停顿，学生便齐声说出“——望岳所见、望岳所想”。教师将这八个字顺手写在“教学任务”之“读懂”之后。

由此教师告诉学生：“我国古代诗歌，好多都是和《观沧海》《望岳》一样，都是写景抒情的。比如七年级与《观沧海》同一课学过的《次北固山下》《钱塘湖春行》也都是这样写的。既然是写景抒情的，那我们读懂这类作品的方法也即掌握诗歌的基本内容，就是先看作者写了什么景，再看作者抒了什么情。或者，先看作者看到了什么，再看作者想到了什么。”

在对“岳”“五岳”“东岳”“岱宗”等词语稍作解释之后，进入这节课教学的重点环节——引领学生了解杜甫之“望岳所见”即诗歌中对泰山景象的描写。

教师要学生再对照注释仔细读读诗歌，了解诗人远望泰山所看到的景象，说说在诗人眼中泰山是一座什么样的山。经过讨论，最后找到两个最能概括泰山景象基本特征的词语：“高大”“秀美”。接下来，便一起从诗中找出描写泰山“高大”和“秀美”的诗句。大家的意见很快一致，写泰山“高大”的句子有“齐鲁青未了”“阴阳割昏晓”以及“会当凌绝顶，一览众山小”；表明泰山“秀美”的句子是“造化钟神秀”“荡胸生曾云”“决眦入归鸟”。然后对这些诗句的句意逐个引导学生讨论、揣摩。有些诗句，学生理解很到位，甚至超出教师原来的理解。比如“造化钟神秀”，有学生说“钟”字就是“钟爱”的“钟”，也可以解释为“偏爱”；关于“阴阳割昏晓”，有学生说这句不只说明泰山高大，而且表明泰山陡峭，因为只有极陡峭的山，才能使山的阴阳两面受光情况截然不同——一面阳光普照，一面则阴森昏暗。对于学生这样精彩的发言，教师予以表扬，并且也按班上惯例让学生“给点掌声鼓励”。有些诗句，可能限于学生的人生经验理解还有一定困难，教师则再做点拨和讲析。比如“齐鲁青未了”一句，发现学生对书上注释还有些怀疑，教师便以自己对附近一座名山——陇南成县（旧称“同谷”）鸡峰山——的远望体验为例进行讲解，告诉学生在成县境内好多地方只要一抬头都可看到鸡峰山黛青色的雄姿，并且仿造诗句“鸡峰夫如何？同谷青未了”；同时也讲明，这里当然作者也用了夸张的手法。学生恍然大悟。还有“荡胸生曾云”“决眦入归鸟”两句，教师指出：“只要有些看山经验的人就都知道，什么样的山最美？不只是山体要挺拔、峻峭，也不只是草木要茂盛，而且是要‘云雾绕山头’‘飞鸟相与还’的。这‘荡胸生曾云，决眦入归鸟’描写的就是这样一幅画面。面对泰山这样的美景，诗人不由得心胸荡漾，不由得把眼睛睁到最大尽情地观赏，唯恐遗漏了最值得观赏的美景。

接下来讨论“望岳所想”即诗人所抒发的情感。与“望岳所见”相比，“望岳所想”比较简单，教师只点明：“会当凌绝顶，一览众山小”是诗人“望岳”后自然生发的一种设想。针对上课一开始学生讲的诗歌“写了杜甫的远大志向”的说法，教师也简单介绍一下写作背景，指出“这是杜甫早期的作品，可能也真的表达着诗人的一种豪情，因为这两句诗读起来也感觉挺豪迈的”。另外，也提醒学生注意：“不仅诗歌结尾的这两句，诗中那些直接描写泰山景象的诗句，也绝不只是冷静客观的描摹，而且也饱含着诗人的‘望岳所见’时的满腔热情。泰山作为五岳之尊和齐鲁大地的第一名山，杜甫当然是早就闻知大名并且心向往之，今天终于亲眼看到了泰山的雄姿，他肯定是按捺不住心中的喜悦和激动，所以诗中写泰山景象的句子，都表露着诗人对泰山的极度喜爱。”对诗歌的这种理解，也是在与学生讨论问答中共同完成的。

第三阶段，强化学习效果，重温诗歌。

至此，学生应该算是“读懂”了诗歌，为加深理解和领会，要求学生想象杜甫“望岳”时的情境，揣摩诗人当时的心情，各自试着再朗读两遍诗歌；然后，指明两名学生背读；最后，全班齐背。教师也跟着学生一起吟诵。

进行到这儿，离下课还剩5分钟。引领学生看了课后“研讨与练习”。第一题第三小题是关于《望岳》的，编者的意图是要学生说出一般教学参考书、教辅资料上的说法，即“望”的角度。觉得编得不好，教师读题干后只是简单介绍一下《唐诗鉴赏辞典》中的那种解读让学生体会一下，不多费时间。主要讨论第三题，除了要学生体会“荡胸生曾云，决眦入归鸟”一联对仗句的特点外，也将第二联中的“钟”和“割”两个对偶动词也拿出揣摩其选词之准确，体会诗歌的语言。

做完这件事，正好是下课时间。从下课时学生比较高昂的情绪可以判断，他们对这节课的教学是满意的。

（来源：QQ日志　发布时间：2016/03/24）

❖ 一个月前我在家乡的三天教研实践

关注李镇西的环县之行。从21日下午到23日上午这两天多的时间他的活动，我虽大致掌握，但都是通过他本人的微信获得的，想知道更多的细节尤其是家乡那边的反应，需要看县教育局及其他渠道的专门报道。他和他的团队的讲学是集中在22日一天的，昨天上午他已经离开环县乘车前往银川机场飞回成都。请到这样的大咖来讲学，在家乡应该是一件大事，想来会以最快速度报道。但昨晚登录环县教育信息网，没有找到相关报道。顺便浏览了一通这个网站上的各个栏目，没想到却看到了对我上个月来环县的报道。在网页“教育资讯”栏目的“校园通讯”中分别有两篇新闻稿子：一篇是5月26日刊发的，题为《借力借智，塑造卓越》，写的是我23、24日两天在环县五中的活动；另一篇是5月31日的，题为《关注常态课，聚焦有效课堂》，说的是我25日上午那半天在环城初中的活动。两篇新闻稿的具体内容如下：

借力借智，塑造卓越

——与郭教授聚焦课堂，追寻本真语文

自环县五中实施新课改以来，老师们对新课改理念了然于心，对新课堂的操作模式也基本熟悉。尤其在“七步N查”的操作基础上，我校的语文课堂也逐渐形成了自己的特色，但为了进一步追求语文课堂的魅力，提升语文老师研读教材的能力，促进其专业成长，我校于5月23日，特邀请天水师院副教授、硕士生导师郭治锋莅临我校开展“聚焦课堂，追寻本真语文”的研讨活动。

5月23日上午，环县五中刘琳老师、王丽娜老师代表初中语文组进行了授课。郭教授在听课间隙作了简短备课后，在初二（8）班即兴上课，他授课的题目是选自人教版八年级下册第六单元李白的《行路难》。课堂上，郭教授幽默风趣的开场白即刻拉近了与一群陌生孩子的心理距离，他的课语言轻松诙谐，引导巧妙得法，引经据典，信手拈来，尤其是用韵脚记忆法引导学生快速背诵了诗歌。郭教授的诗歌教学从句意到诗意到风格，看似波澜不惊，实则静水流深。老师们对郭教授的课给予了高度赞赏，李宁老师把郭教授的课比作一首散文诗。的确，他的课精美中渗透着含蓄，朴实中包裹着韵味，这也许就是最本真的语文，是我们追寻已久的语文味吧！

下午，郭教授对我校老师的两节示例课进行了点评。他反复强调，语文课一定要把最要紧的东西交给学生，教学内容永远比教学方法重要。教务主任唐雪芹也鼓励老师们多订阅一些前沿的语文杂志，拓宽视野，提升素养。副校长杨树岳也提出了殷切希望，让老师们努力寻找符合教育规律、符合学生认知规律的教法，继续聚焦课堂，互相借力借智，追寻本真语文。

24日上午，校长张兴斌等一行陪同郭教授观看了我校高中语文组王芳老师、慕仨老师的示例课，最后郭教授就柳永的《雨霖铃》一课也作了示范展示。下午，高中语文组组织了说评课活动，郭教授就如何开展古诗词教学作了解读。张校长表示通过观摩高中课堂，他对即将进一步推开的高中课改也有了更坚定的信心，并承诺为了我校广大师生的共同成长，学校将继续请进专家名师，继续搭建各种交流平台。

当日下午4点，郭教授作了《语文课上教师做什么？》的专题讲座，他强调老师们一定要提高文本研读能力，不能过于依赖教参，因为教参只能成为老师们的手杖，而不应该是锁链，而且研读文本的高度决定了课堂的深度和温度。他还鼓励老师们一定要多亲近名师、走近名师，因为有时名师的一句话会让我们终身受益。最后教务主任唐雪芹做了总结发言，他认为这是一次“上承天水”和“下接地气”的培训，上承天水者，因为“师从天水来”；下接地气者，因为郭教授是立足于我们环县本土而又走出本土的专家。一个大学教授登上中学语文的讲台，可谓俯身屈尊、身体力行，把理论的光辉照耀在实践的土壤之上，无疑对于我们具有最大的指导意义。

窗外，初夏的风轻轻拂过；窗里，诗意的心灵漫步在教育的田园。好一道惬意的风景！

关注常态课，聚焦有效课堂

——李慧明名师工作室开展语文课堂教学交流活动

新课改以来，随着国家对教师培训力度的加大，再加上教师自身的努力学习，大部分教师的观念都得到了转变，经验有了一定的积累，但是如何把这些理念、经验落实到常态的教学中，并提高教学质量，促进学生的全面发展，依然是老师们值得研究的课题。

基于上述考虑，5月25日，环城初中李慧明名师工作室开展了以"关注常态课，聚焦有效课堂"为主题的县城片区语文教学交流活动，甘肃省中语会学术委员会副主任、天水师院硕士研究生导师郭治锋副教授应邀亲临现场示范并指导工作，四中、五中、思源学校以及环城初中的五十多名语文教师参与了本次活动。

本次活动分同课异构和评课、互动交流两部分。首先是环城初中优秀语文教师张丽萍老师的课堂展示《斑羚飞渡》，然后是郭教授的同课异构示范，最后是全体参与人员的评课、互动交流。最后一个环节是最精彩、最吸引人的，郭教授首先阐述了自己对于初中语文教学的观点：教师不被参考答案束缚，学生敢想敢说、勇于交流自己的观点。课堂气氛热烈活跃。郭教授还就其他老师提出的问题进行了详细的解答和交流。

对于这次将自己的专业带回到家乡两所学校的语文课堂上的两天半时间的活动，我本来是要总结叙写并发表在这里的，无奈这一个月实在有些忙，所以便耽搁了下来。现在既然县上教育主管部门的官网上都已经报道过了，那我也就不用再时过境迁还劳神费力地撰写了，直接拿来贴在这里就是。

其实那两天半的活动，在我那次结束刚刚返回天水的第二、第三天，就已经有两位听课老师依个人角度写了出来并经熟识的人传给了我，只是因为我还想着要自己写，所以读过便放下了，没拿出来给人看。现在，也在这里一并晾晒出来。跟教育局官网的新闻报道相比，这种私人叙述也许更为充分和具体。

其一：

当语文老师已经有七个年头了，但是从踏上这个三尺讲台的那一刻起，我就被一个问题所困扰：语文老师到底要教给学生什么？这么多年过去了，教的第一届学生们大学都快毕业了，可这个问题仍然没有答案。

5月23日，有幸邀请到了天水师院副教授、硕士生导师郭治锋莅临我校开展“聚焦课堂，追寻本真语文”的研讨活动。在这两天的活动中，郭教授不但到教室里听了我校语文老师的课，还在听课间隙作了简短备课后，即兴上课。最让我印象深刻的就是他在初二（8）班所讲的古诗《行路难》。课堂上，郭教授幽默风趣的一段开场白立即拉近了与一群陌生孩子的心理距离，他的课语言通俗易懂，引导巧妙，孩子们学习得很轻松，脸上时时浮现出微笑，尤其“韵脚记忆法”又让学生们和老师们获得了背诵诗歌的“法宝”。下午的评课也是精彩不断，记得郭教授反复强调，语文课一定要把最要紧的东西交给学生，教学内容永远比教学方法重要。听了他的这一席话，突然间我似乎感觉到我的困惑有了一些答案。

24日下午4点，郭教授作了《语文课上教师做什么？》的专题讲座，听了讲座后，让我感想颇多。是啊，语文课上作为语文老师应该把最要紧的、最简单的教给孩子，“教什么”是第一位的，“怎么教”是第二位的，内容永远比方法重要。突然发现作为语文老师的我们都很“贪心”，总是想把关于这篇文章的所有东西都教给孩子们，也总想把自己知道的知识都教给孩子们，结果说得多了、教得深了，反而忽略了那些文章中最简单、最重要的东西；说多了、教深了，反而让更多的孩子越学越糊涂，久而久之就失去了学习的兴趣。

想到这里，我也想起了前段时间置换交流时我的那位实习学生，记得“返岗实践”时听了他的《送东阳马生序》一课，一节课没有给学生任何合作交流的时间，只是自己给学生讲，可一节课下来只翻译了三句话，这是为什么呢？他讲得太深了，首先详细地讲了文言虚词“之”的用法，其次又讲了“通假字”的源头。他讲得津津有味、头头是道，可看看我们的学生，有的昏昏欲睡，有的一脸茫然，有的东张西望，只有个别同学能跟得上他的“脚步”……唉，据我对这些学生的了解，这一节课仅仅有五六个学生能听懂，对于大多数学生来说就只是节“休息课”，下课后，我“采访”了几个同学，结果和我预测的相同。校园里偶尔碰到我的学生们，都纷纷问我什么时候回来，虽然没有直接“抱怨”新语文老师，但我分明感受到他们在语文学习中遇到了困难。最后的结果不说都知道，期中考试我们两个班的成绩居年级倒一、倒三。

想想不是这个实习学生教得不用心、不认真，而是他忽略了学情分析，他把这些初中学生当成了他自己，当成了他的同学，在上课过程中没有把最简单、最要紧的东西教给学生，也没有使出浑身解数让学生喜欢所教的课文。

感谢郭治锋教授，感谢我校开展“聚焦课堂，追寻本真语文”的研讨活动，让我明白了语文课上老师应该教给学生什么。

其二：

与郭老师的三次见面

5月23日早晨，我见到了天水师院的郭治锋老师，这是我第三次见到郭老师。

第一次见到郭老师，是五年前的事了。那时五中刚建校不久，学校邀请郭老师来我校上示范课，他上的课文选自七年级短文两篇《夸父逐日》和《共工怒触不周山》。具体细节已记不大清楚了，只记得整堂课郭老师娓娓道来，循循善诱。印象最深的有两点：一是郭老师喜欢同课异构，二是喜欢即兴上课。因为这是我们最不愿做和最不敢做的事，那时真是佩服郭老师的艺高人胆大。

第二次见到郭老师，是一个月前。……（省略）临走时，我们还念叨着不知何时才能再见到郭老师，只是没想到机会很快就来了！

23日、24日，郭老师在我校开展了为期两天的“聚焦课堂，追寻本真语文”的研讨活动。影响最深的是郭老师的一句话、一篇文章和一节课。一句话是“一节课要把最要紧的东西交给学生”；一篇文章是《教参：我们要的是“手杖”而不是“锁链”》；一节课是郭老师与我同课异构的《行路难》。我的课堂设计用杨校长的话说就是把简单的事复杂化了，而郭老师则高屋建瓴，一首古诗从句意到诗意到风格，拾级而上，层层递进，符合学生的认知规律，整堂课轻松幽默，真正做到了“大道至简”。

5月25日，郭老师又被李惠明语文工作室邀请到环城初中就语文课堂教学作指导交流。作为工作室的一员，我有幸参加了这次活动，现场观摩了郭老师所授的《斑羚飞渡》一课。在第一个检查预习环节，郭老师先让一个学生任意选读几个生字词，另一个学生在黑板上听写，旨在引导学生把中国汉字要读得好听，写得好看。接着让学生接龙朗读课文，恰时，窗外细雨绵绵，室内书声琅琅，心突然像被放空了，我静静地享受着这久违美妙的书声。读完课文，郭老师并不着急给学生布置学习任务，而是不紧不慢地问道：“课文读完了，你们这下想干什么？”学生愣了一下，继而七嘴八舌地说了起来，有的想了解作者，有的想概括文章主要内容。郭老师则一一帮助学生完成他们想做的事。接下来，郭老师用“触景生情”法很自然地引导学生说说读完课文后的感受。当学生分享各自的体会时，郭老师也参与其中，给学生谈了自己的感受，他用了三个关键词“震撼、羞愧、欣赏”，使得整堂课环环相扣，层层拔高，目标达成水到渠成，也为下一课时做了很好的铺垫。其实，听过郭老师的三节课里，这一节是我最喜欢的。因为在这节课上，我听到了琅琅的书声美，当你静心倾听，孩子的声音犹如天籁；我还看到了行云流水的自然美，整堂课看似学生领着老师走，实则老师为学生助推；我更嗅到了浓浓的语文味，看似不经意的引导，却有着润“课”细无声的效果，让语文味渐渐由淡转浓，沁人心脾，让人真正领略到语文就是慢的艺术。当然还因为在这节课上，我找到了自己曾久久寻觅的东西。

后来，我收到了郭老师的一条短信，他说在谈阅读感受时，最后一个关键词“欣赏”应该换为“享受”，接着郭老师分析了替换的原因。短信内容如下：

我首先震撼于羚羊群所表现出来的机智、无私和大无畏精神；其次羞愧于人类在能力和品性上的远不及动物和对羚羊犯下的滔天罪恶；同时也享受于文章优美的语言表达。文章不论是用词造句、叙事描写、结构安排还是象征等手法的运用，都美得让人沉浸其中便流连忘返。所以说成“欣赏”是极不恰当的。

严谨治学，是一种习惯，更是一种美德。在郭老师身上，我看到了这种习惯，感受到了这种美德，真是人生一大幸事！郭老师的三节课，让我印象深刻；与郭老师的三次见面，让我难以忘怀。冥冥中我总觉得，我们和郭老师还会再见面的，一定会的！因为他就是一个引路人，总会在我们迷惘无助的时候出现！

感谢这两位老师的这些文字！虽然评价有些偏高，但过程记述却真实而详细。敝帚自珍，我的那三节试水课我本来也是要好好梳理总结的，但放下多天没管便不再能很好地提起来，是他们的这种记述使我的那三节即兴原创的课被详致地记录了下来，其中有些细节比我当时都记得清楚。

今天晚上再次登录环县教育信息网，李镇西讲学的报道有了——首页头条居中大号红字：“著名教育专家李镇西莅临我县讲学授课。”网页翻查了一下，关于我的那两条报道也还在，只是要打开“教育资讯”栏目在其下拉菜单中的“校园通讯”中回溯才能找到。

（来源：QQ日志　发布时间：2016/6/25）

语文教师读书的理由

下课路过学校的艺术馆，这里正在开张一个展览，题为“美术学院2016教师作品年展”。于是暗忖，如果我们学院也在这里举办一个“文学院2016教师作品年展”会是个怎么样的情形？

这其实是一个不存在的问题，因为这种活动似乎只有美术、音乐这些专业的学院才举办，还没听说过哪所高校的文学院或中文系为教师集体举办过这样的个人“作品”展览。

美术、音乐专业的教师经常办展览，中文教师从来不办展览，这种情况不止在高校，中小学也是一样。一所很普通的中学，美术教师集体搞个画展，音乐教师一块儿办个晚会，这都是稀松平常的事，但语文教师办展览，哪怕是多么重点的中学似乎都没有过。

为什么会这样？按理说，教孩子画画的美术教师能够把自己的画拿出来给人看，教孩子唱歌的音乐教师可以自己唱歌给人听，那么教学生读书作文的语文教师也应该有自己的“作品”可以拿出来展览，比如诗歌、散文、小说、随笔、评论等自己平日写出的东西。但是，这种属于语文教师的“作品”展览却真的没有看见过，尤其是以学校为单位的集体性展览。这固然是因为文字作品的特点不如绘画和声乐作品更适合展出，但更主要的，恐怕还是教师们本来就没有多少可以拿得出来的东西。别看我们的语文教师似乎比很多人都有知识，但要论真本事——语文学科内的实际能力，可能是最惭愧的。美术、音乐教师自不必说，数、理、化、外、史、地、生、体这每一科的教师似乎都有自己的专业本事：数学教师会解题，外语教师会说外语，理化教师能做实验，体育教师能跳、能跑、能打球……这都是不用含糊的基本事实。唯独，语文教师能干啥？还真的是个问题。教什么的要会什么，这应该是个常识，也是个基本要求，但长期以来教学生读写听说的语文教师自己的读写听说能力却往往并不看好，甚至还不如所教的学生。别的不说，就阅读、写作两项，尽管老师们批改学生作文时总嫌学生的作文太差，但有些语文教师恐怕还写不到这个份儿上。十多年前有报纸报道上海某区曾举行过一次师生作文与评改比赛，结果发现有不少教师写不过学生；江苏有个县为选拔暑假后的高三教师班子，曾让全县高二教师也同时参加当年的高考，结果语文题的最后一道议论文写作，有相当一部分教师的竟达不到一类卷的最低评分标准（《光明日报》1998年5月6日第6版卞幼平《语文教师可会写文章》）。就阅读能力而言，尽管老师们课堂上都在讲课文，但离开教参能够用自己的话把自己对这些课文的理解讲给人听的少之又少。“一千个读者心中有一千个哈姆莱特”，所以同一篇课文不同教师的讲解应该有所不同，但太多的语文教师们对课文的讲解却往往一模一样。因为工作关系笔者经常到中学听课，一篇课文多少个教师多少年来的讲解出奇地一致，就是因为只能依赖参考书。教的是语文，却没有属于自己的读写活动，当然也就没有个人的语文“作品”可以拿出来给人看了。

有部分语文教师自身的语文素养还是很好的，学养深厚，书面表达能力也很好，散文、诗歌、随笔以及学术性评论文章经常见诸个人网络空间并且也在报刊经常发表，有的还经常“下水”和学生一起作文。但这样的教师只是少数甚至个别。因为人数比例太小，所以他们的这种作品便不会在学校里以展览的形式展出。往往是墙里开花墙外香，除非自己“炫耀”，身边的同事、自己的学生知道的并不多。

要求所有的语文教师都能写出很好的文章并且也像美术教师一样在学校里经常也集体举办大家的“作品”展览，这恐怕太过强人所难并且也不现实，但作为语文教师自己却需要对自己提出这样的要求。语文学习的成果可能不如美术学科便于展览，但却是和美术一样最能以“作品”的形式呈现的。语文素养的核心是语文能力，语文能力的主要标志是写作，写作出的文章是最具有“作品”特点的。语文教师只有能够经常生产出这样的“作品”，才是够格的语文教师，才是原则上有资格教学生作文的教师。

语文教师把自己变成一个能够写作的人，也不是很难。最基本的途径，就是读书。对语文教师而言，阅读或读书本来就是每天的常规作业和基本功课。写作也是语文教师的基本功课，但没有阅读，就没有写作。古人云“熟读唐诗三百首，不会作诗也会吟”，读得多了，可能也就会写了，这是一条规律，是所有写作顺手的人们的共同经验。所以学会写作及提高写作能力，要从阅读入手。只有读得多，才能写得好；阅读，永远是写作的基础。

“一个人的阅读史，就是他的精神发育史”（朱永新）。阅读不仅为写作开窍，而且能丰富精神世界，提高精神境界，为写作提供思想和养料。阅读很重要，却不会成为语文教师的额外负担。作为语文教师的常规作业和基本功课，它就存在于每一个人的日常工作之中。教师的核心工作，是课堂教学，语文课堂教学的基本行为，是课文教学，也就是教师引领学生研读课文。教师引导、带领学生读课文，这既是“全面提高学生语文素养”的最主要途径，也是教师自己最为积极、有效、经常的一种阅读活动。当然，这个时候教师的行为不能是盲目被动地照搬教参，而是在自己深入研读课文跟文本有了对话之后引领学生进入教材与作者及文本对话的过程。这样的行为，无疑是最好的阅读，不仅准确把握课文内容、作者意图，而且品味语言、揣摩写法。既实现阅读的目的，也获得写作的启迪，促使教师阅读、写作等诸多领域语文能力的提升。和从事其他工作的人包括教其他课的教师相比，语文教师的最大优势，就是每天都处在这样的活动之中。这也正是魏书生老师讲的教师工作尤其是语文教师“最占便宜”的理由。

当然，作为语文教师，只读教材还不够，还应该有“课外阅读”。在“语文”的背景下，根据自己的兴趣爱好，扩大视野广泛读，文学、历史、哲学、语言、艺术、教育及其他一切领域有较高文化品位的作品都尽可能地涉猎，其中部分重要的经典读物还要深究细读，将博览与精思结合。这种业余读书与日常教学中的研读课文结合起来，语文能力便会得到最快和最大限度的提升。一个人，当他读书多了的时候，不仅积累丰富了，而且思想也敏锐、深刻了，语言表达也就顺溜了。这个时候，他就愿意而且能够把他的想法发表出来。这个时候，他不仅会写作了，而且写作已经成为他的一种内在需要和行为方式。虽然还不一定是作家和诗人，但一般散文、随笔、评论以及各种实用文章写起来并不吃力。这时候，他就是个读书人、文化人、语文人了。成为这样的人，也就真正具备了做语文教师的条件了，教起语文课来不仅有了底气和个性，而且能够轻松自如、得心应手以至游刃有余了。

这个时候，语文教师也就可以如美术教师一样在学生和同事面前举办自己的“作品展”了。

读书，能够使语文教师也有了“体面”，有了自己的专业本事和专业尊严。这，就是语文教师读书的理由。

（来源：QQ日志　发布时间：2016/9/23）

❖ 学生写我在静宁

与天水紧邻的平凉市有个静宁县，静宁县有所独立初中叫阿阳实验中学，是县城的重点初中。一周前应邀到该校进行了一次与该校语文教师“面对面指导交流教研活动”，一共三天，从3月9日到11日，一天一个年级，先后听课16节，评课6场，讲座1场，试水上课1节。这样集中、紧凑、饱满的专业活动，平日并不多见，其中也多有感触，因而很想写点文字予以记述和总结，无奈一时疏懒，错过时机，好在一位17年前上过课且带过实习的学生、现为该校七年级语文备课组组长的周君，活动结束以后连续写成三篇《与郭老师在一起的这几天》，分次从QQ上发给我。尽管不全是对我几天行动的记述和评说，而更多的是以此为契机发抒自己对语文教学的思考尤其是对以往工作的反思，但从中还是能看到我那三天的踪影。为此，略作删节发布出来。

与郭老师在一起的这几天（其一）

因为昨天晚上喝醉了的缘故，今天没有来得及为郭老师送行，留下了遗憾。郭老师曾说，他年轻的时候做班主任，不懂得和自己的学生交朋友，很少和学生心灵对话，所以这些年，每至一地，他都要想方设法和曾经的学生一起见个面，一起坐坐，修补曾经缺失的师生情。可时光不会倒流，许多道理，当我们自己真的理解了的时候，却感觉已经于事无补了；许多感情，当我们懂得珍惜了的时候，你却已经没有资格拥有。

……

做学问，需要老老实实；做老师，需要老老实实；做任何事情，都需要老老实实的态度。郭老师的评课，郭老师的讲课，一些人也许不以为然，认为比不得崔成林，也不及凌宗伟，既没有完整的理论体系让自己显得高大上，也没有时尚的名词哗众取宠，所以感觉到请这样的教授，岂不是浪费大家的时间？有这种想法者，是因为没有用心聆听，是因为没有用心思考。郭老师不是没有理念，郭老师也不是不说。他大声地说了，反反复复地说了，集中起来，就是两个字“文本”，他反复给我们传输一个观念——建立解读文本的观念。从我2000年工作以来，我的一个感觉是，十几年的时间里，教师越来越不像教育者，而更像车间工人，人浮于事，推日下山者众，潜心研究者鲜。纵使上级领导如何强调，如何严抓习惯，骨子里的东西变了，血液里流淌着的变了，教师得了软骨病。究其原因，这些年的课改不能不说是一个主要原因。课改让优秀的老教师不会上课了，就像一个行医四十年的老中医，因为考不上医师资格证，就不会看病了一样。当现实主义甚嚣尘上之时，必是心浮气躁抬头之时。我们的教师在变来变去的课改名词中游戏，慢慢地，彻底丢弃了文本，随着二十来年的累积，以至于现在绝大多数老师已经没有了文本观念。需要给学生教的东西，我们做老师的不去读，更不要说读懂读透了，这就是典型的缘木求鱼。但愿郭老师的良苦用心能被大家理解，但愿我们的老师，也能有更多的人，像郭老师一样，成为一个研究性的老师。郭老师评课，不像我们一套一套地讲，他每次总是从——这是一篇写什么的文章，文章的指向性在哪，我们必须要交给学生的是什么东西——讲起。现在提得非常响的一个名词是“素养”。做老师的，最起码应该建立属于自己的学科素养，这个素养，不是读《苏霍姆林斯基给老师的一百条建议》这类书就可以建立起来的。书读百遍，其义自见。读书，做一个朗读者，做一个读教材的朗读者，其实是最要紧的事情。我不是反对课改，但我更看重郭老师的文本观。

与郭老师在一起的这几天（其二）

郭老师说，他一直信奉一句话：做中国的语文老师是最幸福的。正因为如此，所以他一直在享受着作为一个老师的快意恩仇，在书香的世界里，在三尺讲台上，他忘记了自己，进入了无我之境。

关于什么是幸福，历来众说纷纭，有人说，坐在宝马车里哭比坐在自行车上笑幸福；有人说，吃山珍海味比吃洋芋疙瘩幸福；有人说，住豪宅比住平房幸福；也有人说，做大官赚大钱比做平民维持生计幸福……而有些人的看法则正好相反。正因为价值观不同，幸福观自然也不一样。但给我留下深刻印象的是我儿时的一段生活经历。小时候，农民干活，主要靠扁担担东西。麦黄六月，农民们挑着沉甸甸的麦子，汗流浃背，一边走一边唱，碰见有人过来了，还不忘大声说一句："扁担在两头闪着呢，我在中间缓着呢！"然后，捋起自己的袖口，擦一把脸上的脏汗，笑呵呵地继续赶路。我只记得他们满脸洋溢着幸福的表情，大约在他们的精神世界里，只有劳而有获，收获的幸福早就胜过了辛劳的痛苦吧。

做老师苦，做老师累，尤其是做语文老师更是如此。这些年来，语文在中国人心目中的影响日渐式微，和数学、英语老师相比，几乎没有任何地位。以我做语文老师的感受，家长对我这个带语文的班主任的重视程度，远远不及没有当班主任的数学、英语老师。最为可笑的是，语文老师甚至连"小四门"的老师比不上，纵然你语文总分150分，在人家每门只有50分的"小四门"面前，你也只能屈居其后。在初中全部九科里，语文算得上是"臭老九"，语文老师一定也是"臭老九"无疑了。人是社会的人，我们不可能生活在真空里，当我们找不到自己的位置，找不到自己存在的价值的时候，必会茫然无措，然后，绝大多数的人会自暴自弃。

一个人的内心世界，另一个人必不能完全猜度，郭老师的精神世界里，有孩童一般纯净明媚的东西，这东西，超越了我们可见、甚至可预见的现实，他目光如炬，看到了我们所看不到的东西，以拯救语文教育为己任，以教化人类为目标，以牺牲自我为代价，真正体现了一个理想主义者崇高的精神追求。这不是愚笨，更不是自不量力，中国知识分子历来有"达则兼济天下，穷则独善其身"的优良传统。

教育，本来是清贫的职业，一旦和功利主义沾上边，灵魂的天平就会倾斜，如果不加遏制，则会轰然倒塌。"师者，所以传道授业解惑也"，语文老师，在其中扮演着更为关键的角色。郭老师旋风式的到来，掀起了一场关于语文老师角色定位的大讨论：与其自怨自艾，还不如积极面对；与其愤愤不平，还不如踏踏实实；与其破罐子破摔，还不如“待从头，收拾旧山河”。我们不能等喧嚣沉寂的时候，才意识到我们中国语文的重要性，我们要学习郭老师“先天下之忧而忧”的忧患意识，未雨绸缪，让我们的学生，一生能够记住，那个在困厄中享受语文的老师，让他们也跟着学习到了终身受益的语文知识和思想，以及在语文世界里所浸润了的情感世界。

与郭老师在一起的这几天（其三）

开展教研活动，推动课改的主要形式就是学习名家或同行之间互相学习，有两个很响亮的名词，叫“听课”，或者叫“观课”，由听专家的课到老师之间互相听课，一学期下来，各式各样各层次的听课总也得十几二十节。现在的主要问题是，我们发现，我们的“听课”和“观课”很变味，每次听完课或观完课，都得进行评课，评课的时候，只要是专家上的课，一味地褒扬歌颂，而同行的课，则需要2+2评课，老师在评课的时候，指出的毛病越多，挑的刺越多，越能证明你听课认真，授课和教学理论水平高，评课态度端正，你就越受领导的器重。2+2的评课方式，遇到一些干练、理性的老师还好，如果遇到一些非要在领导面前展示自己的教师，则会一层一层地延伸，不说个一二十分钟，则不足以表现自己的水平。正因为此，老师们听课或观课的重心就转移了，不是去欣赏、去学习同行的优点，而是一味地寻找授课老师讲课时候的漏洞和毛病。弄到最后，授课者的积极性被严重打击，听课者学习到的东西也很少，“听课”“观课”成了让老师谈之色变也收效甚微的一种教研活动。

我由“听课”“观课”想到了一个类似的词——“听戏”和“观戏”，我们作为听众或观众，听戏观戏的目的显然并不在于给演唱家的演唱水平挑毛病，而是去欣赏，在欣赏的过程中既收获了知识，明白了戏的内容，更在思想情感上受到了熏陶。这美育，发生的过程自然而然，接受的结果也自然而然。因为我们不是专业的评论家，就算是专业的评论家，也只是自己对戏的理解和体会，所谓“一百个读者心中有一百个哈姆雷特”便是如此。

郭老师这次来我校，最让我们佩服的就是他的听课功夫，一天六节课，三天时间，雷打不动。而每次听课时，他都在聚精会神地听，仔仔细细地记，安安静静地看。他听老师讲，他看教本内容，他记老师的讲课和自己对文本及方法的理解。因为有了走马观花般崔成林式的观课的参照物，在我们一般老师的眼中，觉得郭老师太老实了。人家崔成林一节课就可以跑七八个教室，而郭老师却不同。这是不是就是学者型的老师和所谓教育家式的老师最大的不同呢？我不得而知。

但听郭老师的评课，你绝对是一种享受，他曾说："我没有想到你们的评课竟然可以如此一套一套地讲。就这一个，我还真的做不到。"然后他评课，首先给我们解析所听的文章，从内容到方法，从大纲到阅读提示，再到语文课本的边边角角，均是我们很少注意的地方。让我们恍然大悟的是，原来我们的头头是道，看似在刮骨疗毒，其实只是打擦边球，说来说去，原来球根本就不在你的手中，我们只是在玩虚的东西。

到底是战斗的武器重要，还是武器的战斗重要？因为目的指向不同，理解自然也不一样。对于前者，武器只是其战斗的一种手段，而对后者，武器则是战斗的目的。我们到底是为了推动我们的课改而听课观课评课，还是为了消灭老师的积极性而听课观课评课？文本到底是我们战斗的武器，还是花里胡哨的形式才是我们要战斗的目的？郭老师给我们的启示，是值得我们每一个还在迷思中的教育者所应该思考的。

这次受邀去静宁阿阳中学对老师们的语文课做"诊断"或者面对面交流研讨，缘于4个月前那次去静宁在这里上的一节即兴"下水"课。由于总听说静宁县的教育这些年做得有声色，去年11月1—2日，我和院长还有另一位同事特别带着当时的"国培"学员和两个年级的研究生花两天时间前去考察。2日上午，我们按高中、初中和小学分三拨分别到三所学校听课。初中组由我带队，去的就是这所阿阳中学。学校给了我们这两节的课表，第一节正好就有我当年做过班主任的一位孙姓学生的课，于是便去了这个班，是八年级，上的课文是郦道元的《三峡》。这节课总体应该属于上乘，但也还是有一些可以商榷改进的地方。因为是我的学生，所以我那看过别人上课便手痒也想上课的"毛病"又复发了，正好第三节他另一班上还有一节课，所以在

第二节再听一位老师的课后第三节我便到他的另一班上还就这篇《三峡》上了一节。本来只是打算就上给他一人看看以便“下水”指导的，不料却来了很多教师听课，校长（朱姓）也来了，教室也特别换到了学校的录播教室。课后，朱校长留下我聊谈并请吃午饭，谈话中他说希望我有空再来学校做些“指导”。本以为这只是校长的官话，谁知他还当真。那次静宁回来不久，这位孙姓学生给我打电话说校长委托他请我一定找个时间专门再来一次。因为临近寒假，便推到了下个学期。这学期开学前两周，孙学生打来电话，说朱校长之意最好一开学就能来；两天后朱校长直接打来了电话。于是我便答应，时间初步定在第二周。第二周开始两天没能走成，星期三（3月8日）下午动身去了静宁。

这次去阿阳，知道这位孙姓学生是八年级的语文备课组组长。全校三个年级，两个年级的语文课由我的两位“亲学生”负责，也很有几分自豪。

4个月前那次去阿阳中学尤其是那一节“下水”课，孙生事后也写了一篇稿子作了记述。这里也适当删节后发出。

大巧若拙，大化无痕

——听郭老师的示范课有感

可以毫不夸张地说，郭老师来我校考察观摩，着实让我火了一把。因为毕竟是高校的教授，而且还是我的亲班主任。……二十年未见的班主任、高校的教授要来，你说能不高兴吗？“你的班主任？”“是！”只一个字！“亲班主任？”“当然是，班主任还有不亲的吗？”他羡慕，我自豪，已经小火了一把。更让我大火了一把的是，郭老师不但点名要听我的课，还和我同课异构，师徒同台竞技。

那天，我们上的是《三峡》，听完我的课，我拉住郭老师给我的学生介绍：“这是我大学的老师、班主任郭教授。”同学们惊异地欢呼起来。郭老师也即兴幽默地说：“那咱们就站在你的公开课的板书前面，让我的学生的学生给我和我的学生合个影吧。”于是我们合了一张珍贵的照片，他说话依旧那么风趣。

对我的课，郭老师没有做评价。只是悄悄地问我：“你还有另外一个班的课吗？”“有。”“那我给你的那个班上一节课吧。”“好啊！”“不要声张，咱俩交流交流。”我明白他是要就我上的课中存在的问题针锋相对地通过课堂加以示范。我把这个消息告诉了朱校长，朱校长随即决定让全校的语文组、英语组教师听课，地点改在录播室，高大上了啊！

我自豪地背着郭老师的包，给他提着板凳，郭老师也自豪地听着他的新学生说：“有人拉马坠镫，真自豪。”

听完郭老师的课，我有如下收获：

1. 关于教学目标的生成与展示。郭老师的课上，能与学生很快融为一体的看家本领就是走进孩子的心里去，从孩子自己的学习欲望出发，与他们平等协商，共同制定本课的学习目标。学生预习课文后，在哪儿有疑问，就把哪儿确定为目标，这样，急学生所急，想学生所想，有的放矢，目标明确，充分调动了学生积极性，给他们民主，而不是教师的“一言堂”。反观我们，“导入明标”，却是老师从自身出发或从参考书及其他媒体照搬而来的，强加给学生，这样的目标则不能切合学生的实际，不能从他们的学业水平、心理素养出发，显得或者目标过高难于达成，或者过低学生失去探究的趣味。在出示时，教师只是在PPT上一晃而过，学生根本没有明确目标，就已经开始下一环节，整堂课学生的学习是云里雾里，喝迷魂汤，钻迷魂阵。

2. 检查预习的灵活性、多样性。关于文本的预习，尤其是字词，郭老师在了解学情的过程中，发现学生准备得充分扎实，他就只强调了几个重点难点字词的读音，并且实事求是地说他也没查认不得，显示出真实的一面，师生共同解决，惜时如金。而我们在每一节课上却按部就班地在“温故互查”，程式化的课堂，缺乏活力，学生感到乏味。

3. 关于作家作品的简介及写作背景。郭老师不只给学生以知识，更教会学生以方法，那就是以文本为本，追本溯源，引导学生首先抓课文的第一个注解，圈点勾画识记。这教会了学生一个学习方法和学习理念——务本。而我们却是舍本逐末，多媒体呈现，学生读一遍，虽然学生也记了笔记，可能记住了，但是却没有给学生利用课本的理念。不仅如此，后边对文本的理解，也是引导学生借助注解理解文本。

4. 多媒体的运用。郭老师用得不多。我的理解是，语文重在培养学生的语言感知力及想象力，就是让学生读、悟、思、想，对于三峡奇景在头脑中生发出无限的遐想，产生出各种景象，而多媒体展示过多的图片，则反而固化了学生的想象，束缚了他们思维的翅膀。因此，多媒体的运用要适当、恰当，为课堂服务、为目标的达成服务而已。切不可在华丽的展示中喧宾夺主。

更令人叫绝的是，郭老师的课并没有什么固化的模式，也没有程式化的环节，整个课堂浑然一体，一气呵成，大化无痕，大巧若拙，而不是像我们一样，环节齐全，面面俱到，棱角分明，流程生硬。

郭老师的到来如惊鸿一现，匆匆而来急急而去，他的“雁过留声”给我的印象是深刻的，相信给全体阿阳人的印象是也深刻的。

郭老师给我及全体阿阳人上了深刻的一课。

（来源：QQ日志　发布时间：2017/3/19）

❖ 关于《昆明的雨》教学的微信讨论

2018年上半年在新疆昌吉州带学生教育实习期间，有机会与早年毕业来疆工作的多位昔日学生相会，其中在乌鲁木齐某中学做语文教师的H生（网名：Miss Han）的交流最多，知道这是一位把语文课教得很上心也很开心的好学生。这年国庆长假期间，她微信告诉我节后将有一次公开教学，课文已选定为八年级教材汪曾祺的散文《昆明的雨》。于是，从5日开始直到13日，从假日到节后以至公开课结束后两天，相互间围绕这篇课文的教学在微信上展开了持续、深入的讨论。

下面，即这场讨论的原始记录：

Miss Han（10.5.14：36）：

郭老师，在吗？有没有出去度假？

郭治锋（10.5.14：37）：

回庆阳了，你呢？

Miss Han（10.5.14：37）：

我在家里，今天学校备课呢。我要上一趟大型的公开课，心里没谱。您能不能帮我看看？

郭治锋（10.5.14：42）：

啥时候上？我晚上看，这会儿在街上。

Miss Han（10.5.14：43）：

好的，谢谢郭老师。放假回来。

郭治锋（10.5.23：18）：

《昆明的雨》，几年级课本？

Miss Han（10.6.00：15）：

八年级上册的部编教材。手机没电了，才看见，打扰您休息了。

郭治锋（10.6.08：18）：

为什么选这篇？你喜欢？估计有些学生不喜欢，那就讨论喜欢及不喜欢的理由，最后让学生知道它的好，都喜欢上。

Miss Han（10.6.08：44）：

汪曾祺的散文很美，就是让学生品味这篇文章所记录的生活的点滴美好与诗意。

郭治锋（10.8.16：11）：

汪曾祺的散文我总是缺感觉。你有了教学构想发我看看。

Miss Han（10.8.16：35）：

作者想念的不只是昆明的雨，围绕雨作者还写了昆明的地方特色，风土人情，在品读的过程中明确作者的语言特色和喜爱昆明安静生活背后的家国情怀！

……

郭治锋（10.9.00：56）：

一篇自读课文，本来只是学生自己读教师适当点拨即可，但要当作公开课来教，则要提高要求并且教师必须做较多教学生学的工作，要使学生感受到课文的好处和妙处，喜欢上课文。

再读一遍，对课文大致有了些感觉。提出如下大致建议：

一、导入引发

1.导入切入。此文与本单元另三课四篇散文不同，主题不明朗，阅读难度大，肯定会有学生初读后觉得不知所云因而不甚喜欢。这点不要回避，就作为上课切入点。一开始就问学生读过后啥感觉？觉得好还是不好？喜欢还是不喜欢？肯定两种意见，让学生分别说出理由。

2.激发引发学生对课文有好感：怎么会不好呢？汪曾祺的文章还不好吗？选入语文课本怎么能不好？肯定是好文章，我们应该喜欢。

二、讨论、发现课文的好

1.课文基本内容与作者情感倾向？

（1）审题："昆明的雨"的标题下应该写什么？昆明的雨怎样以及作者对昆明的雨的态度。

（2）根据单元提示，本文当属于哪种类型？写景抒情。

（3）昆明的雨怎样？文章是写昆明的雨吗？是也不是，准确地说，是写昆明的雨季。

（4）昆明的雨季怎样？从文中找出直接回答此问的语句。

（5）作者对昆明雨季啥态度？怀念或想念。

（6）为什么怀念？

a.作者经历使然。因为作者在昆明住过较长时间，日久生情，离开后必然想念。

b.文章就是这样写的。文前题记跟正文关系？昆明的雨季才是昆明的特点。正文开头跟结尾都是“我想念昆明的雨”。文章写了雨季的什么？仙人掌，菌子，杨梅，缅桂花，雨。这每一样物都让作者难以忘怀，并且勾起他对一些情景、事件的回忆。

2.课文语言特点及作者风格。

漫不经心的叙写中表达作者的情思，典型的“形散神聚”的散文。结合课后“阅读提示”。

三、扩展：汪曾祺及其经典作品介绍

郭治锋（10.9.00：57）：

写得乱，先将就着看。

郭治锋（10.9.01：24）：

为本单元最后一篇散文，所以在大致读懂课文的基础上可以让学生对比此文与前面诸篇的不同。前面各篇大都说理、叙事较多因而目的性强、审美性弱。本篇则正好相反。

郭治锋（10.9.07：24）：

为什么题目叫“昆明的雨”而不用“昆明的雨季”，正如老舍的“济南的冬天”一样？

郭治锋（10.9.07：25）：

汪曾祺跟昆明的关系怎样？也要了解清楚。

Miss Han（10.9.10：04）：

郭老师，太感谢你了，昨晚太累了，睡着了。

Miss Han（10.9.10：05）：

“这是本单元最后一篇散文，所以在大致读懂课文的基础上可以让学生对比此文与前面诸篇的不同。前面各篇大都说理、叙事较多因而目的性强、审美性弱。本篇则正好相反。”郭老师，这个很重要，主要是我给八年级的上课，他们还没上到这里。

郭治锋（10.9.10：08）：

教学怎样设计，还是你自己斟酌，我这里主要只是读课文读出的一些感受。

Miss Han（10.9.10：09）：

特别好，我忽略了昆明的雨的特点，直接跳到昆明的雨下的一些事物。

Miss Han（10.11.14：32）：

郭老师，在你的帮助下，今天的课上得很成功，和上次铁三中的蔡老师学校的一位名师同课异构，据说最后是我上的稍稍好一点，还是很感谢你，唯一遗憾就是背景音乐有点大了，没调好，录出来的效果不太好。

郭治锋（10.11.17：13）：

在哪里上的？

Miss Han（10.11.17：14）：

乌市教研室给我们送课送教。在我们学校，乌市米东区老师都来学校听课。

郭治锋（10.11.17：17）：

你代表学校做教学汇报或展示？好，祝贺！

Miss Han（10.11.17：20）：

和蔡老师学校的一位老师一起上《昆明的雨》。

郭治锋（10.13.08：26）：

https：//mp. weixin. qq. com/s/IpnWmjLU2h-gvEknJcT4AQ 羊肚菌。这个介绍陇南的文章里的图片。陇南是甘肃最湿润温暖的地方，一切菌类都生于湿润温暖之处。雨季的昆明，自然菌类多。

Miss Han（10.13.10：06）：

吃起来一定也是滑、嫩、鲜、香，很好吃。

郭治锋（10.13.10：27）：

汪曾祺放着“昆明的雨”这样的标题却大谈各种菌类，说明他确实是个吃货。

Miss Han（10.13.10：28）：

哈哈，我喜欢他和苏轼的原因就在此，生活困顿潦倒的时候自然还能坦然面对生活，尽力发掘生活中的美食美景。

郭治锋（10.13.10：46）：

是的，苏东坡也是个吃货。并且还是个玩货。陶渊明、李白更是一个德性，除了使劲地喝酒及酒后高兴了写点文章诌几句诗外，不怎么干正事。可惜一身能耐，却胸无大志。所以也还都是些“完货”。

Miss Han（10.13.10：48）：

非也，我所理解的苏东坡不是那样的。

郭治锋（10.13.10：57）：

当然，苏东坡也是为民请命的人。

Miss Han（10.13.10：58）：

都脱不开一个大背景，只是他们敢说敢做，而如今我们只是服从。

……

后续：

2019年11月7日，文传学院研究生教学技能比赛，2019级X生选此课参赛，适当点拨尤其是转发以上讨论，X生获第5名（研一唯一获奖者）且受到几位评委盛赞。

2019年11月13日，2019届本科生L生因参加学校公开教学问及此课教学设计，重发这个留言后收到回复：

佩服郭老师，您分析得太到位了，有深度，由浅入深，层层递进，从学生的阅读感受出发，教师带领学生去发现课文的美，而不是直接告诉学生这是篇美文，让学生在不断的探寻中领略到汪曾祺对昆明雨的怀念。之前乱如麻，现在有头绪了。谢谢郭老师！好想再回到学校听您讲名师名课，每次听完您讲的课都感受颇深。

2020年12月4日，早年在陇东学院教过课的2003年毕业回乡做教师的郭生因参加全市教学比赛问及《昆明的雨》的教学，再转发2018年10月与韩生对话，另补发以下意见：

“淡淡的乡愁”也许是最美的一种情愫，如王湾的《次北固山下》。在他乡必然想家，但却不刻骨铭心。为啥？因为此时此处美好。彻底没有乡愁的本地人，却也没有这种对当下美好的感觉，因习以为常的麻木，即审美疲劳；只有客居他乡的人才能感受得到，但如果太想家便也领略不到此时此地的美好。所以，在最后结束前不妨谈谈这篇散文中这种淡淡的乡愁，如果说汪曾祺当初是为故乡，现在则成了对昆明的思念。

（来源：微信聊天室对谈　发布时间：2018年10月5—13日）

❖ 我阅了一次语文考试的卷子

期末大规模的任务内阅卷开始之前，先阅了一回本职工作以外的试卷。

这是教务处组织的这一年全校申请转专业的大一学生的语文水平考试的阅卷。因为考试题是我出的，所以考试结束后的阅卷也交给了我。110多份卷子，我一个人评阅。

试题是这样的：（略）

敝帚自珍，这份与当今一般选拔性考试通常所采取的极细密的标准化试题命制大相径庭的只有两道考题的命题，我还是很满意的，认为能够比较准确地检测出考生目前“语文素养”所达到的实际程度。据说自从有了学生可以转专业的政策以来，全校范围内要求往汉语言文学专业转的学生最多。我是中文系的教师，我深知一个语文基础较差的学生进入汉语言文学专业的弊害。因此承担这个考试语文科目的命题与阅卷，我一方面衷心希望这些报考同学能够借此机会实现他的愿望，脱离原来极不适应的专业转到心仪的新专业，另一方面还要主动做个“恶人”，把那些语文真的不好的学生“堵”在外面，为汉语言文学专业把好门。因此，这套看似简单、随意的语文考题，我不是随便一拍脑门造出来的，而是也费过一番心思的，先是上网调阅了2018年的几种语文高考题，又通过熟识的正在教高三年级的语文教师找来他们正在领上学生试作的测试卷，直到研究后实在不能认同决定弃置不用后才根据自己的理解编拟了这样的考题。另外，由于我是长期教授语文教学法的教师，关注中小学的语文教学已成为我的职业习惯，因而也想借此机会了解一下这些半年前才从中学考入我们这所学校的学生中学时所经历的语文教学情况。这些涵盖学校几乎全部专业、来自省内外广泛地域众多学校的大一新生的这份语文试卷，显然比我以往只面对中文专业大三以后且只跟他们谈论语文教学的学生那里获得的信息更具有调查的价值。这也就是两道考题的内容都跟中学语文教材直接相关的原因，其中第二题的两个阅读材料就直接取自目前“部编本”初中同一册教材中两篇课文（略）。

自己出的考题，并且只有两道题，所以阅卷应该很快，在一般比较麻利的人那儿一个上午估计就能结束，但我是用了三个半天的时间才完成的。之所以这么慢，还是源于题是我出的以及心中总是想着中学的语文教学这种职业习惯。因此阅卷中我就不只是给每份卷子判定一个分数，我还要看看每位考生都是怎么作答的，并且也要联想到他们从前所接受的语文教育。人生有很多种乐趣或享受，对于我们做教师的来说，“得天下英才而教育之”是一种，但出上一套自己比较中意的试卷来考考学生、阅卷中再猜猜学生，也是“一乐”。哪怕这些学生跟自己毫不相干。

在这场慢慢的阅卷中，我就发现了以下几个问题：

一是学生的语文知识高于语文能力。

这从大多试卷的得分构成上就能说明。两个大题“知识考核”和“能力检测”各占50分。第一题要求“写出5位你最喜欢的中外文学家的名字并说出喜爱的理由”，第二题要求从给出的两篇阅读材料（罗素的《我为什么活着》和苏轼的《记承天寺夜游》）中“选出一篇写出读后感，另一篇写出简单介绍”。按常规，第一题知识检测因为比较琐细客观，出错机会多，因而容易失分；第二题能力考核为宏观且主观的大题，只要没有太大差错，一般都能得个比较好的分数。但这次学生答卷情况正好相反，第一题获40分以上的很多，而第二题连过30分的都不多。有的试卷第一题答卷非常好，知识视野也宽，列举作家突破了中学语文教材入选范围，且所举作家“喜欢的理由”也比较充分。比如好几人都写到了我两年前才从爱读书的好友跟前听说过的日本的东野奎吾，也介绍了他的好些小说名称。阅及这样的试卷当然很兴奋，估计会得一个很好的总分，不想第二题却很令人失望：写读后感大都停留在对原文的复述或翻译，“感”写得不多，更少深度和新意；另一篇的作品简单介绍也不能把文本最重要的东西比如其特别之处说出来。写作品介绍重在考测阅读能力，写读后感则既反映其阅读能力，也衡量其写作水平，试卷中这道大题普遍存在的这种问题，表明学生的语文能力总体水平不乐观。

以往中小学校的语文教学“观察”中每每看到，师生对语文知识扣得很紧而对读写训练措施不力。这次考试就检测出了这种教学的结果。

二是中学最经典的课文读得马虎。

第二大题两篇阅读材料中苏轼的《记承天寺夜游》是苏轼散文的代表作品，历来评价很高，被誉为“神品”。其最为人们称道的应该说是两点：一是对月光的描写，二是对自己闲情的抒写。作品一直入选初中语文课本，是中学语文教材的重点篇目，这些年看语文公开课经常被老师教到，想必每一位读过初中的学生语文课上老师都讲得很细，也读得很熟。但就是这篇经典课文，这份试卷上学生的解答却很不好，大多学生对“闲人”说得多而对月光讲得少；更有甚者，有较多学生竟然把“庭下如积水空明，水中藻、荇交横”一句中的“如”字硬是忽略了，就直截了当地说是苏轼和张怀民在承天寺的月夜看到了满院子的积水。一篇脍炙人口的经典作品在这些当初中学时代应该属于中上水平的学生中就这样被解构了。我一直主张，课文教学“一定要把一篇课文最要紧的东西教给学生”，一位著名语文特级教师也说，语文课文教学就八个字：“咬文嚼字，含英咀华”，这篇文言短文中这个最关键的语句这么多的学生还犯这样的错误，真不知道他们那时候的语文课是怎么上的。

三是书写不美观且不守规范。

汉字有个最大的特点，就是写出来好看；并且，作为一种交际工具的书写符号，其使用是有规矩的，应该遵守。但是这些年几乎任何场合的汉字书写，至少是我所看到的大中学生的作业、试卷，其卷面状态总是不能让人满意。字写得不好看失去应有的美感不说，而且该守的规矩、规范往往被丢弃。其中让我最不能容忍的有两点：一是句号不见了，二是段落开头都是顶格的。所以这些年上课，每一批学生我一开始都强调：“凡给我做学生的，必须做到两点：首行缩进，句号画圆。”久而久之，这也成了我的名言。遗憾的是，虽然我这个话一提起来学生都知道，但最终还是有较多的学生没能改得过来。这次考试这些来自多个学院多个专业我没有教过的学生，这种情况当然也就更普遍了，哪怕是一些答题内容较好、得分较高的优秀试卷，也是这样。110多份试卷，书写看着舒服且能把句号画圆并首行缩进的，也就五六份。

110来份卷子阅完后我没有具体统计成绩，但总体记忆清晰，印象大多在60~80分之间，80分以上大概有十几位，60分以下的不到十位。这个比例符合预期结果，也表明试题的信度、效度、区分度均较好。

不知道教务处怎么使用这个阅卷结果，也不知道这110多位参加考试的学生最后是否都能实现转换专业的愿望，但参与这次语文科目的命题与阅卷两个环节的工作，与我而言确实是一次很有意义的事情，所以特别做如上记述。

今天得到消息，我下学期将有两个2018级理科班学生的大学语文课。届时第一次上课，就跟他们通报这次考试的情况，希望班上有这次我阅过卷子的学生。

（来源：简书　发布时间：2019/01/08）

❖ 领学生去宝鸡蹭课，看赵谦翔老师教《桃花源记》并听其《例说红色导航之绿色语文》

虽然有了一把年纪，但还是爱追星。因为专业方向是基础教育的语文教学，所以“追星”就追全国范围内那些著名的语文特级教师以及语文教育研究大家。多年来，只要得知哪里有这样的名师或名家活动，便尽量去赶场。仅去年后季以来，就去过陕西咸阳、山西运城、湖南长沙，追过干国祥、魏智渊、王开东、唐江澎、孙双金、王崧舟、黄玉峰、余映潮、赵谦翔、董一菲、陈琴、窦桂梅、潘新和等十余位这个领域耳熟能详的大腕儿，看他们上课、评课、报告以及几个人在台上的对话沙龙。

近三十年来全国范围内活跃着的最著名语文特级教师，我交往和熟悉程度最高的，可能要数52岁时从吉林调入清华大学附中的赵谦翔老师。不仅会议、讲学中见面多而且还有过几次特别的交往：两次请他讲学，写过几篇研究他和他的课的文章，几年前也加了个人微信。

1月份长沙的首届诗词教学大会后，追捧他的人更多，其中他目前担任首席语文教师和教学顾问的位于广东东莞的清澜山学校有位据说是王君老师铁杆粉丝的陈老师也宣传赵老师不遗余力，经常在各种群落报道赵老师的活动并发表热切的赞美与评论，十多天前赵老师在该校五个年级示教《与朱元思书》的一次录像他还推送到了网上。我也是因为看过这个课的视频在跟赵老师的微信聊谈中，才得知他21日要来宝鸡讲学的消息。

宝鸡是距离天水最近的城市，高铁仅40分钟路程，这次的邀请方又正是这个城市我唯一熟悉的高新区第一中学，且操办者就是近两年来结识且专业交流密切的陕甘语文才俊张宏老师，所以尽管两个月前在长沙我们刚刚见过，但还是决定去赶这个场。因为太近且不收费，所以还决定带几个学生。虽然该校长一再强调此次活动不对外，但当我与这位据张宏老师说也是语文情怀很浓、也做特级教师的吴校长直接联系时，他还是很痛快地答应我可以来访并同意带几位学生。赵老师的讲学在3月22日上午，8点20分开始，当日早晨出发来不及，我们便于21日下午赶了过去。没好意思带更多的人，只6位研一的学生并一位闻讯后也表示渴望前去学习的本地语文教师。

下午到宝鸡虽然还不迟，但因第二天就要见面并且我还要管护所带学生，因此便跟赵老师和张宏老师说好今天就不搅扰他们。从宝鸡火车南站出来后，先找住处，然后吃饭，晚餐后到马路斜对面的宝鸡文理学院游览一圈。宝文理是与天师院距离最近的同类学校，但因是陕西省的，以往还未曾来过。

22日早餐后乘公交两站8点钟到达高新一中，张宏老师引导见过吴校长及已经到校的赵老师。握手问候后进入上课场地的明德楼一楼的录播教室准备观课。

赵谦翔老师一个上午的活动分两场，先是一堂公开课，然后是座谈会。

观摩课8点30分正式开始。张宏老师作简单介绍后赵老师即以他惯常的精神抖擞状态进入情境。授课对象是八年级一个班的学生，课文是陶渊明的《桃花源记》。课文据说学生已经学过，不过这也是赵老师公开课的经常情况，他有一句话“温故而知新，学过了不等于不能再学了，因为它们是经典”。所以，这堂课当是对学生已经学过的经典课文的重新施教。

教学过程主要六个环节：（一）正音诵读。通过齐读课文检查以往所学情况。（二）拓展阅读。引进《桃花源诗》，点拨难句句义，在相互对比中了解《诗》与《记》珠联璧合的关系。（三）赏析技巧。依首段“发现桃花源”、尾段“寻觅桃花源”、中段“展现桃花源”的顺序梳理全文结构并重温每段内容，在此基础上让学生说出每段读后的感觉，最后归结出全文内容构思上的技巧：神秘感（引人入胜）—神奇感（令人憧憬）—虚幻感（诗人筑梦）。（四）感悟主题。指出作者就是构建了这样一个在西方叫作“乌托邦”在中国叫作“桃花源”的理想国，同时出示教师关于“桃花源”的断想并点拨。

（五）以读促写。要求学生按照“精诚、精炼、精彩”的标准从学习、生活、事业的角度写一段话描述自己心中的“桃花源”，学生写出后教师逐一点评，最后再出示范作《“桃花源”断想》学生齐读。（六）文言诗文学习方法指导。教师介绍自己文言教学经验并出示以往所教学生的文言写作作品激励学生学习热情。

公开课共90分钟，10点钟下课。休息片刻后转入第二场活动：座谈会并主题报告。场地改六楼会议室，还是张宏老师主持。赵老师主讲前，先安排吴校长和我对刚才的课发表观感。吴校长认为赵老师“今天的课上得很经典”，“穿越‘记’‘诗’与古今”“纵横捭阖”“引导学生驰骋想象”“这个榜样做得很好”。我主要讲了赵老师课一贯所表现的特点以及这堂课所带来的两点启示：一是如何将学生已经学过的课文教出新意和高度？二是如何在教学生课文的时候也兼管写作或者指向写作？张宏老师的主持中也对赵老师的课给予高度评价，认为“是一堂出神入化、以文化人的好课”。

为不耽误大家听赵老师的报告，我们的发言都尽量俭省，十分钟后便将时间交给了赵老师请他做主题讲座。赵老师今天的题目叫“例说红色导航之绿色语文”。赵谦翔是“绿色语文”的首倡者和积极践行者，关于绿色语文我很熟，但今天的报告在前面加一个“红色导航”的标题还是让我感到耳目一新。赵老师的报告，分别从“红色导航之教师观”“绿色语文之教学观”“金色成果之学生观”“乐教不疲之事业观”四个方面对他的教育观作了全面而清晰的阐述。因为赵老师的每一句话都是基于自己的经验直接讲给每一位在座的同行的，大家又围坐在一起直接聆听，加之他那独特的风趣机智、铿锵顿挫、掷地有声的语言表达，以及不断穿插的描述自己经历与感受的自己创作的精美诗歌，所以40多分钟的这个微讲座大家都听得如痴如醉。最后，他又用近半个小时的时间就高新一中教师提出的作文教学与文言文教学中的疑惑进行互动答疑。

从2007年开始，我有机会多次现场看赵谦翔老师的课，回顾起来有《如梦令·昨夜雨疏风骤》《归园田居（其一）》《五柳先生传》《满井游记》《四块五·闲适》《饮酒（其五）》《石灰吟》等多篇课文。其中2009年看过的《归园田居（其一）》因为后来找到了当时主办方制作的精美的录像，后来便每年都给学生播放并不断地给人复制，因而至今估计看过60遍以上。

看过赵老师这么多课，也发现了他公开课的一些共同特点：一是教学课文的选择，都是文言诗文，并且以陶渊明作品居多。这与他的“绿色语文”首先起步于“绿色文言教学”有关，也与他对陶渊明的推崇与喜爱有关。2014年11月我第一次请赵谦翔老师来天水讲学结束返程路上他给我赠的一首诗最后一行就是：“安居杏坛里，共追陶渊明。”二是教学过程的设计，有一个基本的套路，就是在引领学生解词诵读、赏析课文之后，还有一个写作训练的环节。通常是：学生按照给定条件或范围写出课文学习的心得，待学生当堂完成收上来后教师现场点评，最后老师将自己的“下水”作业拿出与学生分享交流。

今天这堂《桃花源记》，跟以往我看到的那些课很像：也是陶渊明的作品，也是这样的教学流程。不过，他也绝非因循旧例，故步自封，而是在保持自己个性与风格的同时，也力求教出新意、教出高度、教出实效、教出本堂课应有的个性。纵观全课，最精彩的，要属“感悟主题”环节教师在指出本文就是通过描绘一个令人憧憬的桃花源来寄托自己对于心目中的理想国的梦想后所出示的取名《“桃花源”断想》的一首他自己写的诗：

各国都有理想国：
西方叫乌托邦，
中国叫桃花源。
人人都有桃花源：
安得广厦千万间，
大庇天下寒士俱欢颜，
是杜甫的桃花源。
在雨巷中逢着一个
撑着油纸伞的姑娘，
是戴望舒的桃花源。
我有一所房子，
面朝大海，春暖花开，
是海子的桃花源。
古今都有桃花源：

大道之行也，天下为公，
是《礼记》昭示的桃花源。
“两个一百年”的蓝图，
是中华新时代的桃花源。
正因为憧憬桃花源，
类人猿从树上爬下，
直立行走，变成了人类；
人类从刀耕火种、茹毛饮血，
发展到九天揽月、五洋捉鳖。
人类的文明史，
就是桃花源的追逐史。
课堂内，
我们走进《桃花源记》；
课堂外，
我们追逐“桃花源梦”。
愿桃花源永远激励我们
从芳华之春，
至耄耋之秋！

这个“断想”，给人以醍醐灌顶之感，因为它超出了对作品主题的一般性理解，是对课文内容熟读精思后的深刻感悟，并且将作者所成功描绘的“世外桃源”这个社会梦想的普世价值及现代意义做出了最为真切具体的表达。正如2009年看过赵老师的《归园田居（其一）》教学后才第一次认识到陶渊明诗歌的“人性之光”一样，今天看这堂《桃花源记》，才知道陶渊明所记述的桃花源不仅仅是他个人心中的理想国，其实也是古往今来一切对未来还有所追求的人们共同的梦想。语文课堂教学是教师引领学生跟文本对话的过程，要实现这种对话，教师首先要能够跟文本对话。赵谦翔老师的这篇“断想”，就是他跟文本深入对话的结果，也就是对文本的深度解读。“教师文本解读的高度，决定课堂的温度与深度”，语文课不论怎样教，“都必须建立在对文本的深度解读上、跟学生的深度对话上、与生命的深度交融上”，今天这堂《桃花源记》的这个教学环节就标志着这堂课所达到的高度。这节课由于课文是学生已经学过的，所以这样的教学高度对学生来说应该也是能够达到的。从课堂上学生与赵老师良好热烈的对话互动状态看，是这样的。

最能代表赵谦翔老师这些年公开课特色的环节，应该还是他教读、赏析完课文后让学生当场完成的那个“‘三精牌’一言心得”（精诚、精炼、精彩）的写作。与以往不同的是，今天这堂课的这个环节，待学生写出各自“心中的桃花源”教师一一点评后，赵老师没有另外展现自己的“下水”作品，而是再次将这个“断想”拿出让学生齐读并再作点拨。所以这个“断想”实际上就是赵谦翔老师自己关于这篇经典作品反复研磨、总体把握后到今天为止的“‘三精牌’一言心得”。“一千个读者心中有一千个哈姆莱特”，语文课最大的优势和魅力，就在于不求标新立异的前提下依然每一节课教师都可以有自己的创造。赵老师今天的《桃花源记》中的这个环节，就典型地体现了这个特点。当然，这需要教师良好的专业功底尤其是对课文意义的独到发现。至少是，一定要从长期以来泛滥于教师、学生中的那些质量实在不高的教参与教辅资料的桎梏中解脱出来，用自己的头脑和眼光去发现文本的美，在把课文读出自己理解的基础上把课教成自己的。

因为有了这个感悟，接下来赵老师便顺理成章地引用习近平的一句话：“青年一代有理想、有担当，国家就有前途，民族就有希望。”从而印证了他后面座谈会上讲的他这两年教学观念的改版与升级：“绿色语文”还需要“红色导航”。如果没有前面这段“各国都有理想国”“人人都有桃花源”“古今都有桃花源”的“断想”的分享，这里引用这句国家领导人的讲话就一定很突然甚至很别扭，但因为有了这段感悟，所以这里的引用就极为熨帖和恰当。

中午12点，活动结束。吴校长组织高新一中的老师们和赵老师在打了“欢迎赵谦翔老师莅临指导”的电子横幅的明德楼前合影，我们8位也一起留影纪念。

午餐时间到了，我们一行被邀请和赵老师一起在学校食堂用餐。本来只是来蹭课的，结果连饭也蹭了，天下免费的东西其实还是有的。

因为已与张宏老师约定下午一同陪赵谦翔老师游览青铜器博物馆等宝鸡名胜，所以饭后，便让研究生自行活动或先回天水，我们和赵老师几位先是参观校园然后到吴校长办公室喝茶聊谈。1点半，服务车辆司机到后，我们一同前往位于市区的石鼓山，这里不仅有名称升级了的“中国青铜器博物院”，还有陈列石鼓及石鼓文相关史料的石鼓阁。午后天晴，春和景明，登临石鼓阁，北瞰渭水东流，南望秦岭巍峨，谈古论今，聊语谈文，真有良辰美景、心旷神怡之感。

游览毕，下午5点，我得回天水，赵老师也需回酒店歇息，他们先送我到火车南站，然后告别，结束这次路程最近却也充实、愉快的访友、求学之旅。

上午听课毕，看随行几位研究生兴致勃勃、精神抖擞，知道他们也都颇有收获与心得，于是便建议回校后每位写一篇观感。第二天一早就收到一篇，到第三天晚上，除一位担心发了简书便不能在杂志上发表的迟疑外，其余各位都微信发来了制作成简书的题目新颖、内容翔实的稿子。如此，这次活动也可以用“不虚此行”“满载而归”这两个有点滥俗的词语来总结。

（来源：简书　发布时间：2019/03/31）

第四辑　怎样当父母

“子不教，父之过”，父母是孩子的第一任教师也是最重要的人生导师。在社会竞争日趋激烈、应试教育愈演愈烈的当下，孩子在学校及培训机构接受教育受到了家长极度的重视，其实影响甚至决定一个人终身道路的，恐怕主要还是家庭。怎样做父母，这是每一位结婚生子的社会成员都躲不开的一个人生命题。作为专门的教育工作者，更要积极面对并认真思考和探寻。

❖ 与儿子的通信

离家外出谋生，和儿子大多不在一起。他也不很经常给我打电话。但我们相约，他必须每周往我的E-mail里发一篇汇报。只是他这“周记”写得马虎，往往到了周末并不一定主动给我寄来，得我催促索要。这是昨天我提醒后他写来的。当然，“礼尚往来”，收到他的文字后我通常也要予以回复的。

下面，先是他写给我的，后是我写给他的。他写给我的没称呼、没署名，我的称了他乳名，也自称了“老爸”。照录如下：

课大概都上完了，感觉这学期的效率同上学期并没有区别，即这学期并没有完成大脑的超频工作。英语课的问题很多，同样是英语课，郭老师讲课时好像没有人瞌睡，但是黄老师讲课时，似乎班里有20%到60%的学生瞌睡（可能与实际有误差），但是并没有几个人睡眠不足，这大概就是星期一升旗晨会时校长所讲的老师所提问题不能启发学生思维的问题吧。历史课很有问题，历史老师每次上课大概只花5到15分钟来讲课，确切地说是只给我们说了要背的内容，接下来就是背了。虽然时间很多，但其效率却极其低下。首先是老师对纪律问题不管，使整节历史课都充满了噪声，干扰正常学生进行正常学习。其次是老师并没有讲太多有用的课外内容，学生不能对所学内容深刻理解，致使该背的内容经常出现误差。同时，因为这个原因，有10%到30%的学生也会瞌睡（与实际误差不会很大）。学校的电脑配置很低，所使用系统也早已过时，以致竟然检测不出自己所用的CPU。还用这样的主机所带来的后果是显而易见的：电脑书上的软件根本不可以和WIN98兼容，同时运行速度很慢，致使多数学生无法掌握当节课所学内容。综上所述，必须对庆阳三中进行整改，否则很多学生的学业会因为客观原因而无法完成。

另外，因为实验需要，我需要一个容量≥8GB的优盘或闪存卡。您如果支持我的实验，目前有三个选择：一个是8GB的优盘，一个是8GB的高清MP4（399元，昂达VX550HD。比普通的MP4效果好得多），还有一个是8GB的所谓MP6（其实就是带了个1000多万像素的摄像头，499元，纽曼F6）。但是对后面两个的存储介质了解不清楚，可能需要你做一下调查。

大童：

上周的汇报昨夜看到，因忙了找地方存放（你的每一次这种“周记”我都是保存起来的），忘了回复。现在说说我对你信中所谈问题的看法。

你主要讲了你们班教学上存在的问题。如果就这两门课课堂上学生热情不高，这也正常，因为要求所有老师都把课教得让学生很满意，是不可能的。教师和学生一样，不同的人有不同的性格、不同的教学特点，包括总体水平也必然存在一定的差异。这都不是很要紧，关键还是要学生自己把握好。只要学生能知道一门课、一节课要学什么并有适合自己的学习方法，教师讲得怎么样就不是非常重要的了。这里可以讲讲我的经验：就中学所开的各门课程而言，爸爸至今最喜欢的可能还是地理，但回想我那个时候，老师其实并没有教给我们什么。我的初中，就是在原来的小学临时加了两个年级读的，好多中学的课就没有专门的老师。地理课是接近退休的老校长上的，因为他本来就没有专门学过地理，也不知道怎样教地理，上课只是随便读读说说。但那时候我也照样爱上课，每到地理课我就激动得坐不住，老师要讲的我都知道，甚至比老师知道得还多，往往是一句话老师刚要说我就先喊出来了。这样也好，因为这种明显的优秀感和成功感更激发了我对课程的学习热情。所以，在我们当教师的这里有一种说法，叫作“学生是学习的主人”，教师只是“学生学习的引导者和促进者”，是帮助学生学习的人。爸爸是个教师，也是个要把自己的学生培养成为教师的教师，多年的教学中我也形成了一种说法，叫作“学习，永远是学习者自己的事情”。我总是告诫我的学生，将来当了教师不一定要讲得很好，更不需要讲得很多（基本该学的都在课本里），但一定要使学生爱学，要想法使学生尽量学好。因此，我认为，你对个别课程的上课不满意，这也许还是一个好事情，因为它可以促使你自己动脑多思考，努力去超越教师、超越课堂（真正的好学生，其学习的深度和广度都是超过课堂上教师的讲授的）。当然，好学生也绝不能因此而自负、自大甚至瞧不起老师，因为不管他学得多么的好，最初都是老师把他带进来的。

爸爸是当老师的，和你们的老师是同行，所以你们的老师很敬重我，也因此而对你可能比对有些学生关注更多、鼓励更多（你对老师也应比其他同学更心存感激）。令爸爸欣慰的是，你还算争气，在班上算得上是比较好的学生，虽然有好几个同学比你强。还让爸爸满意的是，尽管你对英语和历史这两门课有意见，但这两门课你也还是继续喜欢。

一学期就要结束了，要期终考试了。课停了，作业少了，但也不要贪玩，尤其是要控制上网的时间。将课本再翻一遍，学习内容再回顾梳理一下，这样考试的时候也就更有把握一些。

学校的电脑配置低、反应慢，也不是多要紧的事，用家里的补充协助就是了，课堂上可以进一步练练一些最基本的操作。我不知道你要做什么实验，你电话中说的扩展电脑内存以及这里讲的所需要的优盘及MP4、MP6的事，假期再说。

曾跟你一再强调，写信要注意格式，开头要有称呼，结尾要有署名和日期。但你这次照样犯错。下不为例！

近期高温干燥，照顾好自己，注意防暑解渴。

老爸　2009年7月3日

（来源：QQ日志　发布时间：2009/7/4）

❖ 我们怎样做父母

鲁迅先生有一篇《我们怎样做父亲》，叶圣陶先生有一篇《做了父亲》。突然想着要套用两位大师文章的标题和主题也写一篇文字，就叫“我们怎样做父母”。

几天前，与在市一中做教师的几位旧日同学一起吃饭聊天。这几位，都早已是该校的骨干教师，并且也一直做班主任，其中一位还是奥赛班的班主任。谈到一个话题，这就是市上那些几位领导的孩子在这所市上最好学校的学习情况。照我原来的估计，这些孩子应该大都是凭后门、关系进入学校的，所以其学习肯定大都不咋样甚至很差。但出乎我意料的是，他们说学校的不少好学生尤其是学习成绩突出的学生，往往还正是这些“大人物”的孩子。那位正做着高三奥赛班班班主任的同乡，他班上目前就有现任常务副市长的儿子。他说这孩子在这班上就相当出色，各种考试成绩总是名列前茅。

可能是因为自己是一名教师，所以在我原来的观念中，总认为以教师子女为代表的知识分子家庭的孩子要比其他孩子在学习上要好一些。前些年了解到的情况也是这样：老家那个县一中多年的高考，据说考得最好的学生，其父母大多属于两个单位，一个就是县一中，另一个是县医院。我所在的市上，也是这种情形，像我工作的单位（一所地方高校）、爱人所在的单位（一家科研机构）以及市人民医院等几个知识层次较高的单位，每年7、8月份，都会听到某某家、某某家的孩子考上某某、某某名牌大学的消息。那些在各地、各级、各行业领域做着领导干部的人，虽然早年也是读书人，但总觉得他们已不再属于知识阶层，所以便难于对孩子的学习产生带动作用；尤其是当今时代，随着官场各种不正之风的进一步盛行，更认为他们的子女因容易受到浸染而成为受害者和牺牲品，因而其学习的动力和意志早已消沉，尽管其中也有个别出类拔萃者，但大多数在学业上不会有太大出息。所谓“纨绔子弟”，除了富商大款家的孩子，便是这类家庭的子女。不想几位来自高中最前线的熟人朋友带来的最新信息却并非这样。这也使我记起几天前参加儿子的家长会时那位刚从高三下来的班主任讲到的类似情况，他说他刚送出去的那班上几位教师子女今年的高考都不甚理想。

为什么会发生这种变化？探究起来，原因可能还是出在家庭，出在父母对孩子的教育和影响上。近两年来，在对自己连同身边好多家庭及其子女教育的较多观察当中发现了这样两种情况：一是孩子往往比大人强，二是单纯的言语说教并不具有教育的作用。孩子在好多方面要超过大人，这是在我们国家长期被忽视了的一个事实。孩子，尤其是很小的孩子，不仅其发现力、记忆力、想象力、运动力等这些能力远远高于大人，而且其是非判断、价值取向也比大人更正确和积极。以前，可能生活阅历长的大人在好多方面都比不谙世事的毛头小孩高明，但当今却并不这样。就我所接触的好多个家庭，凡初中以上学历的孩子其知识视野都超出父母，虽然他们的父母还是大学教师、研究生学历；包括几次看到有孩子和大人顶嘴干架，也发现都属于大人无理。可以这样说，孩子本有的优良天性，加上电视、网络等最易被孩子掌握的现代媒体的普及，以及中国旧有的流传千年的“父为子纲”的家庭伦理的被打破，过去人类历史上大人曾经的优势与先天的权威正在丧失。所以今天家庭里面对于孩子的教育，大人仅靠其自然父母的身份已经不够了；像以往那样只是通过谆谆的语言教诲，事实证明也很难奏效。

但这不是说，今天的孩子就不需要教育，也不是说今天的父母在孩子的教育中就无所作为。孩子，虽然天生是向善的，是可爱的，但还需要成长和发展，需要后天的培养与教育。其中，家庭教育就是一个非常重要的方面。从古到今一切有成就的人，虽然其家庭条件千差万别，但其家庭背景对他的成长都产生过积极、深刻的影响却是共同的。所以，今天才有“家庭是孩子的第一所学校”“父母是孩子的第一任老师”这样的说法。只是可惜，现实生活中我们有太多的学生家长似乎只看重学校教育，而忽视了自己家庭及身边社会对孩子的作用。

重视家庭教育，并不是说就一定要家长对孩子施以多少特别的教育。家庭教育有家庭教育的特点和规律，家长没有必要把自己变成孩子在家庭里面的老师或者陪读。重视家庭教育也不是就一味地加重孩子的负担或对孩子提出过于严格苛刻的要求。那种给孩子请来各种“家教”或者每到周末、假日便把孩子送到各种名目的学习班上去补习强化的做法，历来不为教育行家所欣赏；传统的“棍棒底下出孝子”的观念，在今天估计也很难实行。那么，今天到底怎样做父母？怎样才能给予孩子最有效的家庭教育？突然记起陶行知先生的一个著名论断——“生活即教育”，这句话用来描述家庭教育也许最为恰当。既然孩子比大人强，既然单纯的言语说教并不具有教育的作用，那么家长就不要再以知识、人格的权威自居而喋喋不休地对孩子进行劝诫和训导，而是和孩子很好地一起生活。大人虽然掌握知识不及孩子敏捷，遵守道德不及孩子严格，行动、做事也不及孩子勤奋，但生活阅历绝对比孩子丰富并且永远是家庭生活中的主角，所以家长对孩子教育的主要天地，应该就在共同的家庭生活中。通过具体生活场景的熏染感化以及家长积极的引导示范，促使孩子形成正确的人生态度、良好的生活习惯以及健康的个性人格，从而为其学校学习与终身发展奠定最为重要的基础，提供最为有力的帮助。

家长怎样才能和孩子很好地一起生活？主要取决于两点：一是与孩子有充分的交流与沟通，二是在孩子心目中有崇高的威望和良好的形象。一位既可亲又可敬的家长，将为孩子提供快乐祥和、积极向上的生活环境，是促进孩子成长和发展最具积极影响力的因素。做到这两点，一是家长要能够走近孩子实现与孩子的平等对话，二是要不断学习努力提高自己的内在修养。这里不再赘述。

至此，前面提出的问题也可大致得出一个结论：高官、要人的子女没有成为纨绔反而出类拔萃，其基本原因，就是这些孩子的家庭在他们的成长中发挥了最为积极的作用。不可否认，这种作用，有缘于比一般家庭更为优裕的物质保障，有比普通孩子更为充裕的精神享受，乃至有比大多学生更为优质的学校教育，但是还有一个更为重要的因素，这就是他们的父母自身更为积极的影响。与平民百姓孩子的家长相比，显然这些孩子的父母事业更为成功，人生道路更为辉煌。只要他们不是太霸道胡来，在今天这样一个比以往任何时期都更为崇尚权力和地位的时代，他们不仅在外界更受尊崇，在子女心目中的形象也更为高大，因而也更具影响力，成为孩子身边最重要的教育资源。

社会上的角色分工、每一个人的能力机遇都决定了我们绝大多数人都只能做普通百姓，所以这些高官、要人们在他们孩子心目中的那种形象以及影响我们不可能具备。但是，努力加强自己的内在修养，进一步提高自身的综合素质和人格魅力，提高亲子沟通的水平和资质，成为孩子最可亲近和可以信赖的人，从而为孩子的成长和发展提供最为有力的支持，却是每一个家长都可以做且必须做的。这，就是一切做父母者的方向。

（来源：QQ日志　发布时间：2010/8/26）

❖ 孩子永远是对的，一切都是大人的错

一位在中学做教师的朋友写了篇关于家庭教育的稿子要我给看看。文章一开始有这样一句话：“父母是这个世界上最难的职业，可做父母的往往没有经过任何培训就上岗了。”这个说法我非常赞同。几乎每一个孩子成长的故事都在向人们昭示，家庭教育的难度绝对不在学校教育之下，可遗憾的是，作为家庭教育实施者的家长的培训至今在我们这个社会几乎还是一片空白。曾经见到过有些学校的大门上也挂着块“家长学校”的牌子，但除了偶尔开个家长会通报一下孩子的学习成绩而外，似乎再没做过什么。说是“学校”，却从没看到过课表，也没有专门的教师。

十年前新课程改革开始的时候，有个很响亮的说法，叫作“先培训，再上岗；不培训，不上岗”，意思是说，凡是要承担新课改实验的教师，必须先接受专门的培训，否则就不能“走进新课程”，所以一段时间，关于新课改的理念和实施的培训搞得如火如荼。其实，不论是新课程还是老课程，本质上并没有什么区别，只要是合格、称职、对教育教学确实有深刻思考和正确理解的教师，他原来的做法和认识与新课改所倡导的思想绝对是一致的，所以这种培训并非不可缺少。最近这些年，在基础教育领域又有个很醒目的说法，叫“教师专业化”，其意思是说，我们以前的教师还不够专业，需要通过一些措施，使其专业程度得到提升。还是最近这些年，国家又在推进教师教育的改革，其中心内容，就是把以前的“师范教育”改称“教师教育”。其区别在于，前者认为一个人接受了几年师范教育就永远可以做教师了，而后者则认为，读过师范只是完成了教师职业的“职前教育”，做了教师以后还得继续不断地接受“职后教育”，这也就是这些年教师们的继续教育开展得很是频

繁的原因。这些都表明，国家这些年对从事学校教育工作的教师的培训是相当重视的。

本来，不论是开始要承担新课改任务的教师，还是一般常态工作下的教师，绝大多数都是毕业于师范院校受过专门训练的人，所以对他们而言，还能接受各类“雪中送炭，专家引领”的在职的培训，那对于提高他们的业务水平应该起画龙点睛、立竿见影之效；或者说，经过这些培训，他们应该一个个都成为行家里手，做工作都能够得心应手、轻松自如并且效果很好。但是，实际情况却并非这样，只要对我国当今的教育有所了解的人就都知道，这还是一种理想，我们的教师队伍的总体状况依然很不乐观，工作很费劲、效果很差劲甚至误人子弟者仍然大有人在。

学校教育中的教师培训国家如此重视，情况尚且如此，那至今一切尚处于自然或自发状态的家庭教育中的家长的素质状况尤其是他们对孩子实施教育的能力，就必然令人担忧。

这位朋友那篇题为“一次别开生面的家长会”的文章列举了她和四位大致属于“问题孩子”的家长的交谈，虽然四个孩子的表现确实都不好，但通过对其成长经历和家庭环境的考察，都很清楚地表明，问题还是出在家长身上。虽然我们不能简单地认定这些家长素质差，但对于家庭教育知识的欠缺、观念的错误和行为的简单，无疑是他们共同的状态。这位朋友在文章中把与四位孩子家长的交谈中所发现的问题最后分别归结成四个小标题：“专制导致了依赖”“少交流引发了价值偏差”“心门不开教育则无从实施”“溺爱等于‘谋杀’”。这些问题，显然都是家长的错误。我曾经多次观察过一些家庭中孩子跟父母闹别扭的情形，也发现大致一样的问题，孩子通常都是无辜的，只是因为家长的无知、无理或者无信才引起孩子的反感。因而曾经有一种认识：孩子都是对的，错的永远是父母。这样说也许有些绝对，但通常符合事实。其实，古人也是这样认为的，《三字经》开首就讲“人之初，性本善”。陶行知也一再主张，大人应该向孩子学习。

最近听说的一件事，也证明了这一点。一位刚开始工作的年轻教师晚上在某一初中辅导班兼职上课，班上一女生总是玩手机不听课，这位小教师几次劝说无果，学生的表现也很令这位小教师失面子，忍无可忍之际，便用手中正拿着的书在该生的肩膀上扇了两下，这个学生便哭着跑出了教室。以为这事本当可以结束，孰料这学生的家长却不依不饶，先是母亲领着几个姐妹找上门来理论并围攻这位小教师，后来其父亲也赶来大打出手，直至公安110到场才被制止。这名年轻教师受伤，惊动多家单位，事情便闹大了，消息也传到了这位初中学生的学校和班上，又发生了连带反应：这个女生因被同学议论不想再去学校了……

这件事，最初犯错的当然是这位上课玩手机且不听老师劝阻的初中生了，但接着犯错并且越来越错的就是大人了。如果说学生玩手机不听课是小错，那么年轻教师动手打学生就是中错，而学生家长带社会上人来闹事并出手打伤年轻老师就是大错了。整个事件过程当中还有一个细节很耐人寻味：这就是虽然自孩子母亲到来之后这位初中生一直在场，虽然有多人对这位年轻老师动武，但这位最初被老师打了的孩子却始终没有跟着大伙去羞辱老师，反而在她的家人方面对这位小教师大打出手的时候她还担当了劝架并制止事态发展的角色，在老师被打出血后她也是唯一给老师擦血的人。这件事虽然因孩子而起，但后来在大人将自己的蛮横、凶狠等恶劣行为表现得淋漓尽致的时候，我们还是看到了这位孩子的善良和纯洁。但是，就是这样一位有点错但并不坏的孩子，就是因为这样一件本来并算不上什么的小事，硬是被家长和其他成人们的自以为是，给逼到了有同学不能处、有学校不好上的境地。

曾经有一种说法："没有教不好的学生，只有不会教的老师。"这话一直有争议。现在我想，如果把这话再加上几个字，也许大家都认同了，这就是："没有教不好的学生，只有不会教的老师以及不懂事的家长"，因为，孩子的成长，不仅仅是学校和老师的事，也是家庭和父母的事。哪怕是那些连创造了《第56号教室》的美国的雷夫也认为确实是"教不好"的学生，或者在中国被称作"坏种"的孩子，如果在他们的成长中家长缺席或者起负面作用，也都是一种悲哀。

鲁迅先生当年喊："救救孩子！"其实更要救的是大人。或者说，救救孩子，当从疗救、教育大人开始。那些没有培训就上岗做孩子第一任教师的家长，那些或者当年就因为自己的家长原因而没有学好的大人，或者后来被由大人组成的社会大染缸浸染坏了的大人们，是什么坏事都可以做得出来并且也极容易对孩子发生极坏影响的因素。

（来源：QQ日志　发布时间：2012/4/25）

❖ 儿子大了

三天前的7月18日是儿子17岁的生日。出于还是不能回家陪伴孩子的愧疚，给爱人打电话叫他可以给孩子一点钱让他下午约上几个要好的同学外面去吃一顿饭（儿子这些年班上同学的生日通常都是这样过的）。晚上电话问儿子生日的过法，回答说是一共有8位同学一起在学校后门广场路口的“渝人码头”吃的麻辣烫；除了班上本组的6位同学外，还约了另外2名跟自己以及这组同学都熟的同学，一共花了“一百多元”。饭是儿子请的，但来的同学也都有生日的“贺礼”：本组以外的2位同学每人交了20元，组内几位同学合着给他从网上邮购了一块内存条（当天已下订单，不日将到货）。过生日，就要请客吃饭，但请什么人吃什么饭，却是一件比较费周折的事，但儿子们把这事做得很是自然流畅。看来，儿子确实大了，对于过生日这类事可以不要我们为其张罗了，他们会自己处理，自己安排。

前天晚上10点，打电话问儿子在干啥，回答说是在给电脑装系统。问什么系统，说是windows8。这个新的操作系统前些天正好听数学专业一同事说起过，说是太占空间并且不好用，但晚上跟儿子讨论的时候，他是满口称赞，说虽然还是测试版，但是要比windows7和XP“优美”“便捷”“好用”得多，并且认为所谓“不好用”之说，纯粹是不了解、不懂得这个新系统的“大人们的成见”。我知道，他说的有一定道理，对于电脑、手机等这些新科技产品，他不仅比我们掌握得多，而且有自己明确的主见。儿子大了，这些年，家里的电脑，不论是维修还是更新，也不论是硬件、软件还是网络，全都是由他折腾的，他早已成为家里的电脑工程师了，家里的电脑遇到故障，都是由他排除的，我们不用再求别人或另外操心了。

昨天下午，我回到家。晚上9点50分，才见到儿子，他上晚自习才回来。他去睡觉前，我问他明天的早餐费还有没有，要不要用钱，他说不要。但我这一问，却提醒了他另外一件事，他从口袋里掏出一瓶“云南白药气雾剂”，说是要我“给报一下”。问是干什么的药，说是下午踢足球脚指头伤了同学垫钱给他买的，明天得把钱给同学还了。还拿出了药店的发票，29元。问为什么买这么贵的药，说是用过的同学说这药好；问这药怎么用，说是睡觉前洗脚后喷在脚上就行了。儿子大了，买药、用药这类曾经必须大人帮他做、替他做的事也不用我们去费心了，他自己完全可以自己料理了。

今天中午，爱人单位有事不回家吃饭，嘱咐我把他昨夜蒸的面皮调上中午和儿子一起吃。因为妻子在家里做面皮是第一次，我在家里自己调面皮也是第一次，所以这面皮调得很失败，一点都不好吃，但儿子二话不说把我给他分的那一大碗还是吃完了，我另外熬的稀饭、拌的牛肉也没剩。儿子大了，一顿饭该吃多少他自己清楚，哪怕是不合胃口他也要吃够量，这和小时候每到吃饭经常得大人哄着、追着甚至强迫着去吃也判若两人。

下午，和爱人到家居建材市场新开的“陇东电器大厦”看家电。因为儿子上高中以后晚饭大都不回家吃，所以我们也没怎么考虑他今天下午的吃饭问题，直到5点20分他打来电话问下午的饭怎么吃，我们才记起昨天下午是让他回家吃的饭。回家做饭已来不及，于是只好让他还是在学校食堂或附近的饭馆去吃。我和爱人都已习惯了这种三口人不在一起吃饭的生活，不想儿子竟然还想着是否我回来了以后这晚饭就应该尽可能地一家人在一起吃。逛完电器大厦，我们就近去了住在“恒美花园”的叔父家，正好赶上也有老家的亲戚在，一起说话不觉到了差不多晚上11点，结果把儿子晚上9点半即已下晚自习回家的事又给忘了，于是赶紧发短信问是否已经睡觉，很快收到回信说是“睡了”，并且交代电脑还在下载一部明天英语课上要用的外语电影，他已设置了下载结束后自动关机，所以叮嘱我们回家后不要动电脑。11点半我们回家后，果然电脑还开着，电脑桌上最醒目处放着一张和前面给我手机短信内容大致一样的留言条。儿子大了，不仅晚饭我们可以不管，晚自习后回家睡觉的一切事务他都可以自己处理好，早已不再是我脑子里还留存的那个一切都要大人精心伺候的孩子了。

儿子是1995年出生的，那时我还年轻。不想一晃他已是十七八岁的小伙了，我也已经开始“奔五”。人老了总是喜欢往回头看，我更是这样。这些年随着儿子一天天长大和我一天天变老，我越来越怀念当年的岁月特别是儿子小时候的情景，并且总认为儿子还是不要长大的好。我现在住的楼上，有好多结婚三四年左右的年轻夫妇，看着他们领着那两三岁的孩子玩，我非常羡慕，不由得每每回想起自己儿子也是这般大时的日子，回想起儿子的开朗、活泼、欢乐以及对我们的依附，回想起我下班、周末及假日想带他到哪儿玩就到哪儿玩的惬意。但是，现在他长大了，他有自己的生活世界了，特别是上了高中以后，不仅我不能随心所欲地领他上街道、去公园、回老家、访朋友了，而且个别时候还会因我们的一句话不对头而和我们闹点小别扭。他现在也骑自行车出外郊游甚至跑五六十公里外的合水、宁县，也经常跑书店、商店和饭馆，但不是和我们一起而都是跟他的同学。他也有他的欢乐，但主要不是在家里而是在学校里、在课堂上、在球场上、在与他的朋友们之间。一天天长大的儿子，一天天地远离了我们，远离了我脑子里还不曾逝去的那个有着孩子的哭闹和欢笑的家庭，也远离了那个充满憨态和童趣的少年，这不由得让我心生怀恋和伤感。但这次回家前后几天对儿子的这番了解，使我发现，这种一味怀古、总是向往过去的情绪也是一种偏颇。其实，孩子长大了，也挺好。他不仅生活自理能力增强了很多（也只能这么说，因为他还不会做饭，不爱洗衣服），学习实践能力增强了很多，而且独立思考能力更是增强了很多，我现在可以和他交流探讨我平日关注的任何问题，就像和同事、朋友之间一样。这都是当年还处幼儿、童年时期的他所不能胜任的。刚刚出壳的毛茸茸的小鸟固然可爱、好玩，但只有翅膀长硬飞向蓝天才能显示它人（鸟）生的价值，也才能创造它人（鸟）生的辉煌。

（来源：QQ日志　发布时间：2012/7/22）

❖ 向孩子学习，向童心致敬

上次日志转发民国年间著名语文教育家、戏剧理论家、美术家王森然《国文教师的责任》中的一段话。其中最令我感兴趣的，不是对当时教育泯灭孩子天性这一弊端的批评，而是对孩子天性的精确描述：“一个小孩子，本来是活泼泼地，他会笑，会跳，会玩耍，近山就会上山去采花捕蝶；近水就会去捞水草，拾蚌壳，捕小鱼；近田就会去捕蝗虫青蛙；他对于环境有很多的兴会。他的手耐不住要扑这个，玩那个；脚耐不住的要跑到这里，奔到那里；眼耐不住的要瞧这个，那个；口关不住的要说这个，那个；你看如何活泼?”同样那本《二十世纪前期语文教育论集》还收有时任江苏省如皋县立师范附属小学教员姚铭恩1915年的一篇讲作文教学的文章，其中对“儿童幼稚”也有几句描写：“……活泼进取，根于天性，终日游戏，毫无倦容，或舞蹈，或歌笑，无一息之静之。”都是写孩子最好的文字。

孩子的可爱，也即孩子与大人的区别，最突出的，也就是他们的这种率真与活泼。由于没有经验和知识的拖累，所以他们无论做什么都无须像成熟的大人们那般有太多的顾虑和约束；想唱就唱，想跳就跳，想哭就哭，想笑就笑……，没有观念、思想的支配，一切全凭着天然的本能。但就是这种极为简单的本能，这种想干啥就干啥的率真与活泼，却派生出许多比成熟大人更为优秀和高明的品质。大致有以下几点。

一是真诚。有人说：“人生在世，只有两头是真的：一是儿童时代的天真，一是老年之后的真诚。”不论是天真，还是真诚，都强调一个“真”字，即真实；前者更突出天然的样子，后者则要求还要诚实。天然的，也就是真实的；真实的，也就是诚实的，所以这两者其实是一回事。老人的真，是因为他在经历过人世的各种风雨后把一切都看清楚了，把一切都不在乎了，没有任何顾虑了，所以他可以坦坦荡荡地说话和做事，无须矫饰和造作。孩子的真，则是因为他还没有经受尘世的污染，还保持着刚出生时候的天然和纯净，还不懂得欺蒙和哄骗，还没学会掩饰、雕琢和造假，所以他也是没有任何顾虑，对一切都不在乎，想干啥就干啥，想说啥就说啥。所以，当所有的人都对着赤身裸体、一丝不挂的皇帝盛赞他的新装漂亮无比、华丽无比的时候，只有一个小孩子才发出了“可是他什么衣服也没穿呀!”的叫唤。

二是善良。“人之初，性本善”，处于“人之初”阶段的孩子，因为还真诚，还没有学会尔虞我诈，所以无一例外都是善良的。家里的小猫死了，他们会伤心得吃不下饭；看见街边饥寒交迫的乞讨老人，他们会将自己准备买玩具的钱毫不犹豫地捐出来。小孩子在日常生活中可能会出错，但绝不作恶和犯罪；人世间的各种罪恶和丑恶，百分之百都是大人所为，与孩子无缘，孩子中没有恶人和坏人。所以，虽然有“人心险恶”“人心叵测”的说法，但这里的“人”只指大人和成人，不包括小孩。马加爵、药家鑫、林森浩很可怕，但他们的恶行都是发生在成人以后，杀人这样的事，在他们的孩童时代，与其他孩子一样不可想象。屠岸贾很阴险，日本人很疯狂，但屠岸无姜与赵氏孤儿一样都不坏，日本的法西斯和极右势力也不在少年儿童中。

三是正直。孩子的真诚和善良，也决定了他们的正直。虽然他们对于成人世界所制定的行为规范还知之甚少，但只要是知道了的，只要是正确、合理的，他们便不折不扣地执行。不胡来，不乱来，遵守规则，这也是孩子的天性。我的已读高三的儿子，从上幼儿园知道了交通规则那一天开始，至今过马路不仅坚决不闯红灯，而且一定要走到有斑马线的地方才左转90度通过；上初中第一天学校大会上校长说过穿衣服要系风纪扣，于是至今上衣的拉链也必须拉至领口。中小学生对校纪校规的遵守，其自觉程度远高于国家干部对党纪国法的遵守；至于经济行为中今天已肆意泛滥的坑蒙拐骗、假冒伪劣，那更与孩子无缘，因为他们连随地吐痰、乱扔垃圾、翻越隔栏、说假话、逃票占小便宜等这样的行为都极度恼火和憎恶。遵守社会公德，维护社会的公平正义，孩子完全可以成为大人的楷模，至少在中国。

四是健康。大多数的人过了四五十岁，身体的某些器官便不如从前灵便，需要进行修补和保养，因此医药和锻炼便成为这些人日常生活中不可缺少的重要内容。年轻人和孩子则不然，除非个别先天有缺陷的患儿，他们没有人平时还需随身携带药品，也很少有人每天还要坚持进行专门的运动，但他们的健康状况却优于任何一位中老年人。就是普通的感冒，他们也比大人患染得少。尽管有很多父母一再叮嘱孩子多穿衣服“别凉着”，但那些不听大人言在“乱穿衣”的“二八月”明显穿衣偏少的青少年却并没有几位被冻感冒了的。包括那些出生不久似乎还很脆弱的一岁左右的婴幼儿，他们虽然往往在大人入睡以后便蹬掉被子一个晚上一丝不挂通体被冻得冰凉，但天明以后却一切正常。生命在于运动，动物就得活动，孩子的健康，当然基于他们成长阶段旺盛的生命力，但也缘于他们那“活泼泼地”“终日游戏”“无一息之静之”的性格。我所住的楼上有较多幼儿园、小学、初中阶段的孩子，经常和他们上下楼时相见，他们往往是一出电梯门便奔奔跳跳着而去，即使在楼梯间也经常是相互打闹追逐不已。可以设想，如果成年人也能够像他们这样一刻不停地动着，那即使不去坚持不懈地爬山、打球、跳广场舞、进健身房，其身体状况也不会差到哪儿去。但遗憾的是，我们这些长大了的人每天的日常起居总是规规矩矩、稳稳当当，走，得有走相；站，得有站相，绝不轻易乱了方寸。

五是聪慧。很多大人直斥孩子愚笨，其实再笨的孩子也往往比大人聪明。他们眼睛好使，耳朵好使，对于外界信息的捕捉和把握能力都优于大人。在思考和解决问题方面，虽然他们缺乏生活经验，但却也不会像大人那样容易陷于某种思维定式，加之头脑灵活，反应快速，所以也往往能想出或找到更好的办法来。曹冲称象、司马光砸缸这类极具智慧的故事，都发生在儿童身上。至于对机械、电子等现代科技的掌握，那更是孩子的特长。比如对电脑的使用，大人进入专门的培训班学习，多少天基本的操作还不会，而小孩子只是偷偷地看几眼，便已经能够熟练地驾驭了。大人通常不玩手机和电脑游戏，与其说是不赞成，不如说是因为笨拙学不会，或者害怕在小孩面前出丑。

六是敏捷。世间万物都是用进废退，活泼好动的孩子因为身体各部位随时处于运动状态，所以比起沉稳被动的成人来，他们要灵敏矫捷得多。常常有大人包括老人要护送孩子过马路，其实孩子通过马路的能力远远比大人强，因为他们对汽车、行人等路况的判断要比大人更准确，自己做出反应的速度也比大人要快捷。不只动手、动脚的身体运动，就是动笔写文章这样的事，小孩子似乎也比大人麻利。我的因为语文学得不好到高二后读了理科的儿子可以在一个多小时的时间内写出1800字的稿子，而我这读过大学中文系又做着大学中文系教师的父亲，往往是一篇五千字左右的QQ日志一个星期还写不成。1997年第10期《北京文学》发表的邹静之的《女儿的作业》中说女儿长得越大“作文反而越来越差”的情况可能普遍存在，家长的写作水平、写作速度能赶得上读中小学的子女的估计不多，“圆珠笔在纸上快乐地蹭痒”也只有小学以前的孩子才能经历到，中学以后大多数人的笔也就如进入中年以后人们的腿脚一样显得生涩、老迈了。

七是好学。孩子的记忆力和想象力比大人好，他们的学习能力比大人高，这是人人都知道的事实。其实，孩子的学习愿望也比大人强。好多父母指责自己的孩子不爱学习，但没有哪一对父母每天在学习上所花费的时间超过孩子。孩子都有好奇心和求知欲，都对周围的世界充满了强烈的新鲜感，而这正是学习的基本动力。喜欢学习，向往学习，这是孩子的天性。因此，“我要上学”“我要读书”这样的呼喊，都只能发自孩子，而成人说得更多的则是“人过三十不学艺”。哪怕是被应试教育和高考升学压得喘不过气来的高中学生，他们对于每天早晨6点起床、夜里12点睡觉的日子照样能够坦然应对，而成人每天6个小时的听课连续一周都早已叫苦连天。每一个孩子，在他成长的过程中，每天都在不断地获得新知，增长才干，而对成人而言，“活到老，学到老”以及“终身学习”这样的理念至今依然还只是口号。

八是美丽。给小孩子拍照，不管怎样拍所获得的照片几乎每一张都是很美的，虽然他（她）们的衣服可能穿得不整齐，甚至脸上还留有鼻涕等污渍。而给大人照相情况则正好相反：尽管他（她）们要在衣着、表情、动作手势上费好大劲，要对着镜头搔首弄姿好半天，但拍出的照片令人满意的往往并不多。照相机的反映是机械的，但也是真实可靠的，所以小孩的比大人容易上相就足以说明，孩子远比大人美丽，更能给人以美感。孩子的“美”，还是源于孩子的“真”。所谓“真善美”，可以这样理解：只有真的，才是善的；只有善的，才是美的。简言之，只有真的，才是美的。小孩的纯真、天真和真诚，决定了他们的美丽。

九是乐观。虽然十八世纪的歌德写过《少年维特之烦恼》，今天的初中语文课本也编有“成长的烦恼”的单元话题，但与成人相比，孩子身上拥有更多的，还是快乐；尤其是不谙世事的儿童，伴随他们的永远是“歌声与微笑”，正所谓“少年不识愁滋味”。他们虽然偶尔也有点小难过，但绝不沉湎于当下或曾经的不快之中。他们“相信未来”，他们的“心儿永远向往着未来”，他们坚信“快乐的日子将会来临”。

十是淘气和顽皮。这是与率真和活泼的天性直接相连的一种品性，很少有人小时候不经历这样的阶段。这种天生的淘气和顽皮，虽然往往有悖大人的意愿，但却成为孩子最招人爱的基本元素。一个调皮而不闯祸的孩子，可以在他的周围营造出一片圣洁而快乐的天地。不仅如此，孩子的这种调皮，因为其所包含的创造与探究的因子，他在给自己和他人带来极大乐趣的同时，也为今后终身的发展打下了一个精神的底子。沈复“童稚”时期“见藐小微物，必细察其纹理”的傻劲以及由此所获得的各种“物外之趣”，成就了他整个中国封建时代极为罕见的率性任性的艺术人生。鲁迅“从百草园到三味书屋”的一路贪玩，不仅使自己的童年生活缤纷多彩，而且为他以后走上文学道路做好了铺垫。

以上十点，涵盖德、智、体、美等诸方面，不论哪个方面，孩子无疑都远远地超过大人。这也正应验了上次日志转发陶行知先生文章的说法。陶先生说：“小孩子的能力大得很：他能做许多您不能做的事，也能做许多您以为他不能做的事。”他还作了首小诗：“人人都说小孩子，谁知人小心不小。您若小看小孩子，便比小孩还要小!”今天的大人可能没几个能按陶先生的说法把自己“变个十足的小孩子，加入在小孩子的队伍里去”了，但认识到小孩子的优势并向他们学习，却是我们每一个大人应有的态度。孔子说：“三人行，必有我师焉。择其善者而从之，其不善者而改之。”既然孩子比大人强，比大人“善”，那大人向他们学习也就顺理而成章。

大人向孩子学习，就是要拥有像孩子一样的品性。

孩子的天性和品性，通常被称作“童心”“真心”或“赤子之心”。对于这几个概念的意义，我们以往关注、研究得还很不够。虽说早年读大学中文系时在古典文学课上就知道明末的李贽倡导一种“童心”观，但对于他的《童心说》却一直没有读过。2003年10月，在上海一次会上见到钱梦龙老师，会议间隙请他签字留念，钱老师给我写了这样一句话：“教师者，不失其赤子之心者也。”能得到这亲笔题词，我很高兴，但对于这句话，因为当时只是看作一个训诫性的口号而没有给予太多的在意。

开始真正理解“童心”“赤子之心”的含义，是在2006年。这年5月18日的《中国教育报》第8版的“热点关注”刊发了我的《教参：我们要的是“手杖”而不是“锁链”》一文，同版的“专家视野”发有署名詹丹的题为《“赤子之心”的三种教学实践》的文章。因为是紧挨着我的文章的，所以就也仔细地读了。该文一开始写道：“当著名语文特级教师钱梦龙在其新著《钱梦龙与导读艺术》的卷首写下‘教师者，不失其赤子之心者也’的题记时，当钱老师虽已是76岁的高龄却依然认为他的心理年龄不会超过20岁时，当我翻阅他的理论著述揣摩他的课堂实录时，我发现，钱老师是以自觉的观念，为其葆有的一颗赤子之心（或者说童心）展开成了三种教学实践方式。”这时才知道，钱梦龙老师三年前给我题写的那句话，不是随便写的，而是他对自己平生教学经验的集中总结。这篇评介《钱梦龙与导读艺术》一书的文章接下来还引用了钱梦龙的一段话：“每个教师都曾有过自己的童年，只要不太健忘，只要仍然葆有一颗‘赤子之心’，总能以自己的心发现学生的心，这种以心发现心的艺术，精神沟通的艺术正是最重要的掌握教学艺术的艺术。”文章后面还有好些语段也同样是对这句话的阐释，比如：“一个没有接受过正规师范教育的青年教师之所以能胜任教学岗位并以后成长为一位优秀教师，是因为他教学思想的出发点，是以自己的儿童时代的学习为依据、为参照的，是以他的童心为出发点的。当他在心理上首先是把自己定位为一个学生而不是一个教师来引导学生开展教学活动时，一种源自儿童的对生活的感悟和反思，使他的教学活动能够把现代教育心理学总结出的学习论和教学论有机统一。……对钱老师言，把童年时代召唤到当下，让赤子之心在他身上复现，也大大有助于对学生的学习经验体会的分享。”“钱老师有一颗永远不安于现状的兴奋好奇之心。正如一位诗人说的，天才是成人对童年的重新捕捉，是成人的心灵重新焕发出儿童般的好奇和兴奋。”

读了这篇文章，大致懂得了钱梦龙这句话的深刻含义，也第一次对自己已从事了二十年的教师职业有了一个比较准确的把握。“教师者，不失其赤子之心者也”，这个典型的文言判断句翻译成现代汉语就是：教师，是没有失掉赤子之心的人。或者还可以这样说：只有没有失掉赤子之心的人，才可以做教师。所以钱梦龙这句看似简单、人人都不陌生的话，其实正是对教师从业条件的一种归纳。就像孔子的“温故而知新，可以为师矣”可以理解为“只有既温故又知新的人，才可以做老师”一样，都是从不同的侧面对教师职业特点所做的一种精确揭示。钱梦龙把这句话赠写给众多的教师（他肯定不是只写给我一人）并最后题写在那本最能代表他教学思想与实践成就的大书（《钱梦龙与导读艺术》系教育部师范教育司策划出版的“教育家成长丛书”中的一种）的扉页上，表明他不仅一贯有这样的自觉意识，并且已经身体力行。

这以后，逐渐注意到，凡是我所仰慕、钦敬的著名教育家包括最杰出的特级教师，几乎都有着与钱梦龙一样的这种思想或情怀。苏霍姆林斯基就说：“只有那些始终不忘记自己也曾经是一个孩子的人，才能成为真正的教师。”陶行知说：“我们必得会变小孩子，才配做小孩子的先生。”陶夫子不仅是这样说的，也是这样做的。茅盾在其《我所见的陶行知先生》一文中就这样记述：“初识行知先生，会觉得他是一位古板的先生，日子久了，来往多了，你就觉得这位古板的老先生骨子里是个‘顽皮的小孩子’；他时常扁起嘴巴不多发言，好像冷冰冰毫不动感情，但他一开口讲演，可真是热情澎湃，这又是他的诗人气质之流露。”叶圣陶先生也是这样。朱自清在《我所见的叶圣陶》中这样写道：“我常想，他好像一个小孩子；像小孩子的天真，也像小孩子的离不开家里人，必须离开家里人时，他也得找些熟朋友伴着；孤独在他简直是有些可怕的。”钱理群教授在他著名的演讲《我的教师梦》中说：“我教了几十年的书……始终保持着一种教育的新鲜感。……我非常珍惜这样的新鲜感，我称之为‘黎明感觉’。……在‘黎明感觉’的背后，是一颗赤子之心，是一种‘永远年轻’的精神状态。”于永正老师说“不忘记自己曾经是孩子，才会理解孩子。理解孩子，爱才会具体而丰富，才会无处不在，才会使师生之间、学生之间充满温馨。”朱永新教授这样评介李镇西：“他的网络签名是：不愿长大！这确实是李镇西的生动写照。这种不随岁月老去的童心，表现在他的文章里，行动里，就是对弱势群体的善良之心，对社会正义的正直之心，对教育事业的热爱之心，对课堂艺术的创造之心，对日常生活的赤子之心……他是一个始终保持着童心的‘真人’！因为童心，李镇西的教育是充满爱心的教育。”江苏的高万祥老师也这样评价李镇西：“对教育、对语文、对学生、对社会，李镇西是一直保持着一份童真般的好奇和热情，这是最值得称道、最值得钦佩和学习的一个真正教育家的品质。”魏书生老师在六年申请终于被批准做教师那一天写的抒怀诗中也写道：“我以我心付童心，笑看花苑花朝阳。”不只教师和教育家，一切杰出的人物也都是这样，有人评价托尔斯泰“一直保持着一颗童心，因为直到晚年，他依然用婴儿般明澈的眼睛打量这个世界。”伟大的居里夫人在一次领取诺贝尔奖的演讲中也表露：“一位从事研究工作的科学家，不仅是一个技术人员，而且是一个小孩儿，好像迷醉于神话故事一般，迷醉于大自然的景色”，所以她虽然“年纪渐老”，但却“更会欣赏生活中的种种琐事，如栽花、植树、建筑，对朗诵诗歌和仰望星辰也有一点兴趣”。这都印证了这样一句话：“真正的人才是永远也无法成熟的儿童。”

童心可贵，人最可宝贵的是童心。

可惜，在漫长的中国封建时代，在儿童都不被当作是人（“长大成人”即只有“长大”了才算是个“人”）的年代，童心当然不可能得到重视。不仅不被重视，而且不断被贬斥和摧残。李贽《童心说》一开始就写道：“龙洞山人叙《西厢》，末语云：‘知者勿谓我尚有童心可也。’”这位研究《西厢记》颇有成就的龙洞山人都不敢让人们说他有童心。李贽本人也因为倡导童心说而最后被下牢致死。比李贽晚二百年写下《童趣》的沈复，因为率真任情太有童心而几次被逐出家门。就连后来认识到“游戏是儿童最正当的行为，玩具是儿童的天使”的鲁迅，当初也是极为粗暴地损毁了他的小兄弟多日殚精竭虑制作的风筝，因为他原来一直以为放风筝这类活动是“没出息的孩子所做的玩意”。缺乏童心、反对童心，这是中国人根深蒂固的一种倾向。汉语中大凡能够表示童心的词语比如“天真”“幼稚”“贪玩”“不懂事”等，至今还带有明显的贬义色彩。今天，中国社会发生了巨大的变化，孩子的地位获得了最大的提高，特别是独生子女儿成家中皇帝。但是，这种由工业文明、现代科技所引领的极度功利化的时代，儿童真正的权利照样被剥夺，他们的童心普遍过早地被泯灭。在激烈的生存竞争之下，为了孩子所谓的未来，太多的孩子压根儿就没有经历过童年。

欣慰的是，对童心的召唤也比以往任何一个时代都要热烈。李贽谢世四百多年以后，同样一位福建人，同样一篇《童心说》，著名的文艺思想家刘再复以接近两万字的巨篇，对童心进行了最为酣畅淋漓的阐释、考究与赞美：

带着童心到处漂泊，才知道什么地方都好看，什么地方都好玩，什么地方都新鲜，什么地方都看不够。儿童的眼睛就是好奇的眼睛。你是否衰老，只要看看你是否还保留着好奇的眼睛。

童心并不只属于童年。形而上意义的童心属于一切年龄。我喜欢老孩子，他们至死还布满着生命的原始气息。……诗人最可引以为自豪的，便是他永远是个沙滩上拾贝壳的孩子，到老也带着好奇的眼睛去寻找美与海的故事。痴痴地寻找着，以致忘了世俗世界的戒律。

让我们的梦永远年青。让我们的梦在年轻时年轻，在年老时也年轻。让我们的梦在年轻时布满孩子的气息，在年迈时也布满孩子的气息。让我们在蹒跚学步时布满孩子的气息，在走过人生艰难的险途之后还布满孩子的气息。

人类伟大的母亲，无论是西方的夏娃，还是东方的女娲，都是赤条条的，她们美丽得无须任何装饰。她们的生命永恒地静止在青年时代，我从未见过她们苍老的脸孔。既然原始母亲如此年青，那么，我自然可以永远是个孩子，如果额头上长出了皱纹，躯体内的心灵，也该有一对孩子的眼睛。

不知什么时候，我突然发现自己有一个特别的视角，用这一视角看世界，可以不被世俗的理念所蒙蔽。这一视角就是童心视角，不是无知，不是幼稚，而是透过聪明人所设置的种种帷幕，直逼简单的事实与真理。

童心就是力量。童心是比知识更有力量的力量。

童心说的主体，童心的主人，堂堂正正。心上无邪，身上无恶，形上无垢，影上无尘，不愧不怍。顶天立地地向着假人们挑战：谁敢邀堂堂而击正正？

……

童心如此可贵，童心如此美好，人类就应该尽可能地保持住这颗童心。十八世纪法国启蒙思想家卢梭在其《爱弥儿》中说：“大自然希望儿童在成人以前就要像儿童的样子。”其实，儿童在成人以后也应该继续像个儿童的样子，尤其在今天这样一个时代。

（来源：QQ日志 发布时间：2013/5/5）

❖ 和儿子的QQ谈话

还在读大一的儿子不仅功课很紧，而且课余活动也多，所以我平日并不经常打搅他。但每逢周末，还是要问候问候的。这是今天晚上QQ聊天室的一场谈话（我的网名是“乡关何处”，儿子还是他早年自己起的“少爷”）：

乡关何处 2014/5/23 22：45：12

在宿舍？

少爷 2014/5/23 22：51：11

嗯

乡关何处 2014/5/23 22：52：27

周末干啥？

少爷 2014/5/23 22：52：49

明天早上复习，下午邓论，晚上结业考试

少爷 2014/5/23 22：52：52

后天自习

乡关何处 2014/5/23 22：53：07

前天网银试汇500元，收到了？

少爷 2014/5/23 22：53：11

收到了

乡关何处 2014/5/23 22：53：32

有同学称你“土豪”了？

少爷 2014/5/23 22：54：00

正常，我们管谁都叫土豪

少爷 2014/5/23 22：54：11

谁一买东西就叫土豪

少爷 2014/5/23 22：54：19

比如张垚买了个电脑椅

乡关何处 2014/5/23 22：54：47

比如你有两辆自行车?

少爷 2014/5/23 22：55：11

嗯

乡关何处 2014/5/23 22：55：32

有两辆自行车的同学应该还是很少的吧?

乡关何处 2014/5/23 22：55：55

那辆自行车平时有同学借吗?

少爷 2014/5/23 22：56：06

没有

少爷 2014/5/23 22：56：10

都是我专属的

乡关何处 2014/5/23 23：01：14

也可以适当借给同学用用。比如有要好的同学一起出去走走，他（她）若没有自行车，就可以将你的另一辆给他骑。当然你得把这车的安全性检测好并告诉他注意事项，并且尽可能就学校附近。骑单车跑得太远，包括你们自行车协会的活动，也往往让我们做家长的不放心。

少爷 2014/5/23 23：01：33

嗯

乡关何处 2014/5/23 23：01：59

夏天穿的衣服还都有吧?

乡关何处 2014/5/23 23：02：07

还有鞋子?

少爷 2014/5/23 23：02：18

有，不过买了个搓衣板，搓烂了一件

少爷 2014/5/23 23：02：23

鞋子从来都没有

乡关何处 2014/5/23 23：02：45

一直赤脚?

少爷 2014/5/23 23：03：10

一直就2双鞋

乡关何处 2014/5/23 23：03：31

买一双凉鞋吧，看看大家都穿什么款式的。

少爷 2014/5/23 23：03：40

不想买

少爷 2014/5/23 23：03：53

等那个烂的不行了再说吧

少爷 2014/5/23 23：04：07

最近思修我们做了个华农生活费的调查

少爷 2014/5/23 23：04：26

大概一个月1000~1500的最多

乡关何处 2014/5/23 23：04：43

差不多。

乡关何处 2014/5/23 23：05：05

还有什么有意义的发现?

少爷 2014/5/23 23：05：29

谈恋爱的比不谈恋爱的花费更多

乡关何处 2014/5/23 23：05：40

这生活费主要是伙食费?

少爷 2014/5/23 23：06：04

不谈恋爱的主要是伙食，谈恋爱的就不是了

乡关何处 2014/5/23 23：06：36

你们班谈恋爱的多吗？大概占啥比例?

少爷 2014/5/23 23：07：03

不清楚，已知的有3对吧

少爷 2014/5/23 23：07：22

应该是3双

乡关何处 2014/5/23 23：07：46

倒还不多。

乡关何处 2014/5/23 23：08：19

大二以后谈谈恋爱也正常。

少爷 2014/5/23 23：08：39

哦

乡关何处 2014/5/23 23：09：05

加强自己的修养，提高自己的素质，到时候就会有好女孩喜欢你。

少爷 2014/5/23 23：09：39

微积分学不好的先不管这个

乡关何处 2014/5/23 23：10：00

好，有志气！

少爷 2014/5/23 23：10：14

最近课少了就每天晚上学微积分

乡关何处 2014/5/23 23：10：48

拿下微积分，是目前的主要目标。学起来不太吃力吧？

少爷 2014/5/23 23：11：23

有上学期的积淀，还有学霸的指点，这学期的微积分接受起来是轻松不少

乡关何处 2014/5/23 23：11：37

可以和学得好的同学多交流。

少爷 2014/5/23 23：11：38

继续这么搞下去应该不会挂

乡关何处 2014/5/23 23：11：46

这就好。

乡关何处 2014/5/23 23：12：12

你的QQ空间上也有同学称你“学霸”？

少爷 2014/5/23 23：12：47

线代考的高就成学霸了

少爷 2014/5/23 23：13：27

得

乡关何处 2014/5/23 23：14：15

那你也可以给线代还需要帮助的同学指点指点。

少爷 2014/5/23 23：14：28

不会了

少爷 2014/5/23 23：14：31

结业了

乡关何处 2014/5/23 23：14：44

哦。

少爷 2014/5/23 23：14：41

考研也用不到了

少爷 2014/5/23 23：14：52

这本书可以扔掉的感觉

乡关何处 2014/5/23 23：16：45

还是不要扔吧，当初学习这课不是只为了考个试。它不是敲门砖，门敲开砖头就扔了。

少爷 2014/5/23 23：18：15

我是不会扔的

少爷 2014/5/23 23：18：27

我都会留下，感觉其他人可能会扔掉

少爷 2014/5/23 23：20：15

我相机现在修回来了，明天下午就能到

少爷 2014/5/23 23：20：25

南京到武汉顺丰只需要1天

乡关何处 2014/5/23 23：20：47

你的态度是对的。不只保留已有的知识，也保留曾经学习的记忆。

乡关何处 2014/5/23 23：21：12

好，一共多少天？收费了没有？

少爷 2014/5/23 23：21：30

运费来回60

乡关何处 2014/5/23 23：22：51

有单反相机的同学应该也不多，也可以给同学们拍点照片，如果大家有要求。

少爷 2014/5/23 23：23：07

嗯嗯，之前的班级活动都是我在拍照

乡关何处 2014/5/23 23：23：45

好，多给别人做点事，自己也幸福。

乡关何处 2014/5/23 23：28：13

11点半了。虽然周末，也早点睡觉。

少爷 2014/5/23 23：28：18

嗯

乡关何处 2014/5/23 23：29：12

好。我下了，准备睡觉。

少爷 2014/5/23 23：29：19

嗯

儿子的谈话中，令我比较高兴的，是注意了“的”和“得”的区别；不能令我满意的，是他的每一句话统统没有用标点符号。

（来源：QQ日志　发布时间：2014/5/24）

❖ 孩子能做的事就不要叫大人来干

上午8点半前后，我从楼下锻炼回家，还在床上赖觉的妻子说，岳母刚打来电话叫我过去一下。我问有什么事，说是没有说。我和岳父母住一个院子，两楼相邻，并且我儿子因嫌家中屋子狭小这些年就住姥姥家，所以两家一般用不着打电话。因此当听到妻子的这个通知我有点纳闷：这大清早的有什么事还专门打电话来并且得我一个人过去？于是便赶紧又出门下楼过岳父母家去。到了后才知道，原来是岳父要清洗抽油烟机，老两口不好把机子从墙上卸下来，因此要我来踩着凳子帮着抬一下。就这么个活，其实我的儿子完全可以干，他早已是一个强壮的小伙子了，并且就在他们家离厨房最近的那间屋子里睡觉。当时已经是9点前后了，早就过了起床的时间了，不论晚上睡觉多迟也该起床了。但岳父母就是没有舍得推门唤醒近在身边的外孙而是打电话叫来了住在另一栋楼上的女婿。

岳父母已是八十岁上下的老人了，并且身边就我爱人一个子女，所以给他们做这么点活完全是分内之事，并且他们不叫醒熟睡中的外孙也是对我儿子的疼爱。但这件不足挂齿的小事却还是让我想了好多，因为它让我看到了今天很多老人或家长在子女（孙）教育中普遍易犯的一种错误，这就是对孩子的溺爱。凡是溺爱，必然不利于孩子的健康成长。所以，尽管对岳父母我一向很是敬重，但他们今早的做法我却并不赞成：上午9点钟还舍不得唤醒外孙，这只能助长孩子睡懒觉的习惯；终于有了一件可以让外孙来帮忙的事却没让动手，也错失了一次培养孩子为他人做事、为家庭出力的品格的机会。

这让我想起了传统的家庭教育。中国家教的传统，是主张对孩子严格要求的，与此相对应，在孩子的作息上，是决不允许睡懒觉的。《论语》记载宰予因起床迟没能赶上上课，孔子便怒不可遏："朽木不可雕也，粪土之墙不可圬也！于予与何诛?"《朱子家训》开首便讲"黎明即起，洒扫庭除"；《弟子规》"谨而信"章一开始也是"朝起早，夜眠迟"。这种传统一直延续到现代的农村。记得在我小时候，不论是成人还是孩子，都是天一亮便要起床的。谁要是太阳出来了还不起床，是要被耻笑的，说是"太阳都晒到屁股上了"云云。所以那时的孩子，大都是早晨被大人叫醒的，很少有睡到自然醒的。这种情形在我的老家至今仍然还有所保留，那些到了上学年龄的孩子大多即使假日也得天亮后就起床，虽然并不一定要帮大人去干农活。

充足的睡眠是身体健康的重要条件，让还没有发育成熟正在生长中的孩子老早就起床，这在今天的城里人看来是很不科学甚至是残酷的，但一路这样走过来的人们却很少有人对家长埋怨、怪罪的，相反在对待父母上他们似乎更懂得感恩甚至孝顺。"日落而息，日出而作"，这种与天地运行和谐同步的生活节奏，对于一个人成长的意义是多方面的，既形成勤勉、勤奋的行为习惯，而且也有助于培养起守规矩、肯做事、能体谅以及勇于担当、乐于奉献等人生必要的重要品质。很难想象，一个总是在别人早已起床忙着干活的时候还躺着睡大觉的人，能够对他人的劳动和付出有最充分的理解、尊重和同情。对于别人的辛苦和劳累无动于衷、心安理得，恐怕也就很难有自觉地为别人分担、承担各项责任和义务的意识。也许是受从小的经历以及所接受的教育的影响，我是一直主张应该早睡早起的，尽管电视机、网络时代和城市化越来越推迟了人们晚间入睡的时间，但我还是对早晨8点以后还不起床的人颇不以为然，包括上了小学以后的孩子，也包括周末和假日。还是那句话："一日之计在于晨"，抓住了早晨，便抓住了一切；失去了早晨，便失去了一切。

对岳父母更大的不满意，还是第二点，即不懂得培养孩子的做事意识。人是能够做事、需要做事的动物，不论是获得生存保障还是谋求继续发展，包括形成真正属于自己的知识，以及增进对世界的认识和责任，都要通过做事也即动手实践来实现。所以，联合国科教文组织于1986年提出教育的"四大支柱"也即是教育的四大目标，其中第二个就是"学会做事"（另三个为"学会学习""学会合作""学会生存与发展"）。学会做事，当然要在做事中进行，靠口头训导是不可能的。所以从中国的孔子到西方的杜威以及这些年流行的其他一些学习理论，都不只强调书本的学习，同时更看重实践训练。《论语》第一句话就是："学而时习之，不亦说乎？"只有既"学"且"习"，才会有获得成功的快乐。民国时期从杜威处学成归来的陶行知提出"教学做合一"的主张，认为一件事情生活中怎么"做"就让学生怎么"学"，学生怎么"学"教师就怎么"教"，将"做"看成根本，强调要在"做中学"。但遗憾的是，由于长期以来只注重知识学习的倾向以及顽固的应试教育的驱使，我们的教育实践中学生的活动只剩下了"学"而没有了"习"。包括对孩子的家庭教育，虽然人人都知道应该让他们积极主动地帮助家人做一些力所能及的家务，承担起必要的家庭劳动与责任，但往往也只停留在观念或道理的层面而很少付诸实施。这种情况在现在城市的独生子女家庭里面表现得尤为突出：孩子成为家庭的中心，得到来自各个方面无微不至最为悉心的呵护，大家一股脑儿地什么都尽可能地给了孩子，却唯独没有给予他自己动手做事的机会。

对孩子的教育，大致有三种方式：一种可以叫作"言传"，即直接的说教，告诉孩子应该怎样不应该怎样。这是历来人们使用最多的一种方式，但可能也是最没有效果的一种，因为道理人人都懂，并且每一个人都有自以为是的毛病，包括小孩子在内能够心悦诚服地"听话"的人并不多。所谓的"说服教育"，其实能够确实被"说服"的人很少。第二种可以叫作"身教"，即教师或家长先从自身做起，通过自己的表率、示范作用引领孩子逐渐成人、成才。与第一种相比，这一种的效果要好很多，因为"榜样的力量是无穷的"。孔子就讲："其身正，不令而行；其身不正，虽令不从"；近期网上也看到一篇题为《教育的本质是家长自我修行》的文章，很受人们关注。但这两种方式，不论是说教还是示范，都只是来自教师或家长的一种外在的影响，而不是源于孩子自身，是施教者的活动而非受教者的行为。所以，教育应当还有第三种方式，这就是受教育者自身的主体实践。可以叫作"践行"，即让孩子自己动起来，不只动脑，而且动手，在包括必要的劳动、劳作在内的各种具体的行动中去发现、去体验、去历练。这是一种最能促使孩子知识、认识和行为发生积极改变的教育方式。但是遗憾的是，可能是出于从孟子时代就有的对"劳力""劳心"的区分以及对前者的偏见，不知从什么时候起，在很多人的头脑中就形成了"干活就是受累""劳动就是低贱"这样的观念，所以凡是心疼孩子、溺爱孩子、愿“为儿孙做马牛”的家长们，便都自觉地承揽了家中乃至本属于孩子应做的一切劳务，精心侍候着孩子们过一种已经规划好了的似乎舒适的生活。殊不知，这种过度和失当的关爱，不仅不能使这些活泼好动、天性未泯的孩子们快乐，因为它往往要限制他们的自由，而且更大的不幸，是制约了孩子们的发展，因为它使这些处在成长中的孩子失去了最好的教育契机和最有意义的教育方式。一次举手之劳引发我对岳父母的如此耿耿于怀，其原因也就在这里。

让我庆幸的是，岳父母将抽油烟机清洗好后重新挂上厨房的墙壁，是我的儿子帮着给抬上去的。这个暑假，尽管岳母还是经常将苹果或梨桃削皮后切成小块儿盛在碗里扎在牙签上放在他的书桌上，并且还是经常给他叠被子、洗袜子，但他也是帮姥爷、姥姥干过几样活的，并且从未有过怨言。

魏书生说过，学生能做的事，老师不做。他还说，懒老师才能培养出勤学生。我殷切地希望：今后，孩子们能做的事，大人就不要再做。我也向所有的父母及老人建议，在一天天长大的孩子面前，请不妨也一天天变得懒一些。

（来源：QQ日志　发表时间：2014/8/31）

❖ 母亲的恩德

今天是2月21日，农历正月十四。虽然已是“雨水”节气后的第三天了，但空气中却丝毫没有雨和水的清新，有的只是风和土的浑浊。陇东的黄土高原是经不住“春风浩荡”的，昨晚一夜的北风把天空弄得一片惨白。天气预报显示今天当为“多云”“微风”并且气温也有所回升，但直到中午也没有看到一点蓝天白云，风力也依旧凌厉彻骨。总之，这是一个很糟糕的天气。

很庆幸，母亲出殡下葬的日子不在今天，三天前的早晨，一个有些寒冷但却天清气朗的时刻，母亲已经被安葬在了村子南山山上事先划定的墓地里了。本来，阴阳先生一开始为母亲择定的归丧日期就是今天即正月十四，后来经大哥与之再三讨论才提前到正月十一的。没想到这一改变除了我们原来所期待的意义而外竟然也避开了今天这样的坏天气。老家丧葬习俗，出殡之后还要留下灵堂接受吊客吊唁并继续做一些祭奠活动直至丧宴结束之后才送灵堂纸活到坟地去焚烧祭拜的，灵堂是两天前就设置好了的。由于纸活较多且高大灵堂通常都是设在堂屋室外的，接待吊客的丧宴也是在室外院子里临时搭建的帆布棚下进行的，所以这整个过程中对天气是有要求的，若遇雨雪及刮风便必然给丧事办理带来很多的不便和困难。母亲的出殡下葬日子改在了正月十一，正好赶上了这最新一轮变天之前的几天好天气。虽然正月十一下午就起了风，但一开始风并不大，没有对后面的坐席及送灵堂纸活到墓地去焚烧带来威胁，等到天气真正变得恶劣，母亲的丧事也结束了。现在设想，如果母亲的出殡送葬时间还是在正月十四，则正赶上前天、昨天以及今天三天的糟糕天气。

这是母亲的好运气，也是我们的好福气。正月初九、初十、十一以及前面的初六、初七、初八前后六天，在正月初五那场新年后第一场风雪寒威过后日渐好转的天气下，我们从容地操持了母亲丧事中的每一个细节和每一项活动。

母亲的这种幸运，不仅仅表现在她去世后确定的丧葬日期上，还表现在她去世时间的选择上，尽管这种时间她自己以及我们谁也不能选择。

母亲去世的时间，是正月初六。这个时间对于母亲的意义主要有三点：一是跨入了九十岁的高寿年龄。母亲这一代人的生日，是依农历计算的，她们的年龄，是以虚岁计算的。母亲是丁卯年（1927年）七月廿二出生的，到了今年（丙申年）的正月，就算是九十岁了。尽管时代发展到今天人们的寿命已不再是“人生七十古来稀”了，但活上九十岁的人毕竟还是不多，母亲属于真正的高寿老人。二是过完了春节大年。老家过老历年的活动，除了除夕的上坟外，主要有两项，一是拜年磕头，二是吃年饭。因为我们是一个大家族，所以这几项活动都比较隆重热烈。母亲作为家族中年龄和辈分都最高的老人，每年过年时候给她拜年的人也最多。正月初一、初二、初三三天，她接受了从家人到娘家人到各种亲戚几乎所有需要给她拜年的人的祝福与问候。与中青年相比，老人尤其是活上母亲这个年龄段的老人接受拜年时的幸福感可能是最大的。至于吃年饭，母亲也是在正月初四吃完了家族内最后两位叔父家的年饭后才于第二天得病并最后去世的。三是对别人的活动影响最小。老人去世后办理丧事，必然要占用后辈及家里人的时间，影响大家的正常生活，正月初六离世，十一归葬，这是一个既不影响家人及亲戚过年，也不耽搁孩子上学、大家上班和上地出工的时间。母亲一生，很少连累别人，包括75岁那年的胆结石摘除手术、80岁那年的小腿骨折，还有半年前暑期的白内障摘除手术，都以最好的效果和最短的时间奇迹般地痊愈，没有让我们做太多的陪护；她的穿衣吃饭等日常起居，直至临终前一天基本都是个人自理。她的去世，也选了一个最不连累和影响家人、亲戚及村上人们正常活动的时间。

一个人来世上走一趟，其人生意义由两方面决定：一是看他对社会所做的贡献有多大，二是看他对他人的连累有多小。对于大多数人尤其是母亲这样的普通民众来说，他们的人生价值主要可能还是后者而不是前者，因为他们很少有人能做出惊天动地的丰功伟绩来，但尽可能地不给他人添麻烦，则是每一个人可以追求的。母亲的去世时间以及办理丧事的时间，就延续了她在世时不连累人或尽可能少连累人的一贯风格。假使她提前十天或推后十天去世，我们便不会这么消停。比如我的儿子是正月十三得去学校，母亲的丧事十一结束，十二下午我们返西峰，十三送儿子去车站，一切都安排得如此遂人之愿。这是母亲的幸运，也是她给予我们的恩德。

母亲最大的幸运和留给我们的恩德，还是她的去世过程与方式。和所有的年迈老人一样，近九十岁的母亲这些年也是时常会有一些小恙，比如肠胃就不大好。但近一个多月来，她比以往任何时候都要康健一些。元旦那天我回家看过一次母亲，她当时在大哥街镇上的家中。那天她的精神气色出乎我想象地好。不仅行走精干，而且曾经稍稍驼了的背似乎也比以往端正了些。春节过年几天，她也是这样。腊月廿三从镇上暖气房回到老家窑洞，也没出现任何不适应。除夕夜，好久没见的九叔到她跟前问安，母亲谈话对答的流畅和得体似乎也是我以往不曾见过的。后来有侄子微信与去海南过年的十叔、十二婶视频聊天也将手机交给母亲，母亲跟叔婶以及陪伴他们的孙子孙媳都有很好的聊谈，并且一时高兴还让人替她给这位跟她视频磕了头的侄孙新生的女儿发了个一百元的红包。正月初三下午我们一家回西峰，她也拄杖随家里其他人一起到大门口送我们上车。正月初四一天还分别去两叔父家吃饭；正月初五早晨有了病，请来大夫诊治后病情趋于稳定，晚上还喝了半碗稀饭，夜里2点半醒来后和陪在身边的二哥的儿子说了好多话并让搀扶着到地上走了一圈，然后一个多小时便离开了人世，走得甚是平静安详。印象中母亲自进入八十岁以来，只要闻知有谁去世得快捷便煞是羡慕；她十多年来最大的担忧，就是害怕临终前得了什么自己长期受罪、家人长期拖累的病。没想到她的去世倒成了最可令人羡慕的一个案例：不仅得享高寿，而且几乎没有遭受一点多余的病痛折磨——从得病到去世仅十几个小时。丧事期间，村上做总管的那位本家远房小爷笑骂大哥说“你妈太便宜你们了”“竟然连一天都没有让你们伺候到底”。不仅如此，这样的时间以这样的方式去世也使得她获得了最好的临终关怀——当时除我和我的妻子、儿子以外，大哥一家、二哥一家以及几位叔婶家的多位兄弟子侄都在场，她是在众多亲人的目送下瞑目咽气的。母亲的去世，称得上是真正的“喜丧”和“仙逝”，这是她的恩德，也是她给予我们兄弟后辈最大的恩德。

古人有言："仁者寿，智者安""积善之家必有余庆"。佛家也有言："积善可以得福，积德可以增寿。"母亲的高寿及善终的背后，应该有她更值得称道的德行。事实上，这些天凡来吊唁的人们，只要是曾经与母亲熟识的，大家谈论最多的，也正是这样的内容。母亲去世，我们做子女的从此也成了孤儿，这本是天大的哀痛，但这些天在缅怀母亲的日子里，我内心受到的最大触动，其实不是哀伤而是感动。老家丧俗，安葬母亲这样的逝者需要请有名望、有学养的先生"铭旌"，我请我们的副校长、中国古典文学博士汪聚应教授担当此任，汪先生听我大致讲过母亲生平后欣然命笔"德范遗型"。遗者，遗存、留存之意；型者，模型、模范之意。"寿终德望在，身去音容存"，母亲一生不识字，没有多少知识和文化，也没有留下什么财产，但她一生的仁善之举以及在后世、亲戚及乡邻中形成的"德望"却堪称模范并永远留存。这，才是母亲最大的恩德，也是她留给我们最珍贵的财富。

（来源：QQ日志　发布时间：2016/2/22）

❖ 代沟

儿子大了，跟父母就远了，远得几乎隔着一条沟，这就叫“代沟”。

腊月廿三，北方小年，习俗中最重要的活动是卫生大扫除。几天前儿子刚回家，父亲就安顿过，叫到了这一天一定帮姥爷姥姥把家里收拾一下，至少是把自己的屋子还有客厅的地面扫干净，窗子玻璃也擦擦。几天来，卫生儿子打扫了，并且腊月廿一就开始了。只是他没有用笤帚拖把，而是从网上专门买了个吸尘器。买吸尘器的事，那天父亲跟他安顿打扫卫生时他说过，父亲以为他只是说说，但两天后他就从送快递的那里抱回来了。父亲认为太奢侈，儿子说，现在都啥时候了，为什么还一定要用那个不仅扫不干净地板而且弄得尘土飞扬的笤帚呢？并且如果大家都不用吸尘器，那还研究和生产它干啥？

事情还没完，廿一晚上，父亲在摆弄研究儿子买回的这台机器的时候，儿子说这款吸尘器不好用，得另换一个，这个他已经退货了。父亲问打算换怎样的？儿子说，他还在挑选。父亲问再不买行吗？儿子说也行，这是无条件退货。父亲趁机说，那就不买了吧。这人老多少代使用过来的笤帚现在应该还没有退出舞台，并且还把他白天在院子大门旁一墙角拍的一个他当时觉得不仅好玩而且怀旧的芨芨草扎的扫帚照片给儿子看，说这种人老八辈子流传下来的东西扫院其实就很好。儿子没多说话。廿三下午，那个硕大的吸尘器连同包装的纸箱都不见了；廿四晚上，地上矗立了一个新的机器，原来是儿子新买的吸尘器已经到了，并且他下午安装后已经又打扫了一回屋子。这个看起来比前面那个小巧和精致，问价格，儿子说比原来那个贵。问有钱没？说是分期付款，还欠的以后再给打过去。

长大了的儿子不仅消费观跟父亲不一样，买东西不跟父亲商量，而且知识观包括对事物的认识也与父亲往往有冲突。比如中午吃饭时聊及家庭成员的血型。父亲说O型血的人热情奔放，A型血的人不大善于跟人交往；儿子说这都是没有严格科学依据的随便乱说。父亲说他早年大学心理学教材里就这么写的；儿子问这些年最新的教材或权威的资料上怎么说？父亲说可以查百度，儿子说怎么能信百度呢？又问血型是咋回事知道吗？父亲说不大清楚。儿子说连血型都不知道怎么就能随便断定它跟性格或者气质有关系呢？说这应该还是要先用生理学、生物学来解释。

儿子大了，也不像从前那样对父亲主动、热情了，甚至在父亲遇到问题或困难求助的时候也不积极了。一年半前父亲去他上学的城市乘坐地铁，本来还希望他给带路，但儿子说“你自己去”；昨晚父亲电脑遇到软件升级的事找儿子，他的回答也是“自己弄”。

于是，父亲便想起近一段时间几次跟别人家孩子交往的情景来，发现不论是半个月前那天中午食堂吃饭时L同事领来的她四年级的女儿，还有最近一周来跟早年Z学生两次见面中他家的八年级和四年级的两个女儿，说起话来都比跟自己的儿子要方便和亲切很多。昨天上午Z生一家回天水，路上他打来电话时俩女儿还抢着给“郭师爷”留了几段语音，述说车窗外的风景并跟“郭师爷再见”。

当然，父亲也清晰地记得儿子也这么大的时候跟这几位别人家的孩子差不多，也是对自己包括他的妈妈充满了热情和依恋。比如，夏天周末他骑自行车到郊外游玩，儿子他想驮到哪里就是哪里；包括送儿子到“剑桥少儿英语班”和“雅马哈电子琴班”去，虽然儿子一开始很不情愿，但很快还是都听了他的。

父亲有点想不明白，和那时候一样，今天的儿子也是比自己小30岁，可为什么那时候就没有“代沟”而今天就有了呢？是自己老得不中用了还是儿子确实强大了要独立了呢？抑或是自己这孩子是儿子而不是女儿？熟识父亲的人都知道，曾经有好长一段时间他有一个著名的观点：“从行情上看，划着生姑娘。”

（来源：QQ日志　发布时间：2021/2/6）

附编 别人眼中的作者

经常在QQ空间和微信朋友圈发言，不仅结识了众多志趣相投的好朋友，更加深了与行内较多新老好友包括曾经的学生的相知与友谊，我关注他们，他们也给予我热情的支持与鼓励。

❖ 吾师老郭

张　倩

老郭，是我的老师。

可惜的是，我从来没有这样称呼过他，原因当然种种，一是害怕这样的称呼会无端增大这位实际年龄不大、心理年龄尚小的老师的印象年龄；二是面对老师我总会有一种与生俱来的莫名的拘谨，尽管我们很熟，但这不是尊称的“老郭”还是让我难以启齿；关于其他什么诸如师道啊礼貌啊等等促成我终究没有将此名号呼出的缘由暂不赘述，且说说老郭其人吧！

关于老郭，学生们对他的外貌评价最多的就是，像鲁迅。其实，在我看来，若去掉眼镜，更像！就是对这样一个很像鲁迅的人，我早就有想写点什么的想法，可一直苦于没有合适的时间、环境和心情，更害怕自己的浅薄难以去触碰这样一个很像鲁迅的师者，搁笔至今。此时恰好距离我们毕业三年不足几日，就当是我毕业周年祭的一个小序吧！

（一）

老郭，庆阳环县人氏，因其爱好结识老乡，尤其是学生老乡，因此与同是庆阳人的我相遇在异乡他的课堂上。那是2006年，已经记不清是几月了，他上的是中学语文教学法，依旧是很轻松的课，小课间他向班上同学打听谁是庆阳人，于是就找到了我，简单地询问过后他问我晚上是否有时间，可以去他家坐坐。这随意的邀请让我受宠若惊，也让习惯了不被老师重视的我经受了整整后半节课耳旁风的吹袭。吃罢晚饭，我和一个同宿舍的姐妹一道按照他吩咐的地址赴约，我的忐忑和疑问蔓延了整条不长的街，直到敲响了门，看见了他，吃着他递的桃子，听着他欢喜而绵长的有关家乡的攀谈以及掺杂其中的地理和人文趣事的介绍，我渐渐放松下来，愉快地度过了接下来的几个小时。去时我什么东西都没有带，只想着是为聆听训诲而去，回来的时候我提着大包小包的香蕉和桃子，宿舍姐妹饱食一顿，都说这趟去得值！

就这样与老郭相识，他记住了我的名字，留下了我的电话。对我而言，改变最大的就是再也不敢在他的课堂上发呆、睡觉或者说闲话了。我开始变得专注，即使是假装专注也只会在每周不多的他的课堂上假装。假装得时间长了就会发现，老郭是一个好老师！他的好并不体现在学术或理论的高度上，而在他对自己所授的这门课程理解和把握的深度上，他说“一个合格老师的底线是说好中国话，写好中国字”，他说“教中学语文课，做无比幸福人”，他说“教育是一场戴着镣铐的改革，而我们就是那一个个悲壮的舞者”……其实，对于老郭，记忆最深也是受益最多的就是他对标点符号的细致要求以及“的、地、得”的严格区分，就连我们的QQ聊天他也会用极规整的标点来断句。

（二）

在后来的接触和交往中，日渐发现，老郭是一个很会生活的人。

他的家和他的工作地同省但不同市，相隔不算远但汽车匀速也得多半天，可老郭乐在其中。他一得空就会奔赴汽车站，用实践去证实自己常说的“在安逸中享受生活，于奔波中体验人生”的“双城生活”。他乐的是沿途六盘山和关山四季变换的风景，是两地对比中折射的微妙文化差异，是亲人故友分分合合的情感絮语……

与其说这一切都逃不掉老郭的法眼，倒不如说这一切都定格在老郭小眼睛前不断聚焦的镜头，借用老郭儿子的一句话就是“形影不离他的那个由一个镜头，一个取景器和一个传感器系统等组成的机器”。是的，认识并熟悉老郭的人都知道他的这一爱好——照相！他的相到处都照，校园里，南山上，砚湖边，藉河岸，车里，阳台上，等等；他的相什么都照，各种花草，各等景致，各色人物，等等；他的相随时都照，早晨太阳初升，傍晚夕阳西下，雨后彩虹悬空，雪季银装素裹……总之，老郭就是这样一个摄影爱好者，他喜欢在夜深人静之时守着电脑端详自己作品的完美与缺憾，喜欢在人机对话的时代将图像背后的人物和故事幻化成文字，然后分享、交流，在分享和交流中体会着“像过日子一样过年，像过年一样过日子”的幸福生活。

（三）

老郭的会生活绝不仅仅体现在他总是游走于各种景致，陶醉在自我欣赏之中，他还会做饭，并且爱做饭，他喜欢在一个城市做另一个城市的饭，然后请这个城市的久居之人来品尝，据说这是为了传播民俗文化。在他传播的民间菜品中，有一种还是异国的呢，韩国烤鱼可谓赢得了无数老郭学子的厚爱！那小鲳鱼被托在烤盘上，不说味道像不像韩国的，至少形式上是极像的。毕业三载，再也没有吃过！

在老郭传播的民间文化中还有一种就是民俗工艺了，庆阳香包是老郭送给每届毕业生的必备礼物，大的、小的、贵的、便宜的，在老郭眼中都是极贵重的，他说送礼物就得送特别的。说到这儿，想起了我最感愧疚的一件事，仨月前结婚，因考虑到老郭不在西峰，就没有提前告知，事后委婉转达，谁知老郭还特意为我准备了一份厚礼——天水雕漆《女子出阁图》，还专程和师母送到了我家里，羞煞我也！如此师恩师情，教我何以堪？

（四）

老郭环保，这谁都知道，他反对白色污染，主张在私家车泛滥的时代坚决搭乘公交车或步行，并且每次和他一起吃饭都得尽最大能量吃完，绝不铺张浪费，而每次，老郭也都不让我们自掏腰包，大概在他看来这也是浪费学生钱财吧！

我很想用“可爱”这个词来形容一下这个长满胡子、儿子比他还高的老郭，不为别的，只为那难得的童心童趣。老郭的确是可爱的，他永远习惯了对新事物执着的好奇和追问，习惯了对学生平等的宽容和理解，甚至是对自己日渐苍老容颜孩子般的疼惜……他似乎总没什么烦恼，或者说我从来没见他发过火，姑且认为他就是这么淡定的吧，而我，更愿意将这淡定理解为可爱，是恒久的、隽永的那颗童心作祟的结果……

细数岁月，只能说，我是按照老郭的期望在生活：幸福地度日，合理地做人。

吾师老郭，是谓也！

（来源：张倩的QQ空间　发布时间：2012/6/16）

❖ 天水有个郭治锋

原绿色

先知道了郭治锋，才知道了天水，才知道了天水师院，才有了“天水有个郭治锋”的印象。

也是要感谢现在的网络，特别是微信朋友圈的力量，我的微信公众号文章才被郭治锋先生看到并关注，他才成为我的微信好友，成为我原创文章的铁杆读者。

2018年的一天，学校的中学名师徐彩梅老师突然说郭治锋先生来到了我们的学校，问我有没有时间见一下，我当然十分高兴。后来，徐彩梅和另外一个名师一起陪着郭先生来到了我的办公室。原来郭先生是从陇东学院调到天水师院的，他在庆阳一带的老师中很有影响，很多名师都是他的学生。

郭先生瘦瘦的，戴着一副眼镜，说话很快也很轻，带着点儿羞涩，是特别谦逊低调的人，给人一种“我低到尘埃里去”的感觉，一看就是一个比较纯粹的学者，是一个有素质的人才会尊重的好人。他送我一本他参与编著的书，是谈全国名师的教学风格的，他是主编，还亲自执笔写了几个熟悉的名师。他说他来就是想当面认识我一下，读了我那么多有思想的文章，在校长里是很少见的，有机会想请我去他们学校讲课。见我答应了，他就很客气地说“知道校长书记都忙，我让我的两个学生带我参观一下你们的学校就好了”。我要陪他转学校，他坚决地拒绝了。

第二次见郭先生，是郭先生邀请我给2019年天水师院组织的“国培”项目学员谈教师的专业成长的时候。

郭先生从高铁站接上我，并没有直接把我拉到住宿的宾馆，而是在天水最有特点的地方下了车，陪我走一条窄窄的小巷。那小巷古色古香，都是古玩和地方民族风情。我们信步走进一进院落，看了看当地非物质文化遗产工艺品展览。这是这个时代新兴起的一种潮流，各地都有这样的情调建筑。古典的院落，书法、国画、剪纸等等，也有地方名流的作品，哪里似乎都能看到。让我高兴的是，我居然看见了一个小区墙头上有一株粗硕的凌霄花，像古藤一样，顶上开着火红的花朵，也是一派喜气。我表示惊讶，因为我想起舒婷的诗句："我如果爱你，绝不做攀援的凌霄花……"我们竟然傻傻地注视了那花好一会儿。

我们在一个有民族味道的小吃街吃了饭，又顺着城市中间灯火迷蒙的河堤走向宾馆。那条河河面宽阔，波光粼粼，彩灯斑斓，充满江南风情，让我对天水有了一种迷迷茫茫的魔幻感。第二天的课我依然谈的是我自己的真实经历和想法，但还是在天水找到了很多"知音"，给同道们带来了一些思考，我也比较高兴。郭先生全程听完，并做了很好的点评。郭先生还通知了一些教育学习发烧友来蹭课，我于是知道他是真的在利用一切机会帮助上进的教师，怪不得他有那么多一线的教师朋友。

郭先生负责具体的培训组织，离不开会场，他告诉我天水有伏羲庙，有李广墓，还有麦积山……让我自己可以利用时间自由安排。他还告诉我，天水是甘肃环境最好的城市，文化底蕴最厚的城市，最适合人类居住的城市，南北分界地带的一个特色鲜明的节点。

我也是一个好学的人，就听了下午专家的课。晚饭后去散步，因为关门了，我在伏羲庙前转了一下，知道伏羲是中华民族共同的始祖，全中国都在搞类似的"文化"，从门缝里望了望，留下一张照片，表达一种敬意。李广墓就不去看了。但因为有郭先生，有那么一丝不苟工作的郭先生，有那么多热爱学习的教育工作者，对天水还是留下了很美好的印象。

后来，就不断看到郭先生在微信里发一些有趣的资料，也了解到一些他的行踪和思想。他居然像一个热血青年，对新事物有着强烈的好奇心，对社会丑恶现象给予大胆批评，爱恨情仇表露无遗。他还是一个行动者，追随着朱永新教授的新教育实验，不断进行教育实践研究。他说他不喜欢所谓纯粹的理论研究，那些口头理论家没有多大作用，他喜欢从实践中走出来的有理论有行动的教育家。有一天，我看到他居然和王开东一起跑到山西运城，去追随民间的"南明教育团队"去了，让我对他更加刮目相看。我由此认定，郭先生是一个真正的教育人！如果不是对教育的热爱，哪里有这般年龄的人还这么好学？如果不是一个纯粹的学者，哪里会对纯民间的探索感兴趣？如果不是一个有见识的人，怎么会认识到民间的“南明教育团队”已经走在了真教育的路上？

忽然想起，如果不是一个真人，一个性情中人，一个有着教育情怀的人，是不会这样为人处世的。何况，还是一个教育界的前辈！

郭先生在天水，天水有一个郭治锋。

（来源：原绿色公众号 发布时间：2020/2/9）

❖ 郭治锋教授终于来到了酒泉

霍　军

郭治锋老师来酒泉了。

一直说来来来，要来，要来，没来成。

治锋教授去新疆支教，探访天水师院的毕业生，说要在酒泉下车，可头一月，被新疆的钻天杨迷住；下一周，又让有他学生的学校的树叶子迷住了；再一天，又爱上新疆的语文课堂和烤馕了，就没来。

治鋒教授听说东北的齐崇来酒中苑领一帮高中生啃我们的果子了，立刻跟帖子说要来。可又要带研究生去陇东陇南的乡下听课，一听课，又在庆阳、平凉或者环县，发现一个“甘肃最热爱语文课堂的年轻教师”，就急着给上上下下到处推荐，一遍一遍表扬，就没来。

治锋教授说，他已知西北师大许琰教授、周晓娟教授，都来酒泉语文公社座谈，西北师大文学院本硕一体卓越教师研修班的研究生都来听课了，试讲了，他心里就着急——自己的研究生，也必须认识认识酒泉中学和酒中苑，自己的研究生能去一所学校就去一所学校。

治锋教授一见我写酒中苑，就说要来看一看，急不可耐——他是个树迷，从照片上看见我们的油松、老槐、果树，立刻跟帖子发评论，恨不得马上买车票的样子。又是个花迷——酒中苑四月的丁香、榆叶梅，五月的黄刺玫，一开，他那头天水的花花草草，立刻流淌成笔下的文字。结果他忙于天水的丁香，一段街景，一株凌霄花，一截子砖墙，某个耐人寻味的现象，拍照，写小随笔，就没来。

我知道他绝对想来。知道他绝对想来的时候又发现了绝对值得停一停的地方——西安有两节课，不错；干国祥先生在某处有个讲座，绝对好！魏智渊老师又在某处敲铁皮鼓了，他的耳鼓跟心鼓一起嘭嘭嘭，不去可不行；又有个机会可以请到魏书生、赵谦翔、干国祥、韩军、王君、肖培东、荣维东……这样的一位老师给天水师院的本科生上课了……，就没来。

他这些个老毛病我都知道——

我们去宁县，治锋教授说，二中好，出过个叫什么什么的好学生，说着就领大家往那儿跑。又说一中好，说着就说，霍老师你来了，别干坐着，赶快，咱们去一中上一课。我忙着去上了一课，他忙着照一大堆相片。突然叫一声：二中也好，朱武兰老师在评课，怎可错过？

我们坐车赶路。我要赶小飞机。治锋教授一路看不够他看了千遍万遍的黄土高坡，说：庆阳的油田值得看一看；庆阳的塬和梁值得上去看一看……。突然叫一声：停车！这是庆阳的地坑窑洞，绝对值得去看一看。我们跳下车，郭昭第教授、郭治锋教授、朱武兰老师，还有学生几个，还有我，又钻进了庆阳已没人住的地坑老院，踩半腿深的溏土和荆棘，到一孔孔黑咕隆咚的窑洞里串门。有眼窑洞里有盘炕，好像还热着。还挂着梳头镜子，洗脸盆挺干净。我就顺势梳了梳头，理了理围巾。以后一直记得自己那天的形象——我也是个庆阳人嘛。

我跟治锋教授去景泰探访他的国培生。车过黄河畔的大荒原，急赶路，他说这儿的白杨好，要停下车去拍。让小任教授挡住了——你看着啥不好？啥都是你的风景！

车过一个高岗，公路两侧画了红色的路沿。长条公路飘下山坡，像一条黑红交错的飘带。治锋说，这么好，太好看，必须下去拍照！我们就停车，钻进冬天旷野大风地里。西安的龚老师很快竖起了羽绒大衣衣领，却也是眉开眼笑。一伙人走在荒野的公路上，拍出了斗志昂扬的好照片。

车过黄河峡口，石林在侧，治锋心痒，大家难耐。于是我们跟随治锋跳下车，一起顺着峡道里的风，看遍万千土塔土楼。那真是魔鬼里边的艺术家干出来的好活儿。幸亏去了，看了。四五年过去，所有瑰怪奇幻景象都在我眼前，粗砺，险怪，狰狞，精巧，我就是没办法描述它们。老想，要不是治锋坚持，黄河石林，黄河岸边的黄土岗子，黄土岗子旁边的白杨树，这辈子都会跟我当面错过。

我跟治锋教授在天水的街上走，说赶快赶快，还有事儿等着呢。走，走，治锋就站住不走啦——说这儿可能是天水最好的小吃——憨厨子扁食！就要买一碗给我吃，买一碗给他自己吃。我跟他钻进了一个民间大院，穿前堂，进后厅，拐入一个小旮旯，蹴在黑乎乎的饭桌上，各自端起一大碗，油泼辣子酸清汤，吃得终生难忘。

然后治锋教授看见我在酒泉吃一盘茄辣西拉条子，就嚷嚷说要来，来吠一盘子。结果呢？还不是让哪个课堂又给拉过去了。

他说有回他去外面开会，回程已到西安北站，偶听到，湖北搞语文教研，去了几个有意思的人物。他想掉头南下。领导说了，那真不在日程内，你去了，车票自己搞。治锋犟板筋突现，将返回天水的高铁票，改签成了往东，向南，向南，一路远逸武汉，直抵大江。为什么呢？简单——重看熊芳芳，一睹余党绪。听了一家伙，品咂了好几篇微信。照片多多，感悟多多。

好啦，这一回，庚子年的寒冬月，治锋教授说要来，立刻就要买车票。他还有点儿科研经费，要给“娃娃们花一花”——让他自己的五个研究生跟他来酒泉语文公社听听课。我说你赶快来。可第二天他就说：来不了啦——娃娃们要考试四六级。我心里说，娃娃们不来你自己来。可第二天晚上，定了铁板——要来，要来听课。要来看看酒中苑。要到酒泉语文公社转一转。还有一个敦煌的学生也要来——“这可能是天水师专毕业的进入旅游中专学校最好的语文老师。”治锋判断道。又说还有一位嘉峪关的语文老师要来，老同学何伯俊——多年不见，一见才发现他还写小说——“这可能是我们这一届同学中最爱文学，最有写作本领的优秀语文老师。”治锋判断道。我喜欢他的判断。比如某某某乡村里有个老师，可能是甘肃省最好的小学语文老师。又比如——“霍军老师可能是全国最把批学生作文当回事的语文老师。”我当然知道这有些武断，可这个武断让我批作文的时候更武断地把全班几乎所有的学生作文拍照下来，然后武断地写我的作文后记。

结果呢，治锋教授真的来到了酒泉——就背个小双肩包，戴一顶硬朗的小黄帆布帽，瘦削笔挺，咯吱咯吱踩着酒泉的雪，领他的五个学生，出南站，坐马少军的车，按照他敦煌学生的安排，先去东方大酒店。我和永贤到了鼓楼，治锋的电话打过来了：榻，先不下；泉，要先看。

于是，天寒地冻，研究生们瑟瑟缩缩，跟着郭教授，先逛酒泉西汉胜迹。列在汉阙塔门下拍照。围着左公柳拍照。站在酒泉赋前面拍照。跟霍去病的石雕像合影。郭教授喜欢中国第一个公园的每个地方，东问西问。问对了——我正好知道这儿每个地方，就给鼻子冻得通红的他，使劲讲。他就使劲听，使劲拍照。我就大讲，笑，真怕那几个女孩子得感冒。但他很得意——干国祥先生已经发来判断：你让霍老师导游古酒泉，简直太奢侈。

这可能是世界上最清冽的水。治锋教授判断。

如此，治锋教授真的来到了酒泉。真的看了酒泉语文公社。真的逛了酒中苑的校史馆、玉皇阁、关帝庙、药王阁，真的听永贤老师讲了曹启文跟老酒中苑的故事，外加妙不可言美不胜收说不完的歇山顶、卷棚顶、硬山顶。真的听了马少军笑容可掬的课、赵国兴品咂字眼儿的课、王随军教学生按老传统规矩吟诵和批注的课，还有我的一节课——钻进褒禅山的华阳洞里格物。一上午听得兴致勃勃。食堂大师傅给我们做两大盘大盘鸡，治锋教授又要拍照——这么好的东西，诚意，鸡肉和洋芋，不拍怎么行?

一出食堂门，郭教授和他的研究生都要到果园里去踩一踩。年轻人一群，就踩雪，赞叹，拍照，大惊小怪，如同治锋教授在路上看见一棵白杨。老师的花草山水癖好，尤其是老师看见啥都喜欢的那颗“往往有得”的心，最会传染学生。郭教授明白他学生的底细——福建来的，河北沧州来的，重庆来的，四川来的，河南来的，头一回踩雪，就踩上了酒中苑里的雪，这个事儿了得!“这一回我领他们来，来对了。”他很得意，说了好几遍。又曰：我们师院有个教授就把自己的科研经费拿上，让学生们游学研究，他，对了。

然后呢?然后治锋先生做引子，开宗明义对四节课作出爽朗评价。然后研究生们，整整三个小时听了吕积海先生的评课、李学山先生的评课、张志强先生的评课、崔强先生的评课，还有我们万斌先生的评课。对面坐着治锋教授始终倾听微笑的脸，坐着准备发现“甘肃可能评课评得最好的语文老师”的天水师院语文研究所所长，我觉得这四位酒中苑的先生的评课，评出了历史上最高水平。简直巧得很，最后我规定抢机会发言的人，正是郭教授的一位研究生。呀，头头是道，专业见解太强了。都是跟她老师学的。

当然最后上场的，是郭教授发现的甘肃最擅长写作的语文老师，嘉峪关一中的何先生。何先生说他今天在酒泉见到两个小孩儿，一个喊他爷爷，一个喊他叔叔。估计喊叔叔的那个看见的是他的鼻子疙瘩，挺拔晶亮。喊爷爷的那个看见的必是他正在迅速后缩的大块额头及沟壑。由此何先生联想到了索绪尔的能指啊、所指啊。他当然看着时间，迅速刹住了大开学术论坛的兴致与话头，但我知道，治锋教授曾拉他这位又写小说又博览千卷的老同学去支教，顺手塞给他一个学术讲座，结果本科生们听得不罢休。他一讲起来，治锋明天就登不上嘉峪关城墙啦——在酒中苑里，他又发现了好东西。

约好了来看云
眼睛
又禁不住一列白杨的挽留
说好了要去边关问候
可你一回头
答应了一节乡村小课堂的央求
真的，真的该去酒中苑
在果树下翘首
可没忍住，又挽住那一缕微风的手
多么好，一眼古泉今天
用清澈灌醉一尊庆阳的酒
你断定：这肯定是人生最甘醇的时候

（来源：霍军的简书 发布时间：2020/12/15）

后 记

还要再说的话

本书取名“从QQ到微信——我的另一间教室”，这其实是个不很恰切的书名。

“从QQ到微信”，就是说书中的篇目，要有取自QQ的，也有来自微信的。但书中实际收录的篇目，绝大多数是QQ日志，有不多几篇来自简书，属于微信朋友圈的，几乎没有。有几篇，在我的微信朋友圈里能找得到，但它们最初的发表，还是QQ日志或者简书文章，当时只是为了让微信好友们也能看得到，才临时转发分享到了那里。就是说，“从QQ到微信”一说，不符合全书选稿的真实情况。

“我的另一间教室”，也存在类似问题。既然称“教室”，那就应该有师生双方的活动，体现在本书中，就是每一篇随笔的内容，不应该是一言堂，而应该是多人的会谈或对话。但读过本书就会发现，除了附编的三篇为别人的文章外，正编四辑共五十多篇稿子每一篇的内容都出自我一人之手，也就是说充斥于“教室”的，全是教师一个人的自说自话。书名与书稿之间也是不相符合的。

指出这一点，首先当然是承认本书有缺憾，同时也是要表达这样一个意思：出书很不容易，不论是写书，还是编书，都是很费力的一件事。与通常的个人著作不同，这本书的最后成书，应该是比较容易的，因为全书所有的篇目，都是从前老早就已经写好了的，当最后决定要出版的时候，“写”的工作已经完成了，作者要做的，只是将这些早已有之的稿子筛选、整理“编”在一起就行了。

但就是这样一件工作，却还是做得吃力且不尽如人意。

当然，这都是有原因的。比如：全书已经定位为教育随笔集，而随笔，必须是成篇的文章，其基本标志有两个：一是要有独立的标题，二是组成全文的所有文字之间要有一定的结构与章法。而在微信朋友圈里发表文字作品，就跟QQ里的“说说”一样，只要有一些只言片语的句子就行，不要求、也不便于写成有标题、有严格章法结构的成篇的文章。所以，即使如我微信朋友圈里面那些并不少见的字数超过1000字的作品，除非二次加工，也是不能编入书中的。再比如，既然是出版个人专著，就涉及知识产权。这本书的作者已经明确是我一人，却还有较多别人的文字也在其中就是一件比较麻烦的事情，有可能触犯著作权法。因而，尽管每一篇QQ日志后面都有多条很精彩的评论与留言，但也只能割爱。另外，已经确定的全书规模也是一个制约因素，一本仅20万字的小书，如果每一篇后的评论、留言也附上，那入编的篇数就要大量减少。而这，我不能不考虑。

既然如此，为什么还要使用这样一个书名而不另取其他呢？这也是有原因的：第一，“从QQ到微信”如果删掉“微信”只留“QQ”，这在十年前、八年前、六年前是可以的。事实上，2013年前后当有人建议将当时只有一百篇左右QQ日志编纂出书的时候，我就想到一个多年后一直以为很好的名字——“QQ上的教育”。但现在还用这个名字，就不合时宜了，因为世界已经由QQ时代进入了微信时代，微信已经高度控制了人们的生活、学习和工作，以至于连我这几年写成的QQ日志也往往不得不在微信朋友圈里再转发一次。第二，尽管本书已选定的这些稿子最后编排的时候删掉了每一篇文后的留言，但这些篇目最开始在QQ空间、简书文章以及转发到微信朋友圈里出现在人们视界的时候，确实也呈现了一般课堂所要求的师生互动与对话的模样，相关Q友、微友从中得到较多的教益也是必然的，当时感觉那里真的就是“我的另一间教室”。因此，这个句子最后还是偏爱并保留了下来。

当然，本书是有缺陷的这也是一个不争的事实，不仅书名取定不是最恰切，包括选编进来的篇目也不一定就最恰当甚至当初写得就不好。之所以在这个时候特别指出这一点，除了需要向读者朋友们做出说明请求理解外，还有一个想法，就是期盼将来还能有纠正或改进的机会。这有两种办法：一是修订再版，二是出版续集。修订再版，首先就是把今天已经认识到做得不好的地方改过来；出续集，就是将这次未能收编的微信朋友圈里的上千条或长或短的话语也整理编选出来印第二集。其实，与本书相比，那些每条话虽大多不超过千字的“零零碎碎”“絮絮叨叨”的图文兼具的朋友圈里的“说说”才更真切地体现了“我的另一间教室”的功能。一切都会改变，手段总在进步，到了那个时候，今天本书编纂过程中还遇到的诸多困难也许就有了解决的办法了，所以也许会编得比本书更好。并且，到了那个时候，集子里定然还会有一些新的谈论教育教学问题的文字出现，因为基于QQ、微信、简书等社交平台的现代信息技术背景下的个人教育人生的书写我还要继续下去。

2021年4月6日